令和7年版

根本正次のリアル実況中継

司法書士 合格ゾーン テキスト

2 民法Ⅱ

物権
担保物権

JN060325

はじめに

本書は、初めて司法書士試験の勉強にチャレンジする方が、本試験突破の「合格力」を無理なくつけるために制作しました。

まず、下の図を見てください。

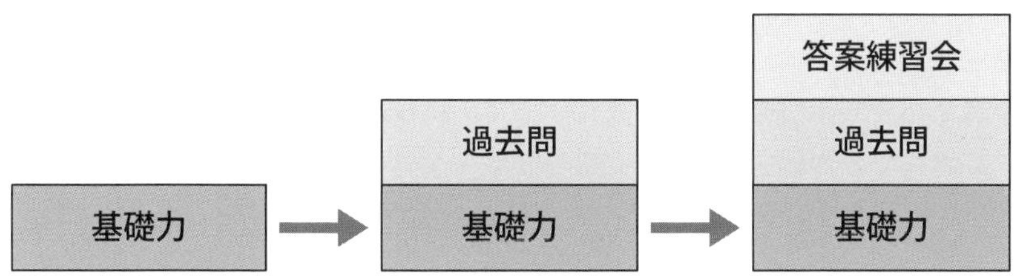

これは、司法書士試験での、理想的な知識の入れ方のイメージです。

まず、がっちりとした基礎力をつけます。この基礎力が備わっていれば、その後の部分は演習をすることで、徐々に知識を積み重ねていくことが可能になります。

私は、**この基礎力のことを「合格力」と呼んでいます**。

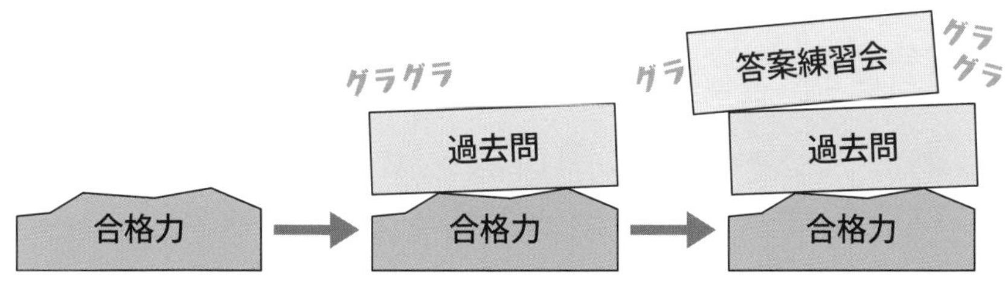

この合格力がついていないと、いくら勉強しても、知識を上積みすることができず、ドンドンと抜けていってしまいます（これまでの受験指導の中で、こういった受験生を本当に多く見ています…）。

本書は、まさにこの**「合格力（＋ある程度の過去問知識）」をつけるための基本書です**。

本書では、この「合格力」をつけるためにさまざまな工夫をしています。

①「合格に必要な知識」だけを厳選して掲載。

学問分野すべてを記載するのではなく、司法書士試験に出題がある部分（または今後出題される可能性が高いもの）に絞った記述にしています。学問的に重要であっても、「司法書士試験において必要かどうか」という観点で、論点を大胆に絞りました。

覚えるべき知識量を抑えることによって、繰り返し学習がしやすくなり、スムーズに合格力がつけられるようになります。本書を何度も通読し、合格力がついてきたら、次は過去問集にチャレンジしていきましょう。

②初学者が理解しやすい言葉、言い回しを使用。

本書は、司法書士試験に向けてこれから法律を本格的に学ぶ方のために作っています。そのため、**法律に初めて触れる方でも理解しやすい言葉や言い回しを使っています**。これは「極めて正確な用語の使い回し」をしたり、「出題可能性が低い例外を説明」することが、「必ずしも初学者のためになるとは限らない」という確固たる私のポリシーがあるからです。

③実際の講義を受けているようなライブ感を再現。

生講義のライブ感そのままに、話し言葉と「ですます調」の軟らかな文体で解説しています。また、できるだけ長文にならないよう、リズムよく5～6行ごとに段落を区切っています。さらに文章だけのページが極力ないように心掛けました。

④「図表」→「講義」→「問題」の繰り返し学習で知識定着。

１つの知識について、「図表・イラスト」、「講義」、「問題」で構成しています。そのため、本書を読み進めるだけで、**１つの知識について、３つの角度から繰り返し学習ができます**。また、「図表」は、講義中の登場人物の心境や物語の流れを把握するのに役立ちます。

⑤本試験問題を解いて実戦力、得点力アップ。

試験で落としてはいけない「基本知識」の問題を掲載。講義の理解度をチェックし、実戦力、得点力を養います。基礎知識を確認するための問題集としても使えます。

最後に

2002年から受験指導を始めて、たくさんの受験生・合格者を見てきました。
改めて、司法書士試験の受験勉強とは何をすることかを考えると、

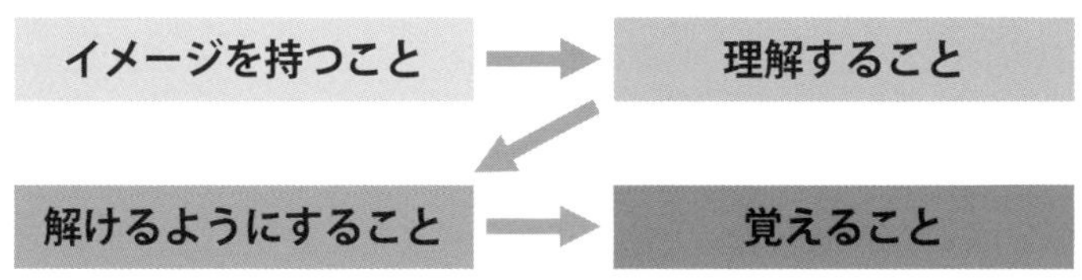

このプロセスを丹念に踏むことに尽きると思っています。

学習のスタートは、早ければ早いほど合格に近づきます。

しかし、いざ学習を始めるに当たり、「自分にできるかどうか」という不安をもっている方も多いのではないでしょうか。

ですが、**司法書士試験に今までの学習経験・学歴は、一切関係ありません。出題される知識を、「繰り返す」「続ける」努力を続けた人が勝つ試験です。**

本書は、いろいろな方法で学習を始めやすい・続けやすい工夫を凝らしています。安心して、本書を手に取って学習を始めてみましょう。

2024年5月

LEC専任講師　根本 正次

◆本書は、2024年5月1日現在成立している法律に基づいて作成しています。

●本書シリーズを使った学習法

STEP 1 本書を通読＋掲載されている問題を解く（1～2周）
※　ただし「2周目はここまで押さえよう」の部分を除く

まずは、本書をあたまから順々に読んでいってください。

各章ごとに、「問題を解いて確認しよう」という問題演習のパートがあります。それを解くことによって、知識が入っているかどうかを確認してください。ここの問題を間違えた場合は、次に進む前に、該当箇所の復習をするようにしてください。

STEP 2 本書の「2周目はここまで押さえよう」の部分を含めて通読する　＋　問題を解く（2周以上）

本書には「2周目はここまで押さえよう」というコーナーを多く設けています。この部分は、先の学習をしないとわからないところ、知識の細かいところ、基本知識が固まらないうちに読むと消化不良を起こす部分を記載しています。

STEP 1を数回クリアしていれば、この部分も読めるようになっています。ぜひ、この部分を読んで知識を広げていってください（法律の学習は、いきなり0から10まで学ぶのではなく、コアなところをしっかり作ってから、広げるのが効率的です）。

STEP 3 本書の姉妹本「合格ゾーン ポケット判択一過去問肢集」で演習をする　＋　「これで到達合格ゾーン」のコーナーを参照する

ここまで学習が進むとアウトプット中心の学習へ移行できます。そこでお勧めしたいのが、「合格ゾーン ポケット判択一過去問肢集」です。こちらは、膨大な過去問集の中からAAランク・Aランクの知識に絞って演習ができる教材になっています。

そして、分からないもの、初めて見る論点があれば、本書の「これで到達合格ゾーン」の箇所を見てください。

ここには、近年の司法書士試験の重要過去問について、解説を加えています。
この部分を読んで、新しい知識の記憶を強めていきましょう。
（そして、学習が深化してきたら、「これで到達合格ゾーン」の部分のみ通読するのも効果的です。）

STEP 4　ＬＥＣの答案練習会・公開模試に参加する

本試験では、過去問に出題されたとおりの問題が出題されたり、問い方を変えて出題されたりすることがあります。
また、本試験の２～３割以上は、過去に出題されていない部分から出されます。

こういった部分の問題演習は、予備校が実施する答練で行うのが効率的です。
ＬＥＣの答練は、
・過去問の知識をアレンジしたもの
・未出知識（かつ、その年に出題が予想されるもの）
を出題していて、実力アップにぴったりです。
どういった模試・答練が実施されているかは、是非お近くのLEC各本校に、お問い合わせください。

TOPIC　令和６年度から記述式問題の配点が変更！より要求されるのは「基礎知識の理解度」

令和６年度本試験から、午後の部の配点が、択一の点数（１０５点）：記述の点数（１４０点）へと変更されました。
「配点の多い記述式の検討のため、択一問題を速く処理すること」、これが新時代の司法書士試験の戦略です。
そのためには、基礎知識を着実に。かつ、時間をかけずに解けるようにすることが、特に重要になってきます。

●本書の使い方

本書は、**図表➡説明という構成になっています**（上に図表があり、その下に文章が載っています）。

本書を使うときは、「図表がでてきたら、その下の説明を読む。その講義を読みながら、上の図表を見ていく」、こういうスタイルで見ていってください。

そして、**最終的には、「図表だけ見たら知識が思い出せる」というところを目標にしてください。**

イントロダクション

この編で何を学んで行くのかの全体像がつかめます。この内容を意識しながら学習を進めるといいでしょう。

章の初めには、「どういったことを学ぶのか」「どういった点が重要か」という説明が書かれています。
この部分を読んでから、メリハリをつけて本文を読みましょう。

基本構造

本書の基本構造は「図表➡その説明」となっています。
「図表を軽く見る➡本文を読む➡図表に戻る」という感じで読んでいきましょう。

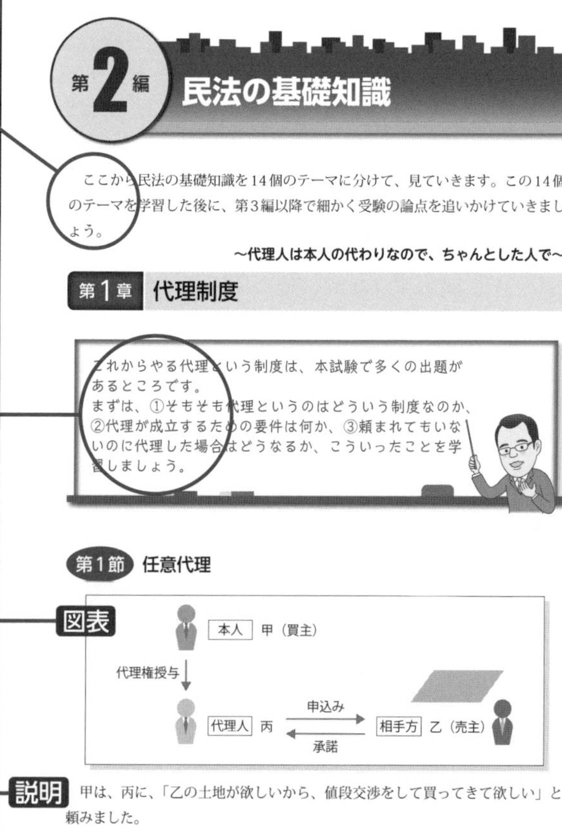

根本講師が説明！ 本書の使い方Web動画！

本書の使い方を、著者の根本正次ＬＥＣ専任講師が動画で解説します。登録不要、視聴無料で、いつでもアクセスできます。

本書の構成要素を、ひとつひとつ解説していき、設定の意図や留意点などを分かりやすく説明していきます。

是非、学習前に視聴していただき、本書を効率よく使ってください。

※スマートフォン等による視聴の場合、パケット通信料はお客様負担となります。

◆アクセスはこちら

◆二次元コードを読み込めない方はこちらから
https://www.lec-jp.com/shoshi/book/nemoto.html

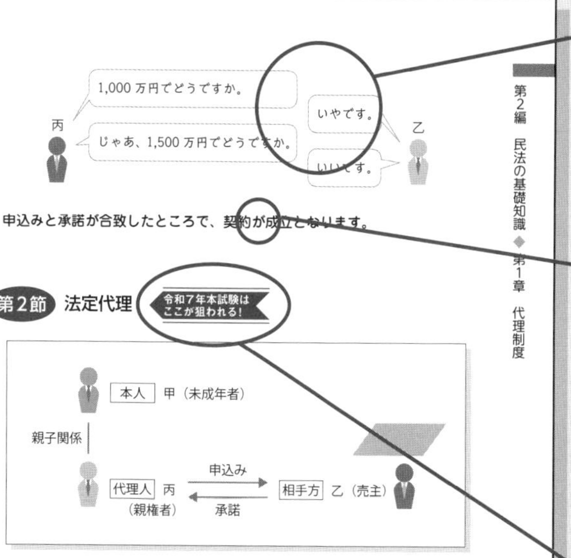

1,000 万円でどうですか。

丙

いやです。

乙

じゃあ、1,500 万円でどうですか。

いいです。

申込みと承諾が合致したところで、契約が成立となります。

第2編 民法の基礎知識◆第1章 代理制度

第2節 法定代理 令和7年本試験はここが狙われる！

甲という未成年者がいて、丙という親権者（親と思ってください）がいます。このように親子関係があると、**親は自動的に代理権を持ちます**。

824条（財産の管理及び代表）
親権を行う者は、子の財産を管理し、かつ、その財産に関する法律行為についてその子を代表する。ただし、その子の行為を目的とする債務を生ずべき場合には、本人の同意を得なければならない。

LEC東京リーガルマインド　令和7年版 根本正次のリアル実況中継
司法書士 合格ゾーンテキスト 1 民法Ⅰ　3

会話調のイラスト

流れや状況を会話調のイラストにすることにより、イメージしやすくなり、理解が早まります。

本文

黒太字：知識の理由となっている部分です。理由付けは理解するためだけでなく、思い出すきっかけにもなるところです。

赤太字：知識として特に重要な部分につけています。

令和７年本試験はここが狙われる！

令和７年本試験で狙われる論点をアイコンで強調表示しています。

条文

本試験では条文がそのまま出題されることがあります。覚える必要はありませんが、出てくるたびに読むようにしてください。

※上記は見本ページであり、実際の書籍とは異なります。

図に表示されている矢印の違い

本書には数多くの図が掲載されていますが、掲載されている矢の形で意味合いが異なってきます。

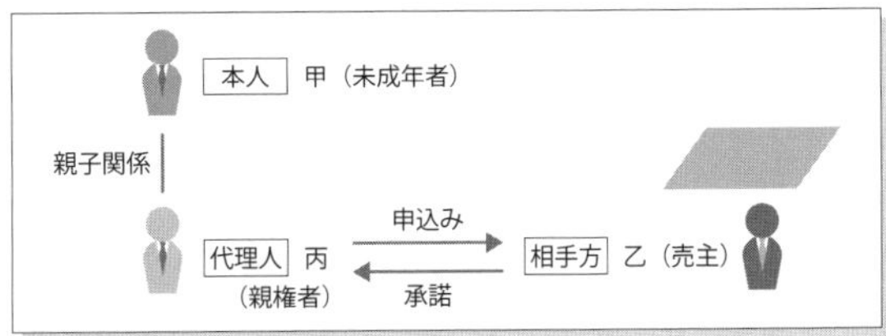

覚えましょう

試験問題を解答していく上で、欠かせない重要な部分です。読んだ後、この箇所を隠して暗記できているかを確認していきましょう。

覚えましょう

代理行為が成立する要件

① 本人 甲が権利能力を有すること
② 代理人 丙が代理権を有すること
③ 代理人 丙が 相手方 乙に対して顕名をすること
④ 代理人 丙と 相手方 乙との間に有効な契約が成立すること

理行為が有効に成立するためには、①から④までの要件が必要です。
この4つをすべてクリアすると、直接甲に効果帰属します。

（1）権利能力について

Point

その単元の特に重要な部分です。この部分は特に理解することをこころがけて読んでください。

Point

権利能力：権利義務の帰属主体となりうる地位
→「人」が持つ
→「人」とは、自然人・法人

権利能力とは、私は「**権利を持てる能力、義務を負える能力**」と説明しています。

そして、この**能力を持つのは、人**です。

法律の世界で人といった場合は、**自然人と法人**を指します。

4 LEC東京リーガルマインド 令和7年版 根本正次のリアル実況中継 司法書士 合格ゾーンテキスト 1 民法Ⅰ

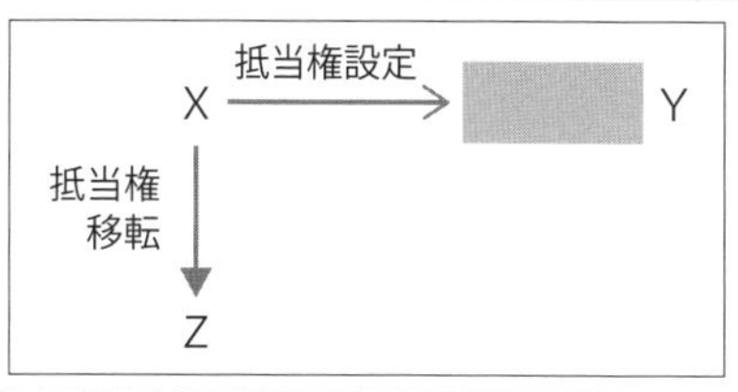

→ や ⇒ 流れを示しています。権利や物がその方向で動いていると思ってください。
※太さが異なっても意味は同じです。

→ 債権、所有権、地上権などの権利を差しています。誰が権利をもっていて、どこに向かっているかを意識してみるようにしてください。

～お金を貸すときは担保が大事です～

第3章 債権者平等の原則と担保物権

第2編 民法の基礎知識 ◆ 第3章 債権者平等の原則と担保物権

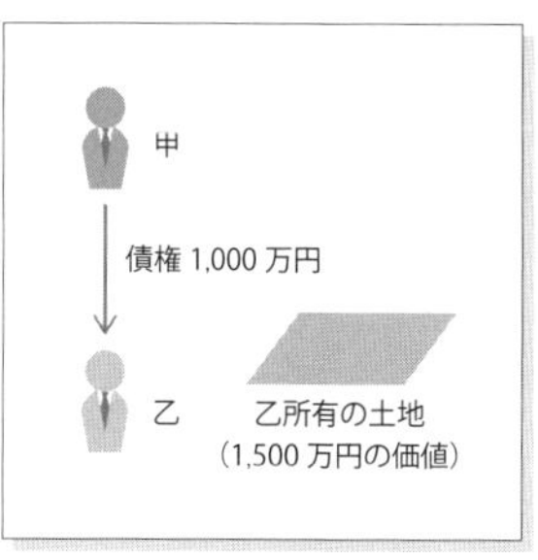

甲と乙が「1,000万円貸す」という借金契約をしました（この借金契約のことを、法律では、金銭消費貸借契約と呼びます）。

この場合、甲から乙に対し貸金債権が発生します。これは、「貸したお金を返せ」と請求できる権利です。

取引の常識
甲は、乙に金を貸す際に、乙の資産状態（資力ともいう）を確認してから貸す

問題を解いて確認しよう

1 金銭消費貸借契約をすることによって、抵当権は当然に設定されたこととなる。〔オリジナル〕 ×

ヒトコト解説

1 借金の契約とは別に、抵当権をつけるという契約をしないと抵当権は設定されません。

LEC東京リーガルマインド 令和7年版 根本正次のリアル実況中継 司法書士 合格ゾーンテキスト 1 民法Ⅰ 5

根本のフキダシ
根本が考える「この部分は、こう考えるといいよ」という理解の方向性を示している部分です。

問題を解いて確認しよう
ここまでの理解を確認します。理解していればすぐに解ける肢を、主に過去問からセレクトしていますので学習の指針にしてください。また、出題年度を明記しています。
例：〔13-2-4〕→平成13年問題2の肢4
×肢には「ヒトコト解説」が付いてくるので、なぜ誤っているかはここで確認してください。

※上記は見本ページであり、実際の書籍とは異なります。

目 次

根本正次のリアル実況中継

司法書士

合格ゾーン テキスト

2 民法Ⅱ

まるわかりWeb講義

著者、根本正次による、科目導入部分のまるわかり Web 講義！

科目導入部分は、根本講師と共に読んで行こう！

初学者の方は、最初に視聴することをおすすめします。

◆二次元コードを読み込んで、アンケートにお答えいただくと、ご案内のメールを送信させて頂きます。

◆「まるわかりWeb講義」は各科目の「第1編・第1章」のみとなります。2編以降にはございません。

◆一度アンケートにお答えいただくと、全ての科目の「まるわかりWeb講義」が視聴できます。

◆応募期限・動画の視聴開始日・終了日については、専用サイトにてご案内いたします。

◆本書カバー折り返し部分にもご案内がございます。

第4編 物権

ここから物権という範囲の学習に入ります。

この本の物権を読もうとしている方は、**できれば先に民法Ⅲの債権を読むようにしてください**。債権の知識を物権で使うことが多いので、債権を読んでからの方が読みやすいと思います。

～さあ物権です。ここを得意にすると、民法全体が面白くなります～

第0章 物権の学習にあたって

この分野の出題数は多く、第4編が4問～5問、第5編が4問～5問で、トータルで9問出題されます。ここはじっくり時間をかけて読むようにしましょう。

物権の条文は175条からスタートして、398条の22まで続きます。

そこは大きく2つの編、物権のパートと担保物権のパートに分かれています。

第4編　物権	第5編　担保物権
第0章　物権の学習にあたって	第0章　担保物権の学習にあたって
第1章　物権総論	第1章　抵当権
第2章　物権変動	第2章　質権
第3章　占有権	第3章　留置権
第4章　所有権	第4章　先取特権
第5章　用益物権	第5章　非典型担保

まず物権のパートを見てください。

第１章は、物権共通項に関することが載っています。

第２章は、物権が発生、変更、消滅する場面、主に対抗力の話が中心です。その対抗力について動産、不動産のルールが規定されています。

そして第３章以降では、物権１つ１つの権利がルール化されていて、中でも担保の権利については、編を変えて条文化されています。

第1章 物権総論

ここでは、物権の共通ルールである物権的請求権・一物一権主義を学びます。
物権的請求権では、誰に対して行うのかという点が多く出題され、一物一権主義では例外が多く問われます。

まずは、物権の共通する力である、物権的請求権から説明していきます。

覚えましょう

◆ 物権的請求権の種類 ◆

	物権的返還請求権	物権的妨害排除請求権	物権的妨害予防請求権
どういう状態で	他人が占有侵奪によって物権を妨害していること	他人が占有侵奪以外の方法で物権を妨害していること	他人が物権を妨害するおそれがあること
誰が	占有を失った物権者	妨害されている物権の保有者	妨害されるおそれのある物権の保有者
誰に対して	占有権限を有しないのに占有している者	現に妨害状態を生じさせている者	物権を妨害するおそれのある者
相手の故意・過失	不要	不要	不要

物権的請求権には3タイプありますが、よく出るのが、物権的返還請求権です。
この表のポイントは「誰に対して」というところです。

物権的返還請求権は、**不法占有者に対して行使できます**。

そのため地上権を持って占有している人とか、賃借権を持って占有している人は、不法占有者には当たらないので、彼らに対して返還請求することはできません。

もう1つのポイントは、相手の故意過失が要らない点です。

例えば、自分が外に干していた下着が、風で飛んで隣りの家に入ってしまいました。その隣りの家の人には何の落ち度もないのですが、下着を返せと言えないのでしょうか。

言えます。**相手の落ち度があろうがなかろうが、返還請求は可能**です。

一方、隣りの人が自分の下着を盗んで持って帰ったとしましょう。

このような故意がある場合は、物権的返還請求権に加えて、不法行為による損害賠償請求権も発生します。

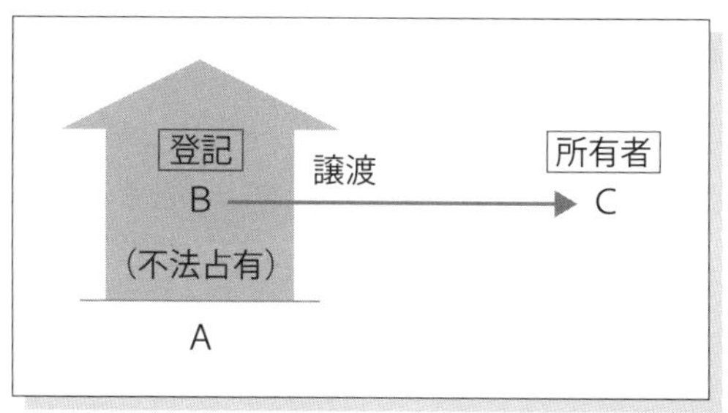

Aの土地をBが不法占拠して家を建てました。その後、この家をBがCに売ったのですが、登記名義自体は、Bが持っています。

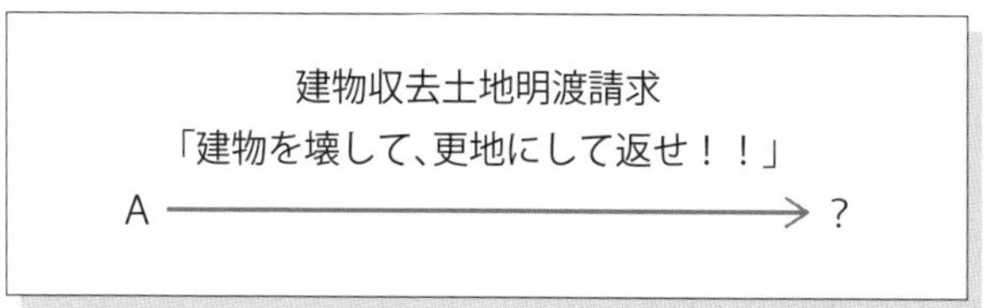

Aとしてみれば、建物付きで土地が返されても困ります。つまり、建物を壊して土地を返せと言いたいところです。

では、これは誰に対して言うべきでしょうか。

◆ **Aはだれに対して建物収去・土地明渡しの請求をすべきか？** ◆

原則	C
例外	次の要件をすべて満たす場合には、B ①Bが実際に建物所有権を有していたこと ②B名義の建物登記が存在すること ③Bの意思に基づいて登記をしていること

「建物を壊せ」という請求をするのですから、これは建物所有者に言うべきです。つまり、上の事例では今の所有者Cに対して言うべきです。

ただ、建物所有者って目で見て分かりますか？

所有権は見えない権利です。誰が持っているのか分かりません。

そこで、**一定の基準をクリアした場合は、登記簿を基準に請求すればいいとした**のです。

Aは登記簿を見て、そこに載っている人に対し、訴えることができるのです。

この例外が使える基準は、「**Bがかつて所有権を持っていて**」、「**自分の意思で**」「**登記名義を持っている**」という3点です。特に「Bがかつて所有権を持っていて」という点は意識して問題を解くようにしてください。

そのため、Bに登記名義はあっても、一度も所有権なんて取得していない場合には、要件を満たしていないのでBに請求できません。

以上で物権的請求権の論点は終了です。

Point

一物一権主義の原則

同一物上に、両立しえない内容を持つ２つ以上の物権は成立しないという性質が導かれる一物一権主義という言葉、以前、1つの物に2つの所有権はだめだと説明していますが、これを細かく見ていきます。

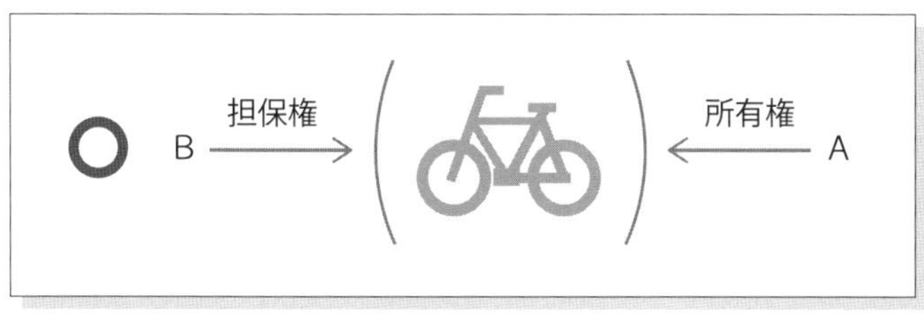

絵の右側を見てください。1つの物に1個の所有権という図になっています。

左側は、1つの物に1個の担保権という図になっています。

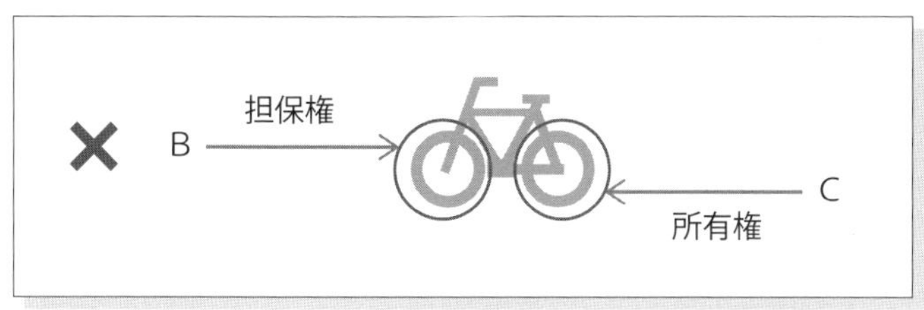

絵の右側を見てください。後輪だけに所有権を認めることはできません。これを認めると後輪以外はまた別の所有権があることになり、1つの物に2つの所有権となってしまうからです。

この概念は次のように出題されます。

> **問題　「自転車の後輪部分を、売り買いできるか？」**
> (後輪を外さないまま、後輪を売り買いすると思ってください)
> →　答え　できない

また、先ほどの絵の左側では、前輪の部分だけに担保権を付けようとしていますが、これもだめです。

一物一権主義というのは、**一部分だけ買うとか、一部分だけに権利を付けることを禁じている理屈と思ってください。**

では、何故だめなのでしょう。

硬い言葉でいえば、社会的必要性がないから。噛み砕いていえば、**「外さないで後輪部分だけ買いたい」、そんなことをする人はいない**からです。

では、次の事例はどうでしょう。

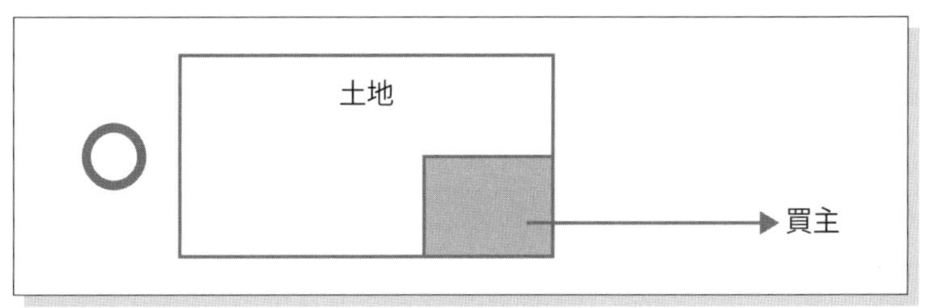

広大な土地があり、所有者が使っていない部分がありました。そこにある人が目をつけて、その一部分だけ買いたいと考えたのです。

こういった売買契約を認める必要性はありますね。土地の場合は、一部分だけ売り買いしたい需要はあるので、許されています。

そして、売り買いだけでなく、地上権や賃借権を設定したり、抵当権を設定することまで認められています。

このように**土地の一部だけを売買等することができますが、登記のやり方には注意が必要**です。

1件目　分筆登記 2件目　移転登記

この場合、登記簿をもう1つ作ることになります。

分筆登記といって、今の登記簿をコピーして、もう1つ同じ登記簿を作るのです。

これによって、残る部分と売る部分の登記簿を別々のものにして、売る部分の移転登記をすることになります。

結局のところ、**土地の一部分だけの売り買いはできますが、いきなりは登記できず、前提として、分筆登記が要るということを押さえておきましょう。**

問題を解いて確認しよう

1	A所有の甲土地に隣接する乙土地がその所有者Bにより掘り下げられたため、甲土地の一部が乙土地に崩落する危険が生じた場合において、当該危険が生じたことについてBに故意又は過失がないときは、Aは、Bに対し、甲土地の所有権に基づき、甲土地の崩落を予防するための設備の設置を請求することができない。〔26-7-ウ〕	×
2	A所有の土地上に不法に建てられた建物の所有権を取得し、自らの意思に基づきその旨の登記をしたBは、その建物をCに譲渡したとしても、引き続きその登記名義を保有する限り、Aに対し、自己の建物所有権の喪失を主張して建物収去土地明渡しの義務を免れることはできない。〔14-8-エ〕	○
3	A所有の甲土地上に、Bが乙建物をAに無断で建築して所有しているが、Bとの合意によりCが乙建物の所有権の登記名義人となっているにすぎない場合には、Aは、Cに対し、甲土地の所有権に基づき、乙建物の収去及び甲土地の明渡しを請求することができる。〔26-7-ア〕	×
4	一筆の土地の一部を占有する者はその部分を時効によって取得することはできるが、土地の所有者は分筆の登記をすることなく一筆の土地の一部を他人に譲渡することはできない。〔8-4-ウ改題〕	×
5	土地の賃貸借は、一筆の土地の一部を目的とすることができるが、地上権は、一筆の土地の一部を目的として設定することができない。〔18-13-ウ（令4-10-ア）〕	×

×肢のヒトコト解説

1 相手に故意過失があってもなくても、物権的請求は可能です。

3 所有権を持ったことがない人に対しては、物権的返還請求はできません。

4 一部について所有権移転の効力が生じます。

5 土地の一部には、地上権でも賃借権でも設定することができます。

2周目はここまで押さえよう

◆賃借権の物権的請求権◆

物権的請求権が認められる要件	・ 不動産の賃借人であること ・ 対抗要件を備えた場合	
認められる物権的請求権	返還請求権	○
	妨害排除請求権	○
	妨害予防請求権	×

賃借権は債権であるため、「物権」的請求権は認められませんでしたが、実際の必要性が高かったため、今では認められています。

ただ、条件として対抗要件を備えて物権化していることが必要とされています。また、必要性が高かった不動産の賃借人にしか認めていません。

また、物権的請求権のすべてを認めていないことにも注目です。妨害予防請求権は必要性がなかったため、現在でも認められていません。

1	Aが、Bから賃借している土地上に建物を所有し、所有権保存登記を経由している場合において、この土地の一部を隣地所有者Cが占拠した。この場合、AからCに対する妨害排除請求が認められる。〔11-16-ア〕	○
2	第三者に対抗することができる土地の賃借権を有する者は、その土地上に不法に建物を建ててこれを使用している者に対し、当該賃借権に基づき当該建物の収去及び土地の明渡しを請求することができる。〔14-8-イ〕	○
3	Aがその所有する甲土地をBに賃貸し、その旨の登記がされた後、Cが甲土地上に不法に乙建物を建ててこれを使用している場合には、Bは、Cに対し、甲土地の賃借権に基づき乙建物を収去して甲土地を明け渡すことを求めることができる。〔29-7-イ〕	○

これで到達！  合格ゾーン

□ 所有権に基づく妨害排除請求権は、相手方が責任能力を欠いている場合であっても、その成立は妨げられない。〔24-8-1〕

★相手の過失があってもなくても、相手が非難できるできないに関わらず、物権が妨害されていれば権利行使が認められます。

□ ＢがＡの承諾を得ることなく無権限でＣに対しＡ所有の甲土地を賃貸し、Ｃが甲土地を占有している場合でも、Ａは、Ｂに対し、所有権に基づく返還請求権を行使して甲土地の明渡しを求めることができる。〔29-7-エ〕

★Ｂは甲土地を貸していますが、間接占有者という占有者の地位を持っているので、物権的請求権の対象になります（大判昭13.1.28）。

□ Ａ所有の甲土地上にあるＢ所有の乙建物をＣがＢから賃借して占有している場合において、Ｂが甲土地の占有権原を失ったときは、Ａは、Ｃに対し、乙建物からの退去及び甲土地の明渡しを請求することができる（最判昭34.4.15）。〔令2-8-ア〕

★建物を占有使用する者は、建物の占有を通じて敷地をも占有しています。そのため、建物を賃借して占有している者は、敷地に関する物権的返還請求の被告となります。

□ 他人の使用人として家屋に居住するにすぎない者に対しては、特段の事情のない限り、その不法占有を理由として家屋の明渡しを請求することはできない（最判昭35.4.7）。〔令2-8-イ〕

★物権的返還請求権は、不法占有者に対して行います。使用人として居住しているにすぎないものは、占有しているとは評価されないため、その者に請求できません。

□ Ａの所有する甲土地の上にＢが無権原で自己所有の乙建物を建てた後、その所有権の保存の登記をしないまま、Ｃに乙建物を譲渡した場合において、乙建物につき、Ａの申立てにより処分禁止の仮処分命令がされ、裁判所書記官の嘱託によるＢ名義の所有権の保存の登記がされた場合、Ａは、Ｂに対し、甲土地の所有権に基づき、建物収去土地明渡しを請求することができない。〔30-7-イ〕

★Ｂ名義の登記はされていますが、これはいわゆる職権保存登記であり、Ｂの意思に基づいて行ったものではありません。自分の意思に基づいて登記をしていないので、Ｂには被告適格が認められません。

第2章 物権変動

これからは物権変動、つまり物権の発生、変更、消滅の場面を見ていきます。
基本的には、「対抗できるのか、できないのか」の話になります。

まずは、ここの単元に通じる2つの原則から説明を始めます。

第1節 物権変動総説

覚えましょう

公示の原則
物権変動　＋　公示　→　対抗力

物権変動があったら、目に見えるようにしろという原則です。
何故、こういう原則を要求したのでしょう。

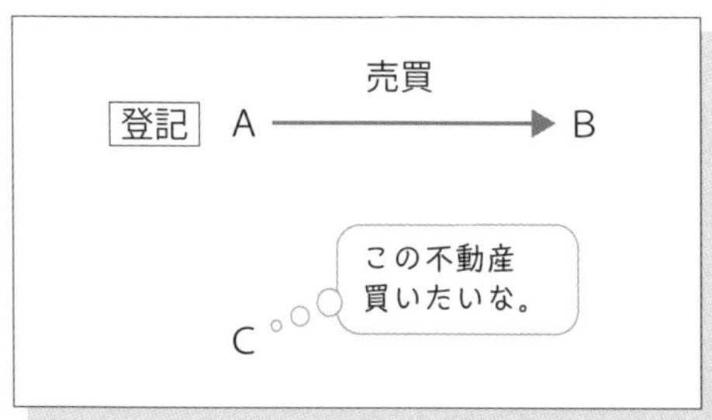

AがBに不動産を売って物権変動が起きました。ただ、物権変動があったのに登記名義がAのままでした。

この**登記名義を動かさない、公示をしないと第三者が下手な信頼を持つ**のです。

C 

こういった信頼を、**消極的信頼**といいます。

これは、二重譲渡を起こしかねない危険な状態です。

だから、物権変動があったら、下手な信頼を生まないように登記をしなさいと要求しているのです。

公信の原則

権利の不存在　＋　公示　＋　信頼　→　権利取得

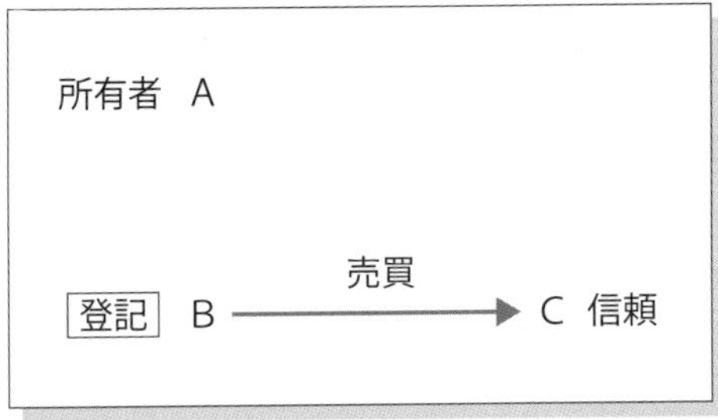

これは他人物売買で考えるようにしてください。

所有者はA、何故か登記名義がBの状態で、このBがCに買わないかと言ったところ、Cは登記を信頼して買ったのです。

「B名義の登記があるから、Bに所有権がある」と、登記を信頼したCに所有権をあげる、これを公信の原則といいます。

この原則は、不動産では適用がありません。

(動産では適用がありますが、それは後に説明します。)

この**公信の原則、非常に危険**です。

自分の持っている不動産の登記名義が誰かに変わっていて、この登記名義を誰かが信頼して買ったら、その人は所有権を失うことになるのです。

これでは怖くて、毎日のように登記簿を見るはめになりますよね。

ということで、信頼して騙されたCはかわいそうですが、全く落ち度のないAの所有権を守るため、この原則は不動産では認めないのです。

第2節 不動産物権変動

令和7年本試験はここが狙われる！

ここからは、不動産の物権変動、177条の解説をしていきます。ほぼ毎年1問出題される重要論点です。

事例ごとに「登記なくして対抗できる」なのか、「対抗するには登記が必要」なのかを宣言できるようにしてください。

177条（不動産に関する物権の変動の対抗要件）

不動産に関する物権の得喪及び変更は、不動産登記法その他の登記に関する法律の定めるところに従いその登記をしなければ、第三者に対抗することができない。

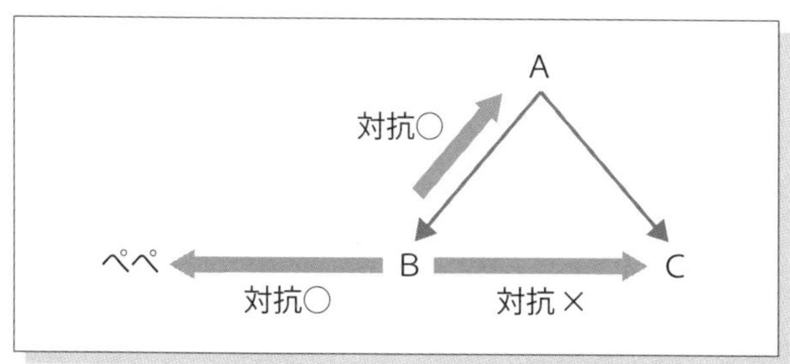

AがBとCに二重譲渡をしていて、BもCも、未だ登記をしていません。

Bを基準に考えてみましょう。

Bに登記はないので、物権変動があったことを対抗することができません、自分が所有者と主張できない状態です。

では誰に対して言えないかと言うと、**この図では、二重譲渡のライバルのCだけ**なのです。

条文には「『第三者に』対抗できない」と書いてあります。

ＡＢ間の契約の第三者といったら、ＡＢ以外の全員がこれに当たることになりますが、**これだと余りにも無関係な人も多く入ってしまいます**。

例えば、Ｂの左側にいる、ブラジル在住のペペさん、彼も第三者になってしまいます。

ペペさんにも、Ｂは所有者だと言えないことになりますが……ペペさん、全く関係ないですよね。

94条2項の第三者では、無関係者を除くと説明しましたが、177条の第三者でも、同じく無関係者は除かれていくのです。

覚えましょう

登記がなくても
無権利者
当事者
には対抗できる

当事者、先ほどの図で言うとAのことを指し、Ｂは、Ａには自分が所有者だと言えます（あなたから買っているのは、分かっているでしょ、という感覚です）。

また、先ほどのブラジル在住のペペさんは、無権利者に当たります（この不動産に何も権利をもっていません）。そのため、Ｂが彼に対抗するには登記は不要です。

では、対抗するのに登記が必要かどうかを事例ごとに押さえていきましょう。

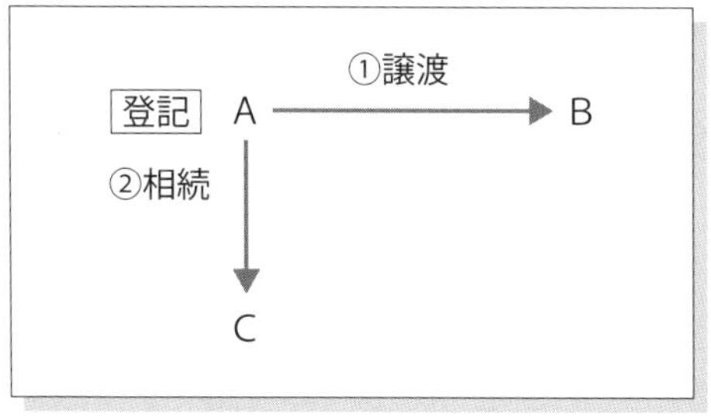

AがBに物件を売りましたが、Bは登記をしていません。その間に、Aが死んでCがAを相続しました。

この場合、BはCに対し、登記がなければ対抗できないのでしょうか。

一見、Aを起点とした二重譲渡のように見えます。ただ、Aが死亡して、その地位は包括承継で降ります。当事者の地位をCが承継しているのです。

そのため**Cは当事者扱いされることになる**ので、BがCに対抗するには登記は要りません。

177条の問題で、相続が判明したら、AとCをひとくくりにすることをおすすめします。

AとCをひとくくりにして、**ACという人格がBに売ったと考えます。**

そうすれば、BとAC間は、当事者関係だから、対抗するために登記は要らないと簡単に処理できることになります。

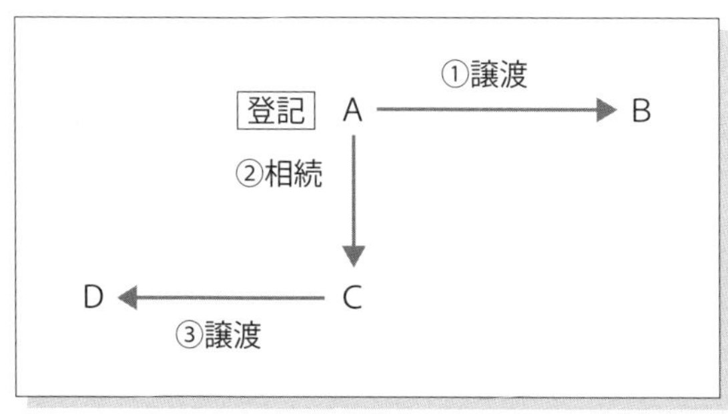

AとCをひとくくりにすると、**ACという人格が、片やBに売り、片やDに売っている**ことが分かります。

これは二重譲渡の状況になっているので、ＢがＤに対抗するには登記が必要です。

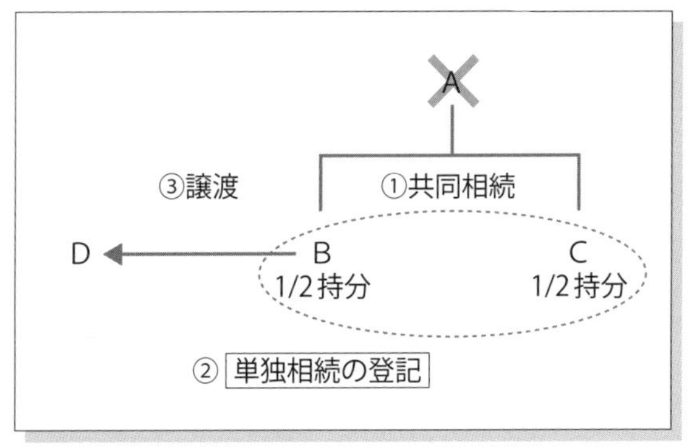

Ａが死んで、ＢとＣがＡを相続しています。この後Ｂが、Ｂ単独名義で相続登記をし、自分の持分だけでなく、Ｃの持分までＤに売却しました。

この場合、Ｂの持分と、Ｃの持分で処理が違います。

Ｂの持分をＢが売るのは自分物売買なので、この持分はＤに移転します。

一方、Ｃの持分をＢが売るのは他人物売買なので、この持分はＤに行きません。

ＤはＢの持分だけを持ち、Ｃの持分は持たないことになります。

ＣがＤに、**Ｃの持分は自分のものだと主張するのに、登記は要りません。Ｄは Ｃの持分については無権利者だからです。**

ちなみに、Ｂは、自分１人だけの名義の登記を作ったうえでＤに売却しています。それをＤが見て信頼したのでしょう。

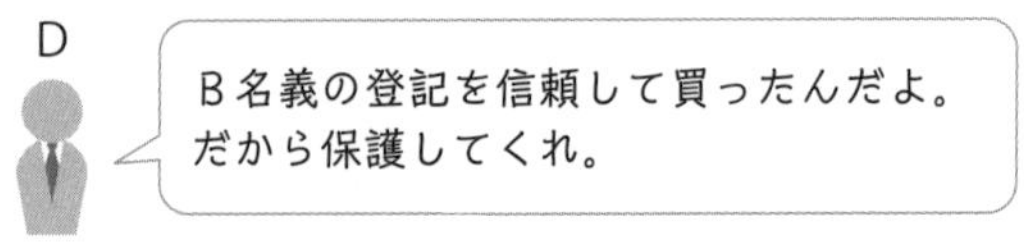

このＤの言い分は通る？　通らない？

この言い分は通りませんね。

不動産では公信の原則は適用されないので、登記を信頼したから保護してくれ、という言い分は通りません。

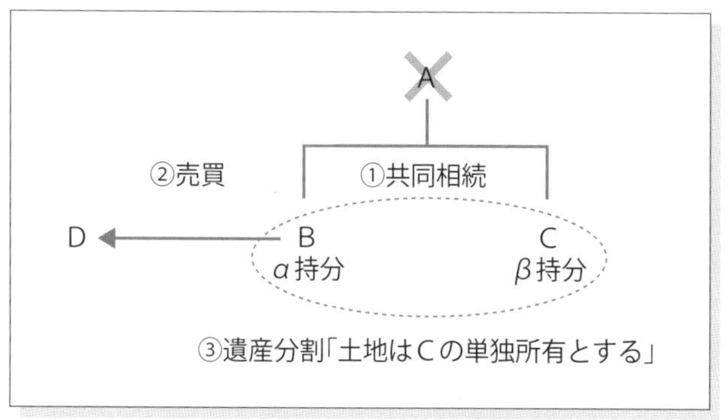

Aが死んでBとCがAを相続している状態で、Bが自分の持分だけでなく、Cの持分までDに売っています。

その後BとCで話し合って、土地はC単独所有とすると決めました（今回のDは、遺産分割前に登場しているので**遺産分割前の第三者**と呼ばれます）。

まず、遺産分割までの所有者の流れがどうなるか見ていきます。

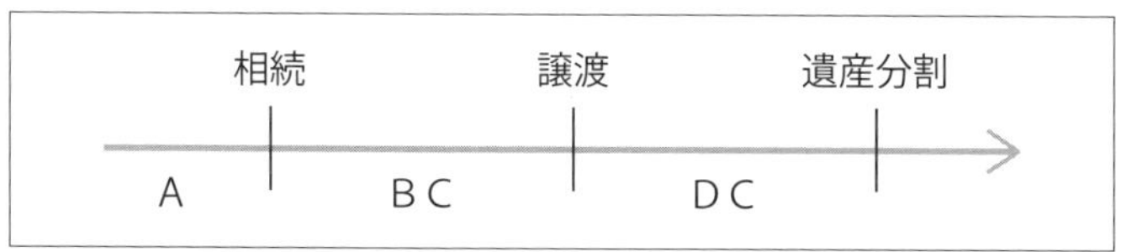

Aが死亡し、BCが所有者となり、その後Bが売っていますが、Bの持分しか売れませんので、所有者はDCとなります。

ここで遺産分割をしました。次の条文を見てください。

909条（遺産の分割の効力）
遺産の分割は、相続開始の時にさかのぼってその効力を生ずる。ただし、第三者の権利を害することはできない。

遺産分割には遡及効があるため、初めからCが持っていたという扱いになります。そのため、所有者の流れは次のようになります。

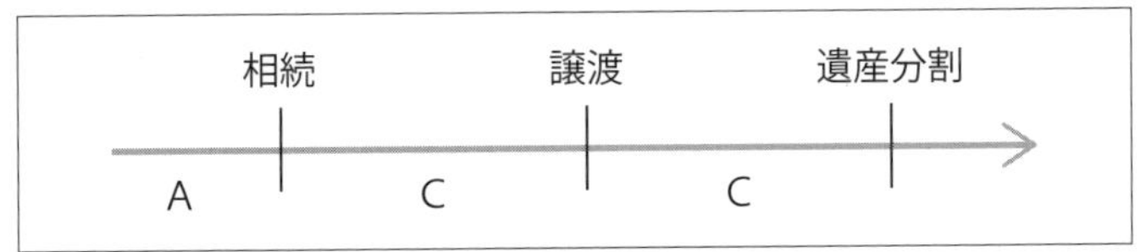

Aが死んだ時点から、Cが所有権を持っていたということになるため、Bの売却はすべて他人物売買と扱われます。結局、所有者はずっとCだったことになるのです。

これだとDは、**一旦は所有権を持っていたのに、遺産分割によってその権利が否定されることになります。**

これでは酷なので、909条の但書で、**こういうDさんに迷惑をかけちゃいけない**よとルール化したのです。

ただこの条文は、**どういう第三者を保護すると書いていません。**

そこで判例は、**Dが保護される基準を登記としました。**

登記をしていれば、Dは保護され、Bの持分を取得できるのです。

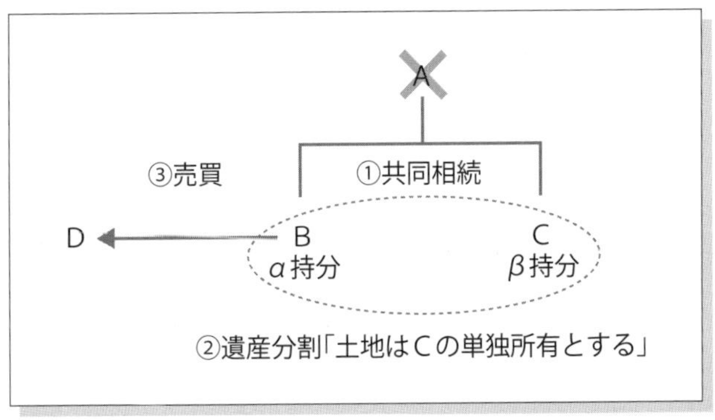

上の図の①～③の順番を見てください。Dが出てくるタイミングがポイントです。

先ほどは遺産分割の前に登場していますが、今回は、遺産分割の後に登場しています。こういうDを遺産分割後の第三者といいます。

○○後の第三者なので、これは二重譲渡処理になります。

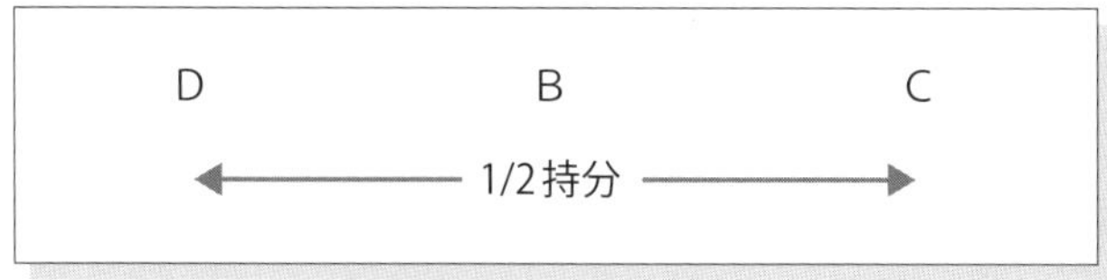

Bが持っている持分は、遺産分割によってCに行きますが、Cが登記をしていません。**この状態でBがDに売却すると、Bを起点とした二重譲渡となります。**この場合、CがDに対抗するには登記が必要です。

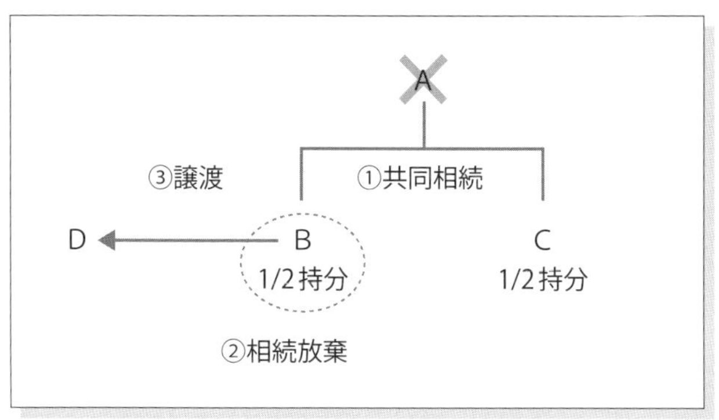

今回は、相続放棄をした後に、それを隠してDに売ったという事例です。次の条文を見てください。

939条（相続の放棄の効力）
相続の放棄をした者は、その相続に関しては、初めから相続人とならなかったものとみなす。

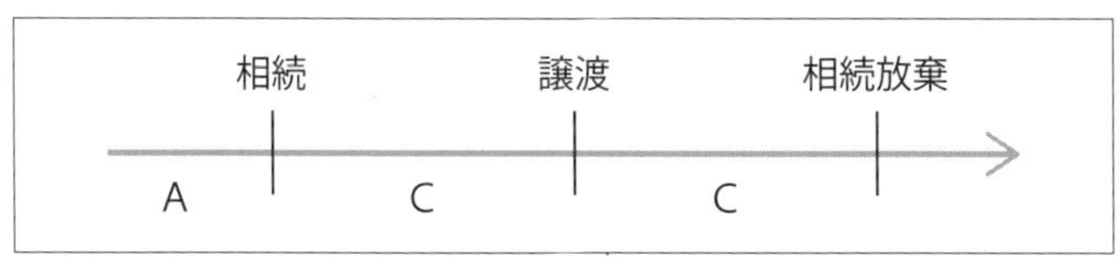

相続放棄には遡及効があり、初めからCのものだったということになります。そして、**遺産分割とは違って、Dの保護は一切ありません**。

遺産分割と結論が違う理由は、いくつかあります。

まずは条文の記載です。

相続放棄には、遺産分割と違って「第三者を保護する」という規定がありません。

次に、**Dは、調査をしようと思えばできたのに、さぼったという落ち度があります**。

相続放棄は、家庭裁判所に行って行います。

もしDが、「このB、怪しいな」と思ったら、家庭裁判所に行って、相続放棄されていませんか、と調査ができたのです。こういった調査をしないまま買ったのですから、保護する必要はありません。

ここが遺産分割と相続放棄の違いです。

そして、**相続放棄ときたら、遡及効で押し通して処理する**と考えておきましょう。

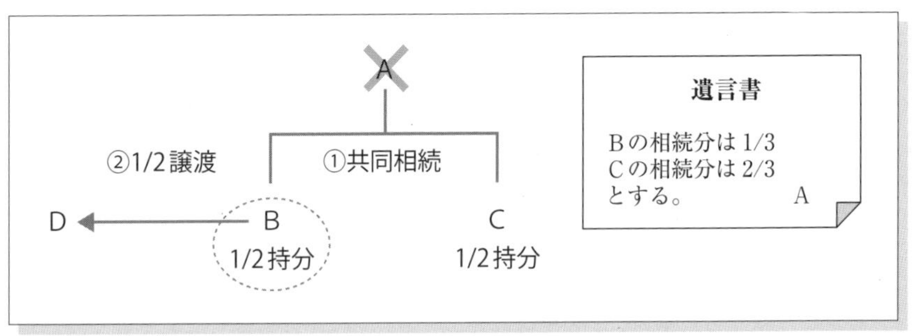

Aが死んで、Bは自分の持分は法定相続分の2分の1だと思い、Dに2分の1を売りました。

ただ、この後、Aが上記のような遺言書を残していることが分かりました。

この遺言書は、被相続人が死んだ時の相続分を決めているのです（相続分の指定といいます）。

この場合、Cが取得する3分の2のうち法定相続分を超える部分は遺言で移転したと考えます。

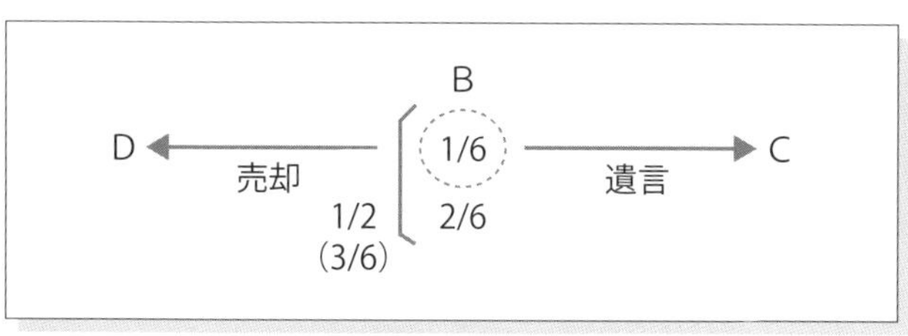

Bは2分の1を持っていたのですが、遺言があったため、6分の1の部分はCに移ってしまったと考えるのです。

ただ、これを登記しないでいたところ、Bは法定相続分すべてをDに売却しました。

これは、**Bを起点とした二重譲渡になっています。**

そのため、Cが6分の1を取得したことをDに対抗するには、登記が必要になります。

899条の2
1　相続による権利の承継は、遺産の分割によるものかどうかにかかわらず、次条及び第901条の規定により算定した相続分を超える部分については、登記、登録その他の対抗要件を備えなければ、第三者に対抗することができない。

この条文が想定している事案は、他にもあります。次の図を見てください。

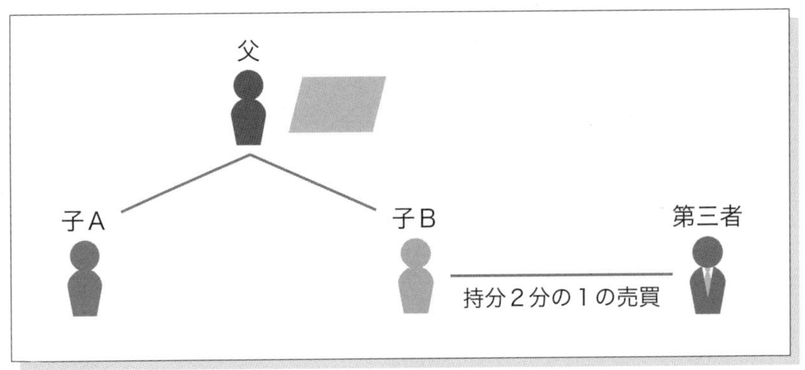

ある方が死亡して、相続人として子が２人いました。子Ｂは、土地の持分２分の１を相続したと考え、その持分を第三者に売却しています。

その後、次の遺言書が発見されました。

遺言書

自分が死んだ場合、甲土地はＡに相続させる

この遺言書があった場合、以下のように処理します。

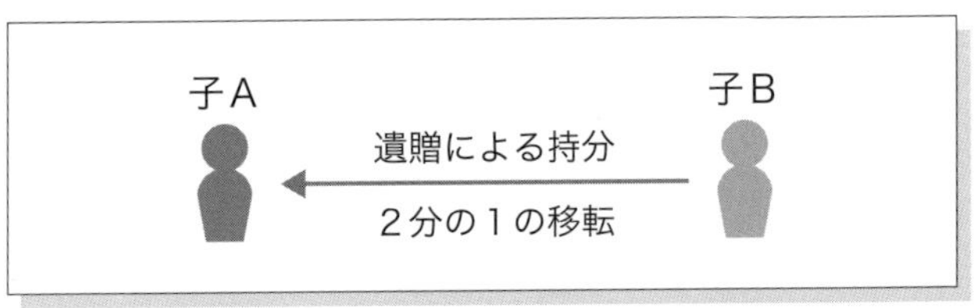

遺贈によって、初めからＡに所有権が帰属していたと考えるのではなく、遺贈によって、ＢからＡに２分の１の権利移転があったと考えるのです。

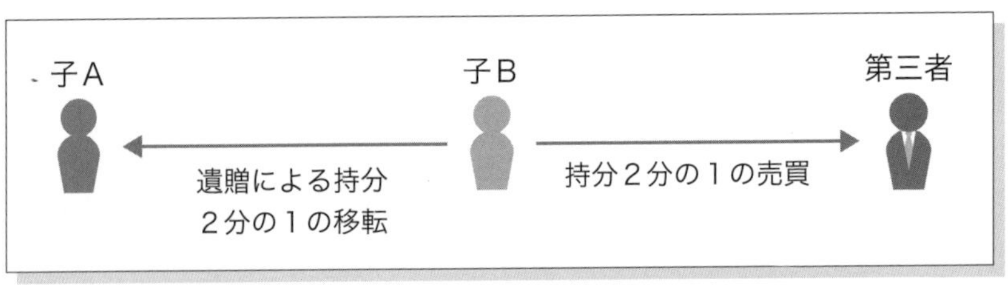

これによって、Bの2分の1の権利は、Bを起点とした二重譲渡となります。そのため、Aと第三者の先に登記をした方の勝ちになります。

問題を解いて確認しよう

1	Aがその所有する土地をXに売り渡したが、その旨の登記を経ないまま死亡したところ、その後Aの相続人がこれをYに売り渡し、その旨の登記を経た。この場合、Xは、Yに対して土地の所有権を主張することができる。〔7-16-ウ（4-14-エ、13-6-5）〕	×
2	甲土地の所有者Aが死亡し、その共同相続人であるB及びCは、遺産分割協議により甲土地をBが単独で相続することとしたが、登記名義はAのままであった。その後、遺産分割協議の存在を知らないCの債権者Dは、Cに代位して甲土地について相続を原因とする所有権の移転の登記をした上で、Cの持分（法定相続分）について差押えの登記をした。この場合、Bは、Dに対し、Cの法定相続分に相当する甲土地の持分の取得を対抗することができる。〔17-8-オ〕	×
3	甲不動産を所有していたAが死亡し、B及びCがその共同相続人である。Bが相続を放棄したが、その後Bの債権者Dが、Bに代位して甲不動産につきB・C共同相続の登記をした上、Bの持分につき差押えの登記をした場合には、Cは、Dに対して自己が単独の所有者であることを主張することができない。〔4-14-イ（6-18-ア、17-8-エ、25-7-ア）〕	×
4	Aは、遺言により相続分を3分の1と指定されていたが、相続財産である甲不動産について、A及び、その他の唯一の相続人であるBに対し、それぞれその法定相続分である2分の1の割合による相続登記がされた。この場合において、Aからその持分を取得したCは、登記を信頼していたとしても、3分の1の持分を取得するにとどまる。〔16-11-オ〕	×

ヒトコト解説

1　Aの売却と、Aの相続人の売却によって、XYは対抗関係になっています（AとAの相続人でひとくくりにしましたか？）。そのため、先に登記をしているYの勝ちです。

2　遺産分割の後に登場しているので、対抗関係で処理します。Bは登記名義を得ていない以上、対抗できません。

3　相続放棄は遡及効で考えていきます。そのため、Bは初めから相続を受けていなかったので、Dの差押えは空振りで終わりです。

4　Cが先に登記をしていれば、2分の1の持分を取得できます。

では、次に時効取得をしたときに登記がいるかを見ていきます。次の図が結論です。

覚えましょう

時効取得と登記

Bが時効取得する場合

① 時効完成したら…
→ Bは所有者Aに登記なくして所有権対抗可
：当事者理論

② 時効完成したら…
→ Bは<u>時効完成前の第三者C</u>に対して登記なくして所有権を対抗可
：当事者理論

③時効完成したら…
→ Bは<u>時効完成後の第三者D</u>とは対抗関係に立つ
：二重譲渡類似

これを、1つ1つ図にして説明します。

①

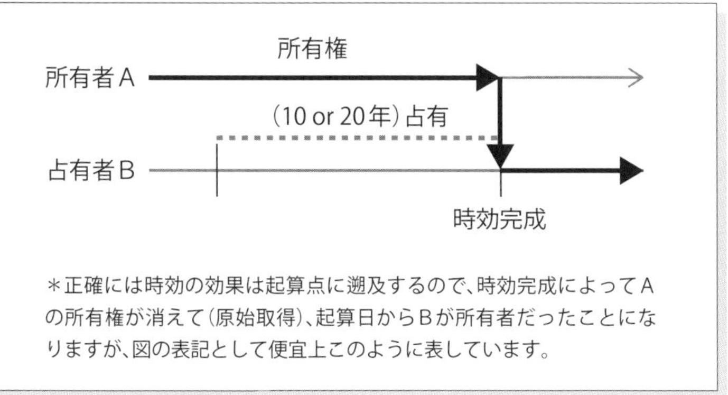

Aが持っている土地にBが占有を始めています。この後、10年ないし20年経てば、取得時効が完成します。

ここでBが取得時効を援用すると、所有権はどう流れるでしょう。

上の図の中の太線を見てください。

Aが所有権を持っていて、その後、Bの取得時効が完成すると、所有権はAからBへとやってくる流れになり、所有権はAからBに移っています。

この**AとBは物権変動を起こした張本人同士、つまり当事者だということが分かります**。

だから、**BがAに対抗するには登記は不要**です。

②

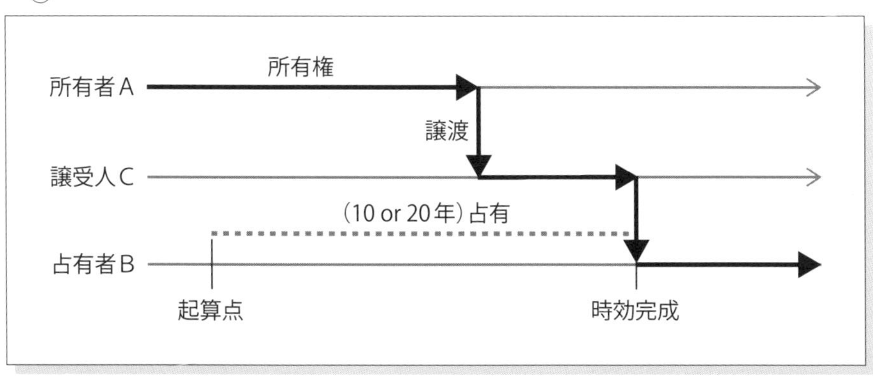

Aの所有地にBが占有を始めています。そして、Bが取得時効を完成させる前に、CがAから所有権を取得しています。

その後、Bが取得時効を完成させたので、BがCから所有権を取得しました。

物権変動の当事者は、CとBです。
従って、BがCに対抗するには登記は不要です。
③

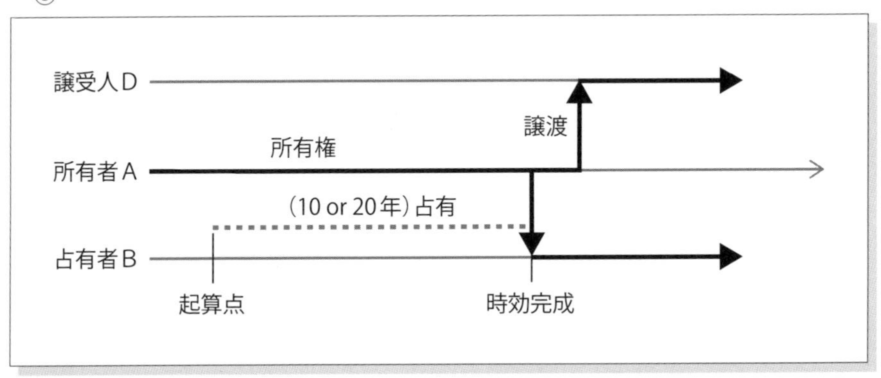

所有者はAで、Bが占有を始めて、Bが取得時効を完成させました。その後に、Bが登記しないでいたら、AがDに売っています。

このDは時効完成後の第三者ということになります。**そのため○○後の第三者は、対抗関係として処理し（Aを起点とした二重譲渡と考えます）、BがDに対抗するには登記が必要**です。
この最後の例は続きがあります。

Point
時効完成後の譲受人が登記をした時点から、さらに新たな時効が進行する。

前の図でDが登記をすればBの負けです。

ここでDはBに対し、出ていけと言えたところですが、面倒でそれをしていませんでした。つまり、Dは権利行使ができるのに、それをしない「権利の上に眠っている」状態だったのです。

この事例でBは、**負けた時点から10年占有を続けると、もう1回時効取得できます**（この10年の開始時点は、**登記されて負けた時点**です）。

その時の物権変動の当事者はBとDになるので、**BがDに対抗するには登記は不要です。**

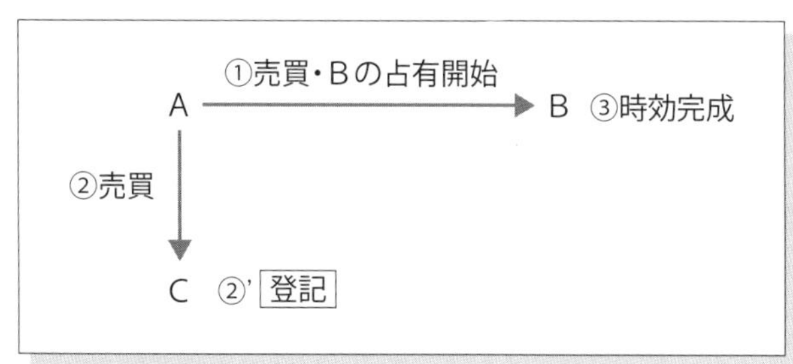

AがBに土地を売り、引渡しをされたのでBが占有を始めています。

ただ、Bは登記をしていませんでした。

そのせいで、AがさらにCに売り、Cが登記をしたためCが所有者になりました。

この勝ったCは今占有しているBを追い出すべきなのですが、Bを追い出さないまま、Bが占有を開始してから10年経ちました。

すると、Bは、時効取得できてしまいます。

BがCから所有権を奪っていきますので、Bは登記なくしてCに対抗できます。

負けても諦めちゃいけません。

諦めずにもう少し頑張ればもう1回時効取得ができる、これが最後の2つの事例です。

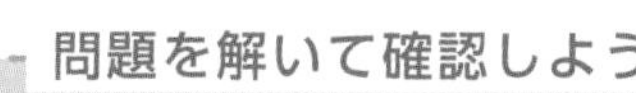

1	A所有の土地の所有権をBが時効取得した場合、Bの取得時効が完成した後、CがAから土地の贈与を受けたが登記をしていないときは、Bは、登記をしていなくても、Cに対し、時効により所有権を取得したことを対抗することができる。〔6-9-ア〕	×
2	A所有の土地の所有権をBが時効取得した場合、Bの取得時効が完成した後、CがAから土地を買い受けて登記をしたときは、Cの登記がされた後、引き続きBが時効取得に必要な期間占有を続けたとしても、Bは、Cに対し、時効により所有権を取得したことを対抗することができない。〔6-9-オ（26-8-ウ）〕	×
3	A所有の土地の所有権をBが時効取得した場合、Bの取得時効が完成する前に、Cが土地を強制競売により買い受けて登記をしたときは、その後、Bの取得時効が完成しても、Bは、Cに対し、時効により所有権を取得したことを対抗することができない。〔6-9-エ〕	×
4	A所有の甲土地の所有権についてBの取得時効が完成し、Bが当該取得時効を援用している場合に関して、CがAから甲土地を買い受けた後に当該取得時効が完成し、その後に甲土地についてAからCへの所有権の移転の登記がされた場合には、Bは、Cに対し、時効により甲土地の所有権を取得したことを主張することはできない。〔26-8-オ〕	×

ヒトコト解説

1 時効完成後に第三者が登場しているので、登記しないと対抗できません。

2 対抗関係で負けた後に、また時効を完成させています。その場合、当事者関係になるので、登記なくして対抗できます。

3,4 時効完成する前の第三者なので、登記なくして対抗できます。

2周目はここまで押さえよう

時効完成前の第三者との関係	時効完成後の第三者との関係
時効取得者は登記なくして第三者に対抗することができる	時効取得者は登記なくして第三者に対抗することができない　(注1)
取得時効を援用する者が**任意にその起算点を選択**し、時効完成の時期を早めたり遅らせたりすることは**できない**(最判昭35.7.27)	

(注1) 甲が時効取得した不動産について、その取得時効完成後に乙が当該不動産の譲渡を受けて所有権移転登記を了した場合において、乙が、当該不動産の譲渡を受けた時に、甲が多年にわたり当該不動産を占有している事実を認識しており、甲の登記の欠缺を主張することが信義に反するものと認められる事情が存在するときは、乙は背信的悪意者に当たる(最判平18.1.17)。

ここまで見てきたように、第三者の保護は、その第三者が時効完成前に登場したか、と時効完成後に登場したかで処理が分かれてきます。

このルールを守るために取得時効の起算点は必ず、占有開始日にするようにしています。

例えば、平成10年から占有をしていて、令和４年まで占有している善意占有者がいるとします。

その占有開始の後、平成26年に第三者が登場し、登記をしてしまいました（本来、占有者は負けるところです）。

ここで占有者が「平成20年から占有していることにしてほしい」という主張をしてきました（時効完成は平成30年になります）。

もし、この主張を認めると、平成26年に登場した第三者は時効完成前の第三者となるため、占有者の勝ちになります。

これで勝ち負けの結論が逆になるのは、いくらなんでも卑怯でしょう。そこで、判例は占有開始日が起算点、他の時点にずらすことは認めないとしているのです。

ちなみに、時効完成後は、対抗関係で処理しますので、背信的悪意者の論点も出てきます（卑怯な方は登記をしていても勝てないという論理です）。

平成１８年の判例では、占有しているのを知りながら不動産を買ったなどの事情があると背信的悪意者になると判示されています。

☑ 1	A所有の甲土地の所有権についてBの取得時効が完成し、Bが当該取得時効を援用している場合に関して、当該取得時効が完成した後にCがAから甲土地を買い受け、その旨の所有権の移転の登記がされた場合には、Bが多年にわたり甲土地を占有している事実をCが甲土地の買受け時に認識しており、Bの登記の欠缺を主張することが信義に反すると認められる事情があっても、Bは、Cに対し、時効により甲土地の所有権を取得したことを主張することはできない。〔26-8-エ〕	×
2	A所有の甲土地の所有権についてBの取得時効が完成し、Bが当該取得時効を援用している場合に関して、当該取得時効が完成した後にCがAから甲土地を買い受け、その旨の所有権の移転の登記がされた場合には、Bは、Cに対し、甲土地の占有を開始した時点より後の時点を時効期間の起算点として選択し、時効完成の時期を遅らせることにより、甲土地の所有権を取得したことを主張することはできない。〔26-8-ア〕	○

これで到達！　合格ゾーン

□ A所有の甲土地について、Bの取得時効が完成した後その旨の所有権の移転の登記がされる前に、CがAから抵当権の設定を受けてその旨の抵当権の設定の登記がされた場合には、Bが当該抵当権の設定の登記後引き続き時効取得に必要な期間占有を継続した場合、当該不動産を時効取得し、その結果、Cの抵当権が消滅する（最判平24.3.16)。〔29-8-ア（31-14-イ)〕

★時効完成後の対抗関係で負けた後に、また占有し時効完成した事例です。時効取得は原始取得の性質を持っているため、抵当権は消滅します。

☐ AからBへの有効な譲渡があり、目的不動産の引渡しもあって（ただし未登記）、Bの自主占有が継続中に、Aが当該不動産をCに二重に譲渡し、AからCへの移転登記がなされた場合も、Bの取得時効はAからBへの引渡しの時（占有開始時）から進行し、時効完成により、Bは完成時の所有者Cに対して登記なくして時効による所有権取得を対抗することができる（最判昭41.11.22）。〔8-4-エ、18-10-イ、令4-7-イ〕

★先ほどの事例と異なり、時効と関係なく対抗関係で負けた方が、引き渡しを受けてから占有を続けて時効取得を主張した事案です。時効は完成し、BCは物権変動の当事者であるため登記なくして対抗できます。

☐ A所有の甲土地をAから賃借したBがその対抗要件を具備する前に、CがAから甲土地につき抵当権の設定を受けてその旨の登記をした場合において、Bが、その後引き続き賃借権の時効取得に必要とされる期間、甲土地を継続的に使用収益したとしても、Bは、抵当権の実行により甲土地を買い受けた者に対し、甲土地の賃借権を時効取得したと主張することはできない（最判平23.1.21）。〔27-6-オ〕

★先ほどの事例と異なり、所有権同士の対抗関係ではなく、抵当権と賃借権の対抗関係で負けた賃借人が、引き渡しを受けてから占有を続けて時効取得を主張した事案です。両立できる権利、両立できない権利で判例は処理を分けているようです。

☐ 地役権を時効によって取得した者は、その登記がなくても、時効完成時の承役地の所有者に対して地役権の時効取得を対抗することができる（大判大7.3.2参照）。〔20-12-ア〕

★時効完成時の承役地の所有者は時効の当事者に該当するため、地役権の時効取得を登記なくして対抗することができます。

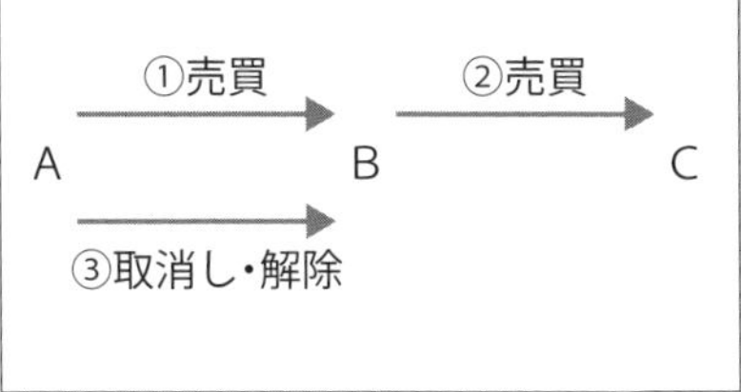

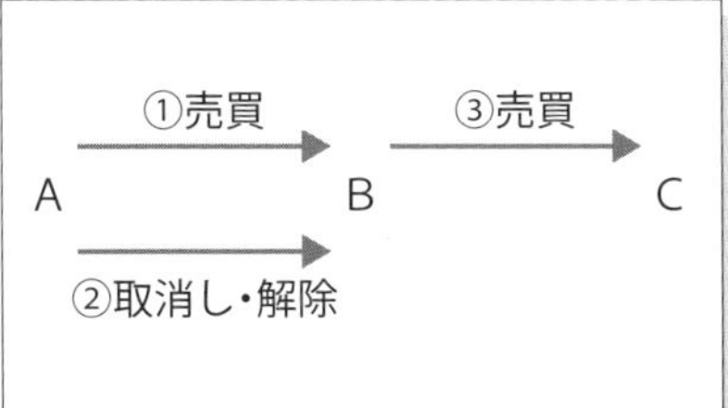

取消し、解除によって所有権が戻った場合を見ていきます。第三者が、取消し・解除「前」に登場したのか、取消し・解除「後」に登場したのかで処理が異なります。

民Ｉの内容、民Ⅲで説明している結論ですが、下記に再度記載します。

◆ 取消前の第三者と取消後の第三者 ◆

<table>
<tr><th colspan="2"></th><th colspan="2">取消前の第三者との関係</th><th>取消後の第三者との関係</th></tr>
<tr><td colspan="2">制限行為能力</td><td colspan="2">制限行為能力者は登記なくして取消しの効果を第三者に対抗することができる</td><td>対抗関係（177）</td></tr>
<tr><td rowspan="2" colspan="2">錯誤
詐欺</td><td>原則</td><td>被欺罔者は登記なくして取消しの効果を第三者に対抗することができる</td><td rowspan="2">対抗関係（177）
（大判昭17.9.30）</td></tr>
<tr><td>例外</td><td>善意でかつ過失がない第三者には対抗できない（95Ⅳ、96Ⅲ）</td></tr>
<tr><td colspan="2">強迫</td><td colspan="2">被強迫者は登記なくして取消しの効果を第三者に対抗することができる</td><td>対抗関係（177）</td></tr>
</table>

◆ 解除前の第三者と解除後の第三者 ◆

<table>
<tr><th></th><th>解除前の第三者との関係</th><th>解除後の第三者との関係</th></tr>
<tr><td>原　則</td><td>解除者は登記なくして第三者に対抗することができる</td><td rowspan="2">対抗関係（177）
（最判昭35.11.29）</td></tr>
<tr><td>例　外</td><td>545条１項ただし書の場合、第三者には対抗できない</td></tr>
</table>

取消し・解除「前」に登場した場合には、第三者Ｃを保護する条文があるかどうかで結論が変わってきます。

錯誤・詐欺・解除には第三者保護をする条文がありますが、**強迫・制限能力については第三者保護をする条文がありません**。それだけ、**「強迫された者」「制限能力者自身」を保護したい**のです。

一方、取消・解除「後」に登場した場合は、すべてのケースで一律「対抗関係」で処理することになっています。「強迫された場合」「制限能力者の場合」でも、取り消したにもかかわらず、登記を戻さないものは保護しないのです。

問題を解いて確認しよう

1	成年被後見人であるAがその所有する甲土地をBに売却してその旨の登記がされ、Bが、Aが成年被後見人であることを知らないCに甲土地を売却してその旨の登記がされた後、AがBとの間の売買契約を取り消したときは、Aは、Cに対し、甲土地の所有権のAへの復帰を対抗することができない。〔令2-7-イ〕	×
2	未成年者Aは、法定代理人の同意を得ないで、その土地をCに売却して所有権の移転登記をし、Cは更にその土地をDに売却した。Cが土地をDに転売する前に、AがAC間の土地の売買契約を未成年者であることを理由として取り消した場合であっても、AC間の所有権移転登記が抹消されていないときは、AはDに土地の所有権を対抗することができない。〔8-9-エ〕	○
3	A所有の土地がAからB、BからCに順次売買され、所有権移転登記がされた後、AB間の売買契約が強迫を理由に取り消されたときには、Aは、Bに対し、AからBへの所有権移転登記の抹消を請求できるほか、Cに対し、BからCへの移転登記の抹消を請求することができる。〔6-16-5〕	○
4	Aが、その所有する土地をBに売却して所有権移転登記を経由し、更に、BがCに対し、この土地を転売した。Cが、この土地上に建物を建てた後、A・B間の売買契約が解除され、AからBへの所有権移転登記が抹消された場合、AからCに対する土地の返還請求が認められる。〔11-16-イ〕	○
5	甲土地が、AからB、BからCへと順次譲渡され、それぞれその旨の所有権の移転の登記がされた。その後、Aは、Bの債務不履行を理由にAB間の売買契約を解除した。この場合、Aは、Cに対し、甲土地の所有権の自己への復帰を対抗することができる。〔17-8-イ〕	×
6	Aが自己の所有する甲土地をBに売却した後、当該売買契約が解除されたにもかかわらず、Bが甲土地をCに転売した場合、解除がBの債務不履行を理由としてAが一方的にしたものであっても、AB間の合意によるものであっても、Cへの所有権移転の登記がされていれば、Aは、甲土地の所有権をCに対抗することはできない。〔オリジナル〕	○

×肢のヒトコト解説

1　制限行為能力を理由とする取消しの場合は、詐欺に関する96条3項のような第三者保護規定はありません。

5　解除前の第三者の事例で、Aが登記していないため、Aは保護されません。

これで到達！合格ゾーン

□ AがBに対する債務を弁済し、被担保債権の消滅によってBの抵当権が消滅したが、抹消登記がされる前に、BからCへの抵当権移転の登記がされたときであっても、Aは、Cに対し、当該抵当権が消滅したことを対抗することができる。〔14-6-エ〕

★177条が「物権の」得喪は登記がなければ対抗できないと限定をかけていることから、「債権の」得喪は登記がなくても対抗できると解釈されています。

177条、この条文に載っている第三者という言葉には、絞り込みがかかります。

以前、ここには当事者が入らない、とか、無権利者が入らない、ということを説明しました。

覚えましょう

177条の第三者
当事者及びその包括承継人以外の者で、登記の欠缺を主張するにつき正当な利益を有する者

判例の定義を上に載せました。

「正当な利益を有する者」と書いているため、無権利者は入らないということになります。

この判例の基準、少々分かりづらいところがあるので、ここを具体例で説明していきましょう。

一方の権利取得を認めれば他方が存続しえない関係
→　登記がなければ対抗できない

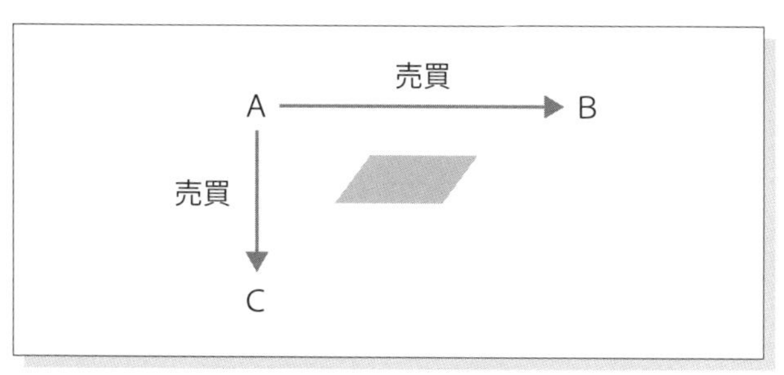

Bは、Cの所有権を認めれば、自分の所有権がなくなります。

逆にCも、Bの所有権を認めれば自分の所有権が否定されます。

「相手の権利を認めると、自分の権利が否定される」そういう人には、登記がなければ、自分の権利を主張できないのです。

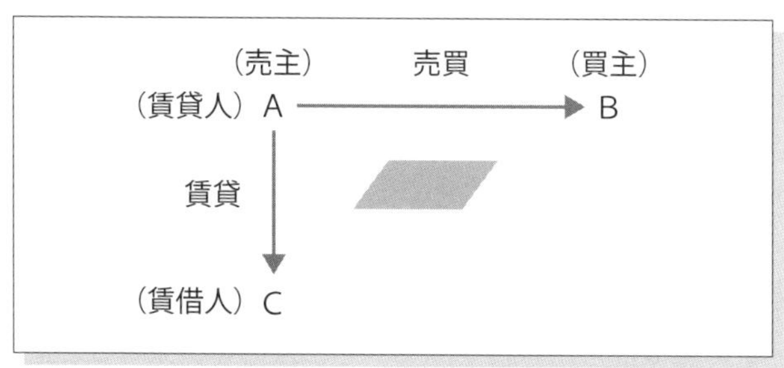

Bは綺麗な、何も権利が付いていない土地を買ったと思っています。そして、Cはその土地を借りたと思っています。

ここでCが、Bの綺麗な所有権を認めれば、自分の賃借権が否定されます。

一方、BだってCの賃借権を認めれば、自分の綺麗な所有権が否定されます。

だから**お互い登記がなければ対抗できない関係**です。

このように、「相手の権利を認めると、自分の権利が否定される」そういう人が第三者に当たると考えればいいでしょう。

ただ、この枠組みに当たらない例もあります。

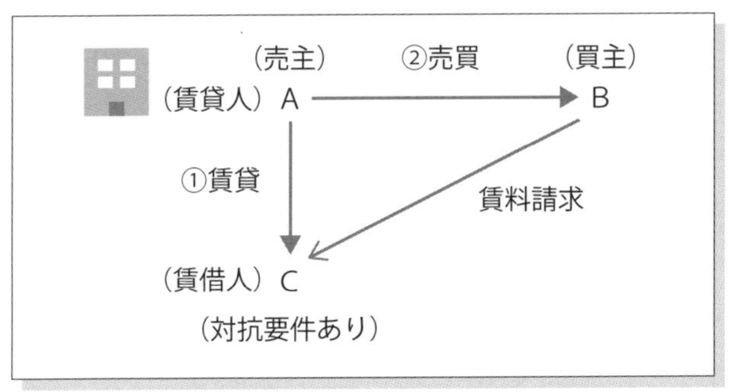

アパートがあって、Cが借りて既に住んでいます（これで対抗要件を備えます）。このアパートをAがBに売ってオーナーチェンジしました。

AがBに売ったのですが、このBがまだ登記をしていません。

ここでBがCに対し、「私が新しい大家だ、私に賃料を払え」と主張するのに登記は必要でしょうか。

まず、先ほどの基準では、Bには登記は要らないはずです。

元々Bは、賃借権付きの所有権を買っているという意識です。Cは賃借権を持っているという意識です。

Bは、Cの賃借権を認めても、自分の権利は否定されません。

またCは、Bの賃借権付所有権を認めても、自分の賃借権が否定されることにはなりません。

そのため、先ほどの基準だけで言えば、登記なくして主張できるはずです。

ただ、**判例は、登記がなければ、Bは大家だとは言えないという判断を下しました**（今は605条の2で条文になっています）。

それは次のような悲劇を想定しています。

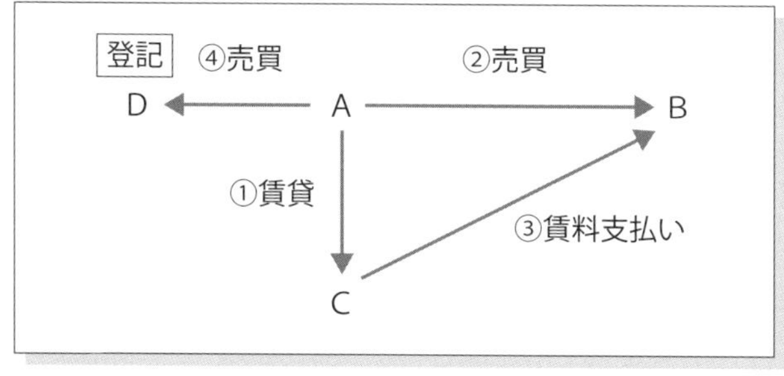

Bが登記をしていない状態で、CがBに賃料を払いました。

Bが登記をしていないため、Aに登記が残っています。そのため、Aがこのアパートを Dに二重譲渡してしまうことが可能です。そしてDが登記をした場合、どうなるでしょう。

所有者は、Dで決まりです。なおかつ大家もDで決まりです。

するとCは、もう1回Dに賃料を払うはめになるのです（賃料の二重払い状態といいます）。

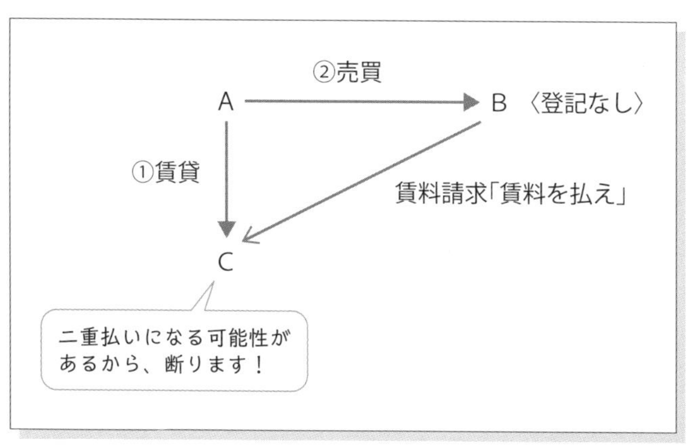

登記のないBが賃料を払えと言ってきたら、Cは断りたいでしょう。

判例は、Cの立場を尊重し、**Bが「自分が大家だ」と言うには登記が要る、「賃料払え」と言うには登記が要るという結論にした**のです。

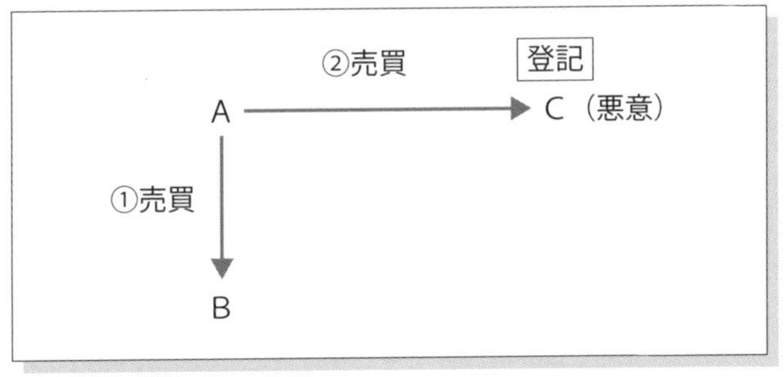

パッと見は二重譲渡なので、BがCに対抗するには登記が必要に思えます。
ただ、Cが悪意なのです。
こういった悪意者に対しても登記がなければ主張できないのでしょうか。

177条は、善意の第三者、という言葉で縛りをかけていません。
そのため、**Cが悪意であったとしても、登記がなければ主張できません。**

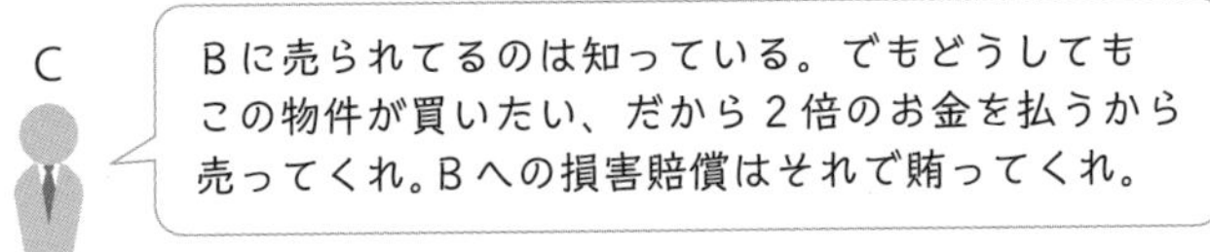

これは自由競争の範囲内だと評価しているのです。
そのため、悪意であっても、登記を取得したCの勝ちとしています。

ただ、この悪意が進むと、話は別です。

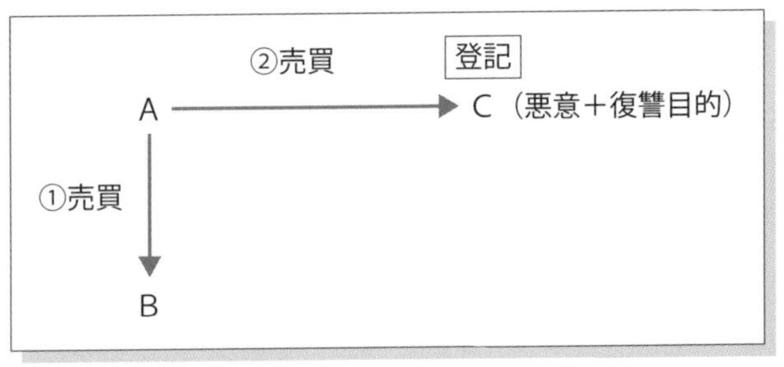

CはBに売られたのが分かっているだけでなく、復讐目的がありました。
Bより先に登記をして、買えたと喜んでいるBを痛い目にあわせてやろうとい

う感じです。

このような復讐目的まで持っていれば、もはや自由競争の範囲内ではないため、Bは登記なくしてCに対抗できます。

こういった復讐目的を持っているような人を背信的悪意者といいます。

これは、**判例の基準である、正当な利益を有する第三者の「正当」に当たらない、という評価になります**。

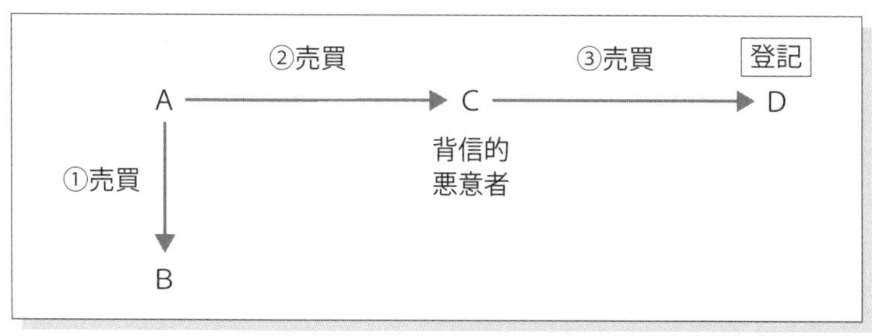

今回のCは背信的悪意者です。この状態であれば、Bは登記なくしてCに対抗できます。

ただこのCがDに売り、Dが登記をしています。

この場合、**Bは登記なくしてDに対抗できません**。

背信的悪意者は、対抗できないというだけで、無権利者になるわけではありません。先ほどの例だと、所有権は持っているけど、Bに対抗できないという状態にすぎません。

そのため、**CがDに売れば、Dは所有者になり、このDは背信的悪意者ではないので、登記をすればBに対抗できることになる**のです。

背信的悪意者は、所有権はあるけど対抗できないと覚えてください。

(無権利者になると覚えないようにしましょう。)

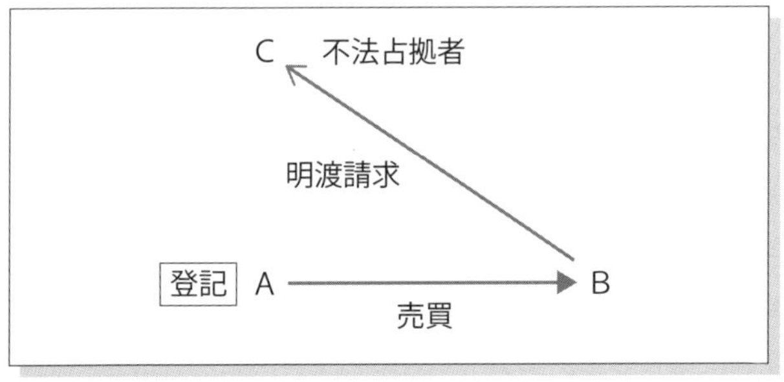

Ａが持っている物件をＣが不法占拠している状態です。Ａが、この物件をＢに売りましたが、Ｂは登記を持っていません。
そのためＢはＣに「私が所有者だ、出て行け！」と主張できるかが問題になります。

このＣは不法占拠者であるため、無権利者ですね。そのため、Ｂは登記がなくてもＣに対抗できます。

以上で、177条の話は終わりです。

問題を解いて確認しよう

1	甲所有の土地を買い受けた乙が、甲からその土地を賃借していた丙に対して賃料の請求をするためには、甲から所有権移転の登記を受けなければならない。〔59-18-3（8-9-ア）〕	○
2	Ａが所有する土地をＢに売却した場合に、ＣがＡからその土地を賃借していたときは、Ｂは、登記をしなければ、Ｃに対して賃貸人たる地位を主張することができない。〔20-9-ウ〕	○
3	Ａは、その所有する甲不動産をＢに譲渡した後、背信的悪意者Ｃに二重に譲渡して所有権移転登記をした。その後、Ｃは、甲不動産を背信的悪意者でないＤに譲渡し、所有権移転登記をした。この場合において、Ｂは、Ｄに対し、甲不動産の所有権の取得を対抗することができる。〔16-11-イ（17-8-ウ、24-7-ウ）〕	×
4	ＸがＹから甲土地に関して所有権の移転を受けたが登記未了の場合において、ＺがＹに対する貸金債権回収のため、甲土地を正当な権原なしに占有している場合は、Ｚは、Ｘの「登記の欠缺を主張するにつき正当な利益を有する第三者」に該当する。〔2-2-イ（20-9-オ）〕	×

×肢のヒトコト解説

3　背信的悪意者から買った者は無権利者ではありません。よって、その者に対抗するには登記が必要です。

4　Ｚは不法占拠者なので、Ｘは登記なくして対抗することができます。

2周目はここまで押さえよう

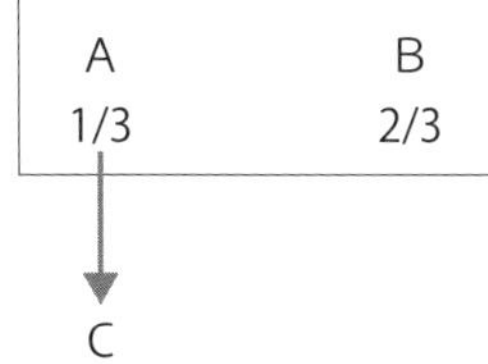

ＡＢ共有の土地で、ＡからＣが持分を取得しました（まだ、Ｃは登記していません）。ここで、ＣがＢに対して「自分が新しい共有者である」と主張させていいでしょうか。

これをもし認めれば、ＣがＢに対して「私が新しい共有者です。共有物分割をしましょう」と主張して、共有物分割ができることになります。

ただ、これを認めると、下記のような事態が起きる危険性があります。

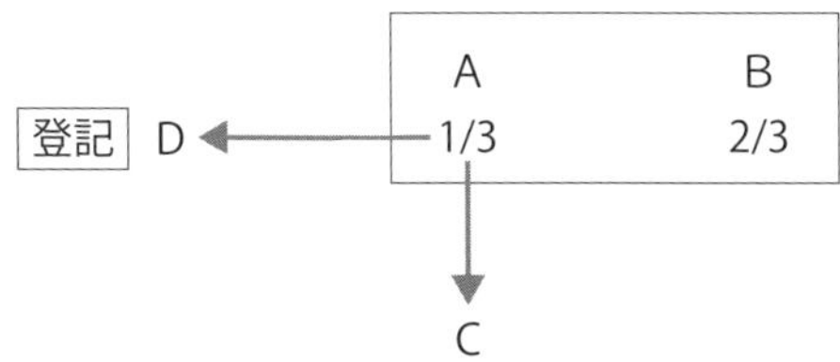

上の図のように、Ｃが登記していないため、登記名義を持っているＡがＤに譲渡して、Ｄが登記してしまったらどうなるでしょう。

ＣＤの関係ではＤの勝ちになるので、共有関係はＢＤになります。そのため、ＢＣで行った共有物分割は無効になってしまうのです。

これでは共有物分割の苦労が水の泡になってしまいます。

そのため、下記のような判例がでました。

不動産の共有者の１人（A）が自己の持分を譲渡した場合の、他の共有者（B）
→　Cにとって、１７７条の第三者になる
→　Cは登記しない限り、自分が共有者だとBに主張できない
→　共有物分割を請求できない

☑ **1**　AとBとが甲不動産を共有していたところ、Aは、その共有持分をCに譲渡したが、その旨の持分移転登記をしていない。この場合において、Cは、Bに対し、甲不動産の共有持分の取得を対抗することができる。〔16-11-ア（24-7-ア）〕　×

2　A、B、C及びDが共有する甲土地について、Dが自己の持分をCに譲渡したが、当該譲渡の登記をしていない場合における甲土地の共有物分割訴訟において、裁判所は、当該持分が譲受人であるCに帰属しているものとして、共有物分割を命ずることができる。〔25-9-オ改題〕　×

これで到達！

合格ゾーン

☐ AからBへの所有権の移転の登記を申請すべき義務を負っているCがAからその土地について地上権の設定を受けたときは、Bは、登記をしなくても、所有権の取得をCに対抗することができる。〔20-9-イ〕

★他人のために登記を申請する義務を負う第三者は、その登記がないことを主張することができない（不登５Ⅱ本文）。これは条文が定める背信的悪意者の事例の１つです。

□ A所有の甲土地の所有権についてBの取得時効が完成し、Bが当該取得時効を援用している場合に関して、当該取得時効が完成した後にCがAから甲土地を買い受け、その旨の所有権の移転の登記がされた場合には、Bが多年にわたり甲土地を占有している事実をCが甲土地の買受け時に認識しており、Bの登記の欠缺を主張することが信義に反すると認められる事情がある場合、Bは、Cに対し、時効により甲土地の所有権を取得したことを主張することができる（最判平18.1.17）。〔26-8-エ〕

★判例はこのような時効の事実を知っていて、登記の欠缺を主張することが信義に反すると認められる事情があるCは、背信的悪意者に当たるとしました。

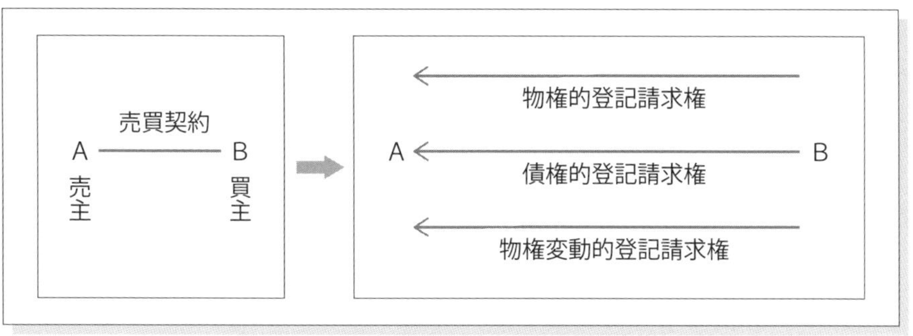

少し話が変わり、登記請求権という概念を説明します。

ＡＢで売買契約をすれば、ＢはＡに対し、「移転登記をしろ」と登記を求めることができます。この「移転登記をしろ」という権利は、実は3つ発生するのです（もちろん使えるのは1回ですけどね）。

それぞれどんな時に発生するのかを意識してください。

物権的登記請求権、これは、**物権を持っているだけで発生**します。

債権的登記請求権、これは**登記をする約束があったら発生**します。

基本的に、契約の中には、登記をする約束が暗に入っていると考えられています。そのため、契約をすることによって発生する権利と思っても構いません。

最後に物権変動的登記請求権、これは、**物権変動（物権の発生・変更・消滅）**

が起きると発生する登記請求権です。

では、先ほどのＡＢが売買契約した事例で、３本の登記請求権が発生する理由を確認しましょう。

Ｂは所有権を持っていますから、物権的登記請求権を持ちます。

ＡＢ間で売買契約をしていますから、債権的登記請求権も発生します。

ＡからＢへと所有権の移転という物権変動が起きていますから、物権変動的登記請求権も発生します。

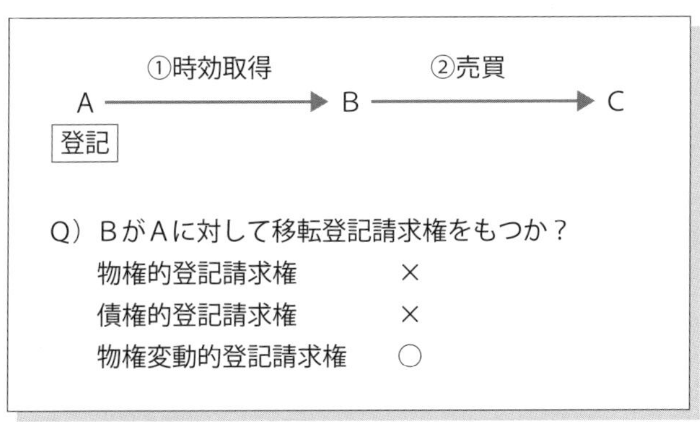

ＢがＡの物件を時効取得して、その物件をＣに売っています。

今の所有者はＣ、登記を持っているのはＡ、ここでＢからＡに移転登記を請求したい場合、Ｂにはどんな登記請求権があるのでしょうか。

所有権を持っているのはＣなので、Ｂに物権的登記請求権はありません。

次にＡＢ間には契約関係がないので、債権的登記請求権もありません。

ＡからＢへと物権変動が起きていますから、物権変動的登記請求権が発生しています。

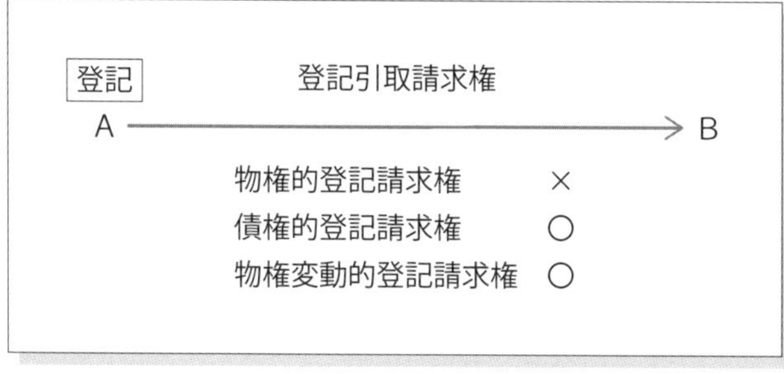

ＡがＢに売っていますが、実は、ＡからＢにも登記請求権が発生します。

「登記を持っていって欲しい」と請求する権利で、これを登記引取請求権といいます。

登記名義が残っていれば、固定資産税がやってきます。

そのため、**固定資産税を取られたくないので、「登記を持っていって欲しい」という登記請求権が認められている**のです。

ではこれは、どのタイプの登記請求権でしょう。

所有権を持っているのはＢであり、Ａは所有権を持っていません。だから物権的登記請求権はありません。

次に、債権的登記請求権、これは契約をしていますから認められます。

また、ＡからＢへと物権変動は起きていますから、物権変動的登記請求権としても、この登記引取請求権が発生します。

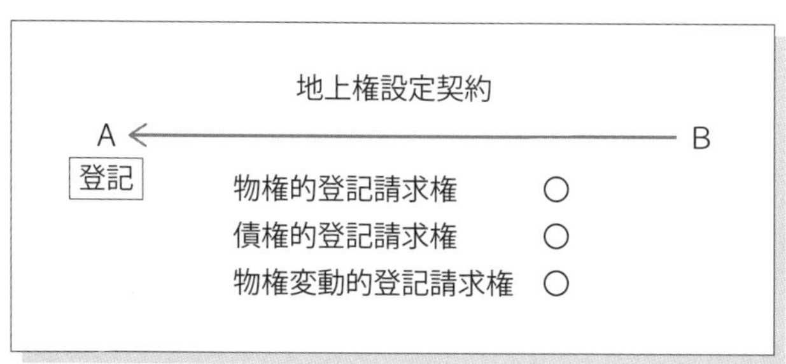

ＡＢ間で、地上権設定契約をしました、Ｂが地上権者になっています。

ＢからＡに地上権の登記をしろという権利は、３本認められます。

Ｂが地上権という物権を持っていますから、物権的登記請求権があります。
ＡＢ間で契約をしているので、債権的登記請求権もあります。
Ｂに地上権発生という物権変動が起きていますから、物権変動的登記請求権も発生します。

このＡＢ間が賃貸借契約だった場合はどうでしょう。
賃借権登記請求権は全く発生しません。

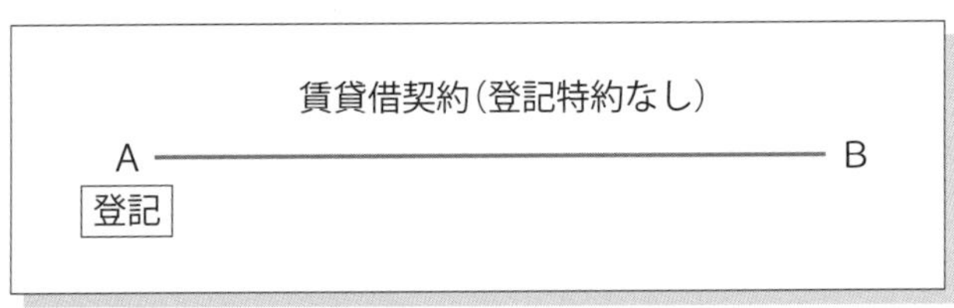

Ｂは賃借権を持ちますが、**賃借権は債権**なので、物権的登記請求権は生まれません。
また、賃借権という債権が生まれますが、**物権変動ではない**ので、物権変動的登記請求権も認められません。

そして最後は債権的登記請求権です。
契約があれば、登記する約束がされているのが原則ですが、賃貸借契約は例外です。
賃貸借契約は、登記する特約を明示で入れないと債権的登記請求権は認められないのです。今回の事案ではこの特約がないため、債権的登記請求権も認められません。

結果として今回賃貸借契約をしても登記請求権は発生しないことになります（アパートを借りても、賃借権の登記をすることはまずありません）。

ちなみにこれだとＢが対抗力を取得できないので、「建物だったら引渡しを受けるだけでいい」、「土地の場合は、建物を建てて建物に登記をすればいい」という、借地借家法の話に繋がってくるわけです。

問題を解いて確認しよう

登記請求権を、その発生原因により、①物権的登記請求権、②債権的登記請求権、③物権変動の事実そのものに基づいて発生する登記請求権の３種類に分類する見解がある。次の記述にかかる登記請求権は、上記のどの種類の登記請求権か。

1	Ａ所有の土地について、ＡＢの通謀により、Ｂへの虚偽の所有権移転登記が経由されていたところ、ＣがＡからこの土地を買い受けた場合、ＣはＢに対し、自己への直接の所有権移転登記を請求することができる。〔10-15-ウ改題〕	①
2	Ａが所有していた土地をＢが時効により取得し、所有権移転登記を経由しないままＣに売却した場合、ＢはＡに対し、所有権移転登記を請求することができる。〔10-15-エ改題〕	③
3	Ａは、その所有する土地をＢに売却した場合、Ｂに対し、所有権移転登記を請求することができる。〔10-15-オ改題〕	②③
4	Ａがその所有する土地をＢに売却し、Ｂが更にＣに転売し、ＡからＢ、ＢからＣへの各所有権移転登記が経由されたが、その後、ＡＢ間の売買契約が、強迫を原因として取り消された場合、ＢはＣに対し、ＢＣ間の所有権移転登記の抹消を請求することができる。〔10-15-ア改題〕	③

第３節 動産物権変動

ここでは動産物権変動の対抗要件である引渡しを学習します。

引渡しには４パターンがありますが、「指図による占有移転」のひっかけ問題が多いので、その部分を強く意識して学習しましょう。

178条（動産に関する物権の譲渡の対抗要件）
動産に関する物権の譲渡は、その動産の引渡しがなければ、第三者に対抗することができない。

ここからは、動産の話が続きます。まずは、対抗要件、二重譲渡で勝つための要件を学習しましょう。

動産には登記というものがないのが普通なので、**引渡しをすることによって対抗力を取得**します。

そして、この引渡しには4タイプあります。

A＝譲渡人　B＝譲受人　■＝動産の所在

	引渡し前	→	引渡し後
現実の引渡し（182 Ⅰ）	A■　　B	①　ABで売買契約 ②　現実に交付	A　　■B

まさに現実にAがBに渡すという場合です。

この後の3つのやり方は、意思表示だけで引渡しにするというものです。

	引渡し前	→	引渡し後
簡易の引渡し（182 Ⅱ）	A　　■B	①　ABで売買契約 ②　引渡しがあったことにする合意	A　　■B

AがBに動産を預けていました。この預けていた動産を、Bに売ったのです。

ここでAB間で、

このような引渡しがあったという合意をします。

これだけで、Bは、引渡しを受けたことになり、対抗力を取得します。

	引渡し前	→	引渡し後
占有改定（183）	A■　　B	①　ABで売買契約 ②　引渡しがあったことにする合意	A■　　B

AがBに売りましたが、引渡しの履行期は1年後に設定しています。

Bはできるだけ早く、対抗力を欲しがっています。

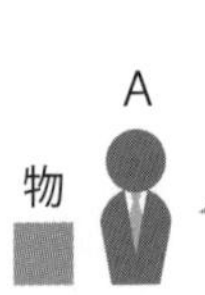

そこで、現実に渡すのは1年後だけど、**とりあえず引渡しはあったことにしよう、と合意します**。結果として売主が持ちっぱなしになります。

こういうのを占有改定といいます。**売主が持ちっぱなしになるという点を強く意識しておいてください**。

	引渡し前	→	引渡し後
指図による占有移転 (184)	A　　B C■	①　ABで売買契約 ②　AからCへの命令 ③　Bの承諾 ※Cの承諾は不要	A　　B C■

Aが所有者で、動産をCに預けていました。

これをBに売る際に、

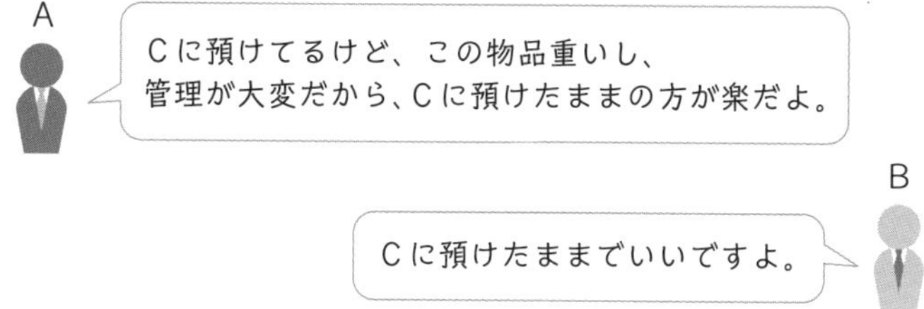

こんなふうに合意をしました。

ここで、AからCに連絡をします。

その連絡だけで、Bは対抗力を取得します。

ここでのポイントは、**BのOKは要りますが、COKは要らない**ということです。Cには伝えるだけでいい、ここがよくひっかけ問題で出題されます。

以上が引渡しの４パターンで、この４パターンどれをやっても対抗力を取得します（二重譲渡で勝てる状態になります）。

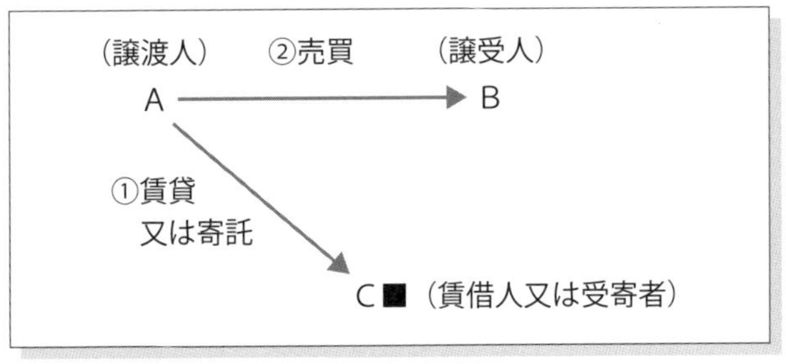

Ａが所有者で、この物をＣが持っています。この状態でＡがＢに売りました。

Ｂはまだ引渡しを受けていません。

ここでＢがＣに対して、私が所有者だと主張できるでしょうか。

これはＣが、この物を借りている人か、預かっている人かで結論が変わります。

ＣがＡの賃借人である場合	ＣがＡの受寄者である場合
Ｃは178条の「第三者」に当たる ↓ Ｂは引渡し（指図による占有移転）なくしてＣに対抗できない	Ｃは178条の「第三者」に当たらない ↓ Ｂは引渡し（指図による占有移転）なくしてＣに対抗できる

物に対する利害の強さで結論を変えています。

お金払ってまで使いたいＣ、ただ預かっているＣ、物に対する利害の強さが明らかに違います。

利害が強い人に対して主張するには、対抗要件が要る。
利害が薄い人に対しては別に対抗要件は要らない。

このように考えてください。

問題を解いて確認しよう

1	Aが所有する動産甲をBに賃貸している場合において、Aが甲をCに譲渡した。この場合において、Cが指図による占有移転により甲の引渡しを受けるためには、AがBに対して以後Cのためにその物を占有することを命じ、Cがこれを承諾することが必要である。〔23-8-ウ〕	○
2	AがBに対して甲動産を貸し渡している場合において、Aが、Fに甲動産を譲渡し、Bに対し、以後Fのために甲動産を占有すべき旨を命じたところ、Bは、Fと不仲であるとして、これを拒絶した。この場合には、Fは、甲動産に対する占有権を取得しない。〔16-13-エ〕	×
3	Aが所有する動産甲をBに寄託している場合において、Aが甲をCに譲渡した。Bは、民法第178条にいう「第三者」に当たらないから、Cは、指図による占有移転により甲の引渡しを受けていなくても、Bに対し、甲の引渡しを請求することができる。〔23-8-ア〕	○
4	Aが所有する動産甲をBに賃貸している場合において、Aが甲をCに譲渡した。Bは、民法第178条にいう「第三者」に当たらないから、Cは、指図による占有移転により甲の引渡しを受けていなくても、Bに対し、甲の引渡しを請求することができる。〔23-8-イ〕	×

×肢のヒトコト解説

2　Bには命じるだけでよく、承諾は不要です。

4　借りている人は利害が強いので、こちらも利害を強くしないと対抗できません。

これで到達！ 合格ゾーン

□ Aが甲をBに寄託している場合において、Aが、甲をCに譲渡し、さらに、Dにも甲を譲渡した。その後、Cが指図による占有移転により甲の引渡しを受け、次いで、Dが動産及び債権の譲渡の対抗要件に関する民法の特例等に関する法律に基づき、甲についての譲渡の登記をしている。この場合、先に引渡しを受けたCが所有権を取得することになる。〔23-8-エ〕

★法人による動産譲渡につき動産譲渡登記がされた場合、178条の引渡しがあったものとみなされます（動産債権譲渡特例3Ⅰ）。この点、この動産譲渡登記の対抗力は引渡しと同レベルであり、その優劣はそれぞれの対抗要件の先後で決まります（債権譲渡登記をしているからといって、本事例のように引渡しの後にされた場合は負けるのです）。

第4節 即時取得

この試験の出題が非常に多いところです。

即時取得の要件を見ないで言えるようにすること、そして、**それを問題文に1つ1つあてはめるようにすること**、この2つの意識が重要です。

192条（即時取得）
取引行為によって、平穏に、かつ、公然と動産の占有を始めた者は、善意であり、かつ、過失がないときは、即時にその動産について行使する権利を取得する。

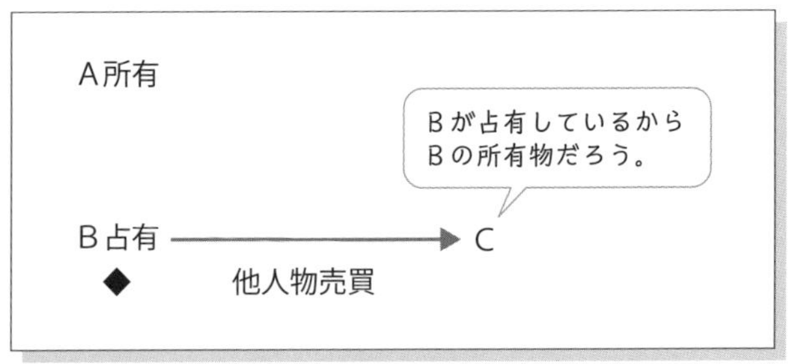

Bが動産を持っています。ただ、実はこれはAの所有物で、Bが預かっている、もしくは借りているという状態のようです。

ここでBがCに売りました。

これは他人物売買です。本来、他人物売買では所有権を取得できません。

ただ、動産の他人物売買だけは別です。

CがBのものだと信じれば、所有権を取得できます。

これが即時取得というものです。

他人物売買なのに、所有権が取得できるという制度です。

Cは、「Bが物を占有している。占有しているということはBが所有者なんだろう」と占有を信じたのです。

即時取得というのは、占有を信じた人を保護しましょうという制度（公信の原則）です。

不動産の場合はどうだったでしょうか。

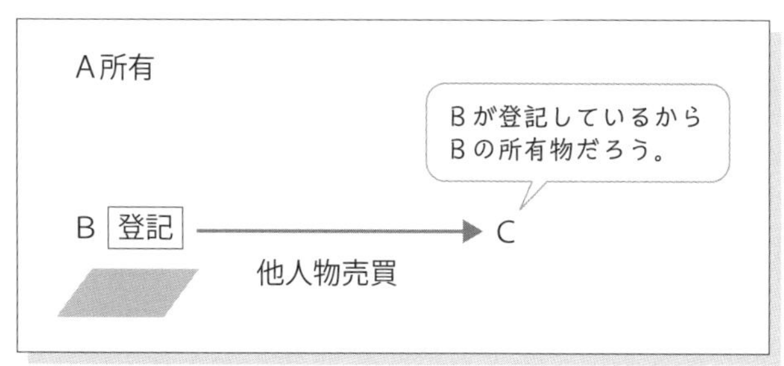

不動産の場合で、「Bが登記を持っているから、Bのものだ」と信じてCが買っても、Cは所有権を取得できませんでした。

登記は信用しても保護されませんが、占有は信じたら保護されます。

なぜこんな違いがあるのでしょう。

不動産の場合、**所有者がAでBが登記をしているというケースは稀**です。

不動産登記法があれこれ要求するため、「登記がウソ」になっていることは少ないのです。

公信力は、真の所有者が権利を奪われるというかなり危険なものです。

稀なケースのためだけに、危険な制度をルール化する必要はありません。

動産の場合はどうでしょう。

動産は**所有権を持っていない人が占有しているケースが多い**のです。

先ほどの引渡しの4パターンを見てください。所有者じゃない人が持っているっていう事態が起きていませんか。

占有改定とか、指図による占有移転とか、所有者でない人が占有するということが、もともと条文でルール化されているのです。

動産は、公示がウソになっていることが多いため、公信力を認めることにしたのです。

登記というちゃんとした公示ではなく、占有という不安定な公示になっている動産にだけ、公信力という危険なものを認めたのです。

ではこの即時取得、どんな要件のもとで認められるかを見ていきましょう。

覚えましょう

即時取得の要件
①目的物が「動産」であること
②前主が無権利者であること
③前主に占有があること
④前主との間に有効な「取引行為」が存在すること
⑤平穏・公然・善意・無過失で占有を取得すること

この要件を、1つ1つ分解して説明していきます。

Point

要件①
目的物が「動産」であること

◆192条の適用◆

○＝あり　×＝なし

Bの占有する自動車を買ったところ、後日、それがAの所有物であることが判明した。	
①　道路運送車両法による登録のない自動車	○
②　道路運送車両法による登録のある自動車	×

ここは動産というところに着目するというよりは、**占有しか手段がない、登記という手段がないもの**と思ってもいいかもしれません。

自動車には登記はありませんが、登録制度があります。

こういうしっかりとした制度がある以上、公信力という危険なものを認める必要はありません。

一方、自動車でもまだ登録されてない自動車もあります。
それについては、占有で公示することになるので、即時取得を認めます。

事例
Ｂの占有する山林を買って、木を伐採したところ、のちに山林がＡの所有物であることが判明した。

土地の上に木が立っている状態で、その土地を買った場合です。
買ったのは土地で、**動産を買ったわけではない**ので、即時取得の適用はありません。

事例
Ｂの占有する山林から伐採された木を買ったところ、のちに山林がＡの所有物であることが判明した。

これは先ほどとは逆で、買う時点で木が切られていて、動産化しています。
動産の売買契約になっていますから、即時取得の適用があります。

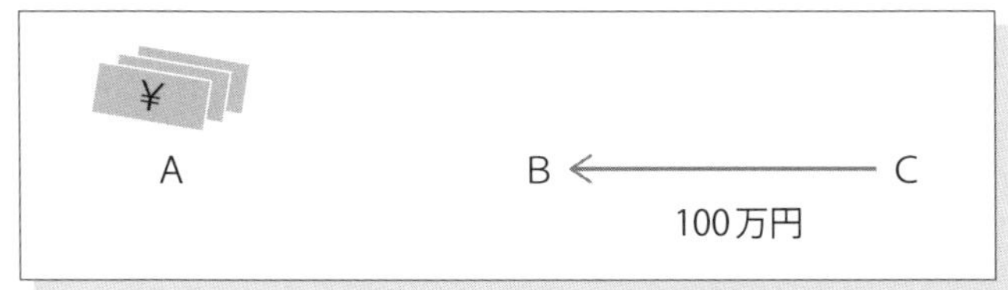

Ｃに対して債務を負っているＢが、Ａのお金を拝借して、Ｃに弁済しました。ここで、Ｃは現金を即時取得できるのでしょうか。

結論はＮＯです。実は、**現金は占有者が所有権を取得するという扱いになっています**。つまり、ＡからＢが現金を取った時点で、現金の所有権はＢに帰属するのです。

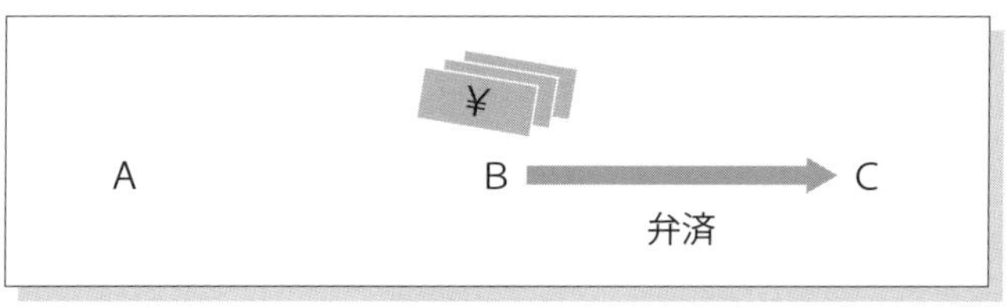

そのため、BがCに対して弁済する行為は「他人物で弁済」ではなく、**「自分物での弁済」になっているため、即時取得の適用をする必要がないのです**（もちろん、Cは現金の所有権を取得します）。

Point

要件②

前主が無権利者であること

即時取得は、他人物売買を有効にする制度です。そのため、前主が無権利者であることが要件になります。

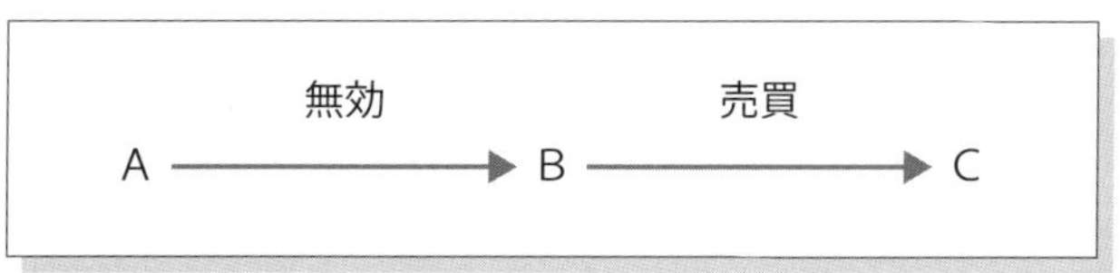

AがBに売りましたが、この売買契約が無効であったため、Bは所有権を持ちません。このBがCに売る行為は、他人物売買となるので、Cは、即時取得する可能性があります。

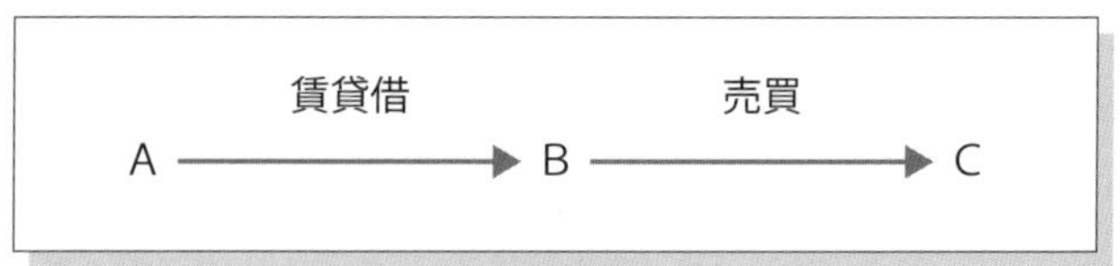

AがBに貸しました。このBが、Aを裏切ってCに売っていますが、これも他人物売買です。そのため、Cは所有権を取得する可能性があります。

無権利者が要件というよりも、**他人物売買となることが要件だと考えましょう。**

要件④
前主との間に有効な「取引行為」が存在すること

重要な点が「取引」「有効」という2点です。まず有効という要件から説明しましょう。

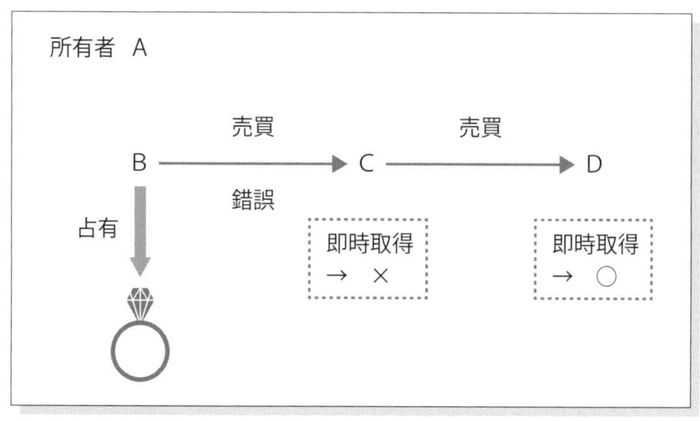

Aの物をBが占有しています。BがCに売る他人物売買がありました。
ただこの他人物売買に錯誤があったようです。

この場合のCは即時取得できません。
他人物売買以外に錯誤という傷があるからです。**こんな売買をしている人は、保護しません。**

このように、**他人物売買以外に、錯誤や無権代理、未成年者等の欠陥があると、即時取得で保護される取引ではなくなります。**

先ほどの事例は即時取得が成立しないので、Cは所有権を持ちません。
そのため、このCがDに売った場合は他人物売買になります。
このCD間の売買に他人物売買以外の欠陥がなければ、Dは所有権を取得できます。

次の論点が、取引行為の存在です。

今まで、他人物売買と売買契約を例にしていましたが、**即時取得は売買契約以外でも認められます**（条文を見てください。売買契約に限定していません）。

売買でなくても、取引だったら構わないのです。

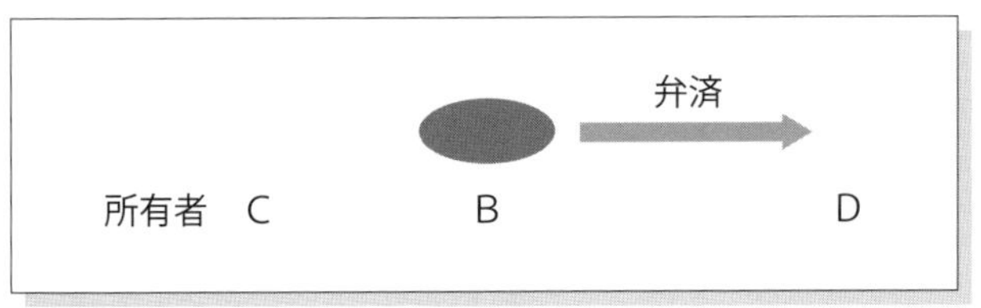

他人の物で弁済しているという図です。

これも取引行為に当たります。そのため、Dが「この物品はBのものだ」と信頼すれば、所有権を取得できる可能性があります。

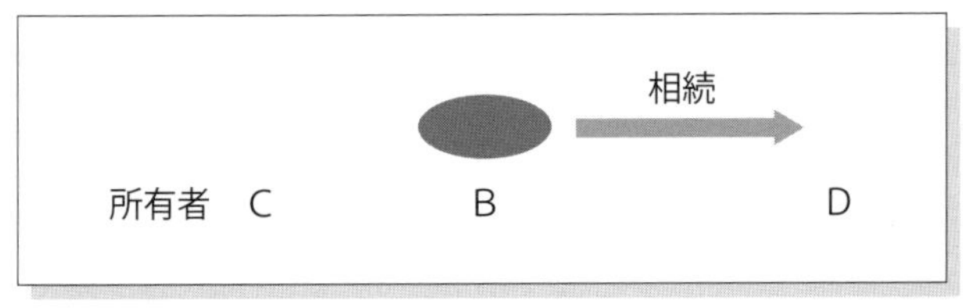

所有者がC、動産を持っているのがBの状態で、Bが死んでDが相続しました。

このBとDの間には取引がありましたか？？

ＢＤ間には取引行為は何もありません。そのため、Dが「この物品はBのものだ」と信頼しても、Dは所有権を取得できません。

Bの債権者がBの動産を強制競売にかけ、それをDが競落した。その後、その動産がCのものと発覚した。	即時取得　○

強制競売、これは**無理やりですが、これも売買契約です**。

だから取引に当たります。

Dが、この山林は自分のものだと誤解して伐採したところ、その後、その山林がCのものと発覚した。	即時取得　×

どこにも取引行為がないですね。

Point

要件⑤

平穏・公然・善意・無過失で占有を取得すること

平穏・公然という要件は、意識しなくていいです（こそこそしていない、荒っぽくない、くらいのニュアンスです）。善意・無過失の部分を強く意識してください。

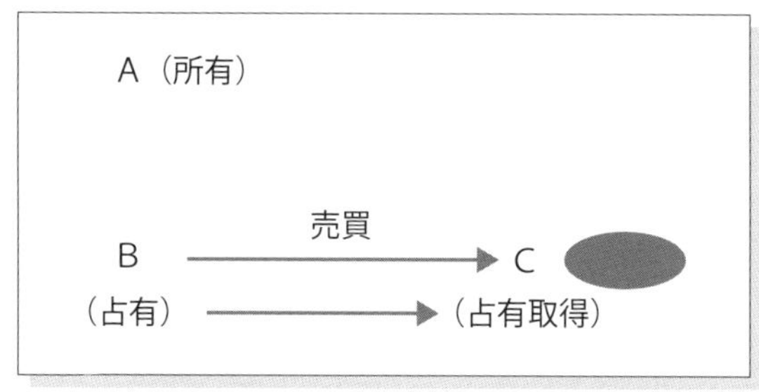

Aの物品をBが占有しています。ここで、BがCに売りました。このCが即時取得の要件をクリアして、この物品をCが持っています。

これに気付いたAがCを訴えました。

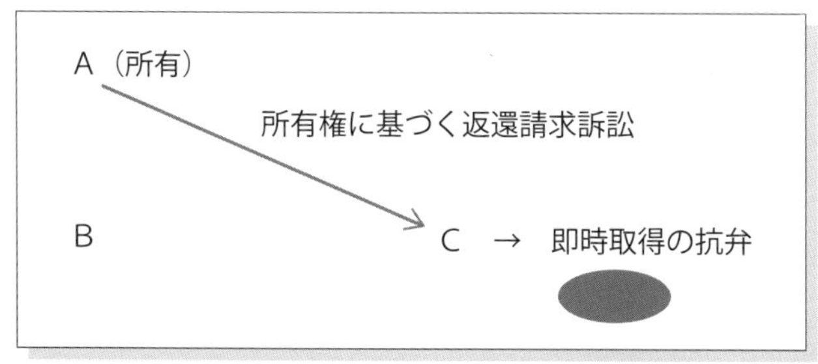

AがCに対して「その物品は自分の所有物だ。返せ」と訴えました。

それに対して、Cが「自分は即時取得したから、所有者は自分だ。だから返さない」と言い返したのです。

ここでＣは即時取得の次の要件を主張し、裁判官を説得することになります。

① 目的物が「動産」であること
② 前主が無権利者であること
③ 前主に占有があること
④ 前主との間に有効な「取引行為」が存在すること
⑤ 平穏・公然・善意・無過失で占有を取得すること

即時取得というのは、取引で取得した人の保護のためにあります。

民法で保護する以上、訴訟でも勝ちやすくしないと意味がありません。民法で保護するけど、訴訟になったら負けるからね、これでは意味がないのです。

そこで、Ｃさんができるだけ勝ちやすくするように、民法の条文を用意しました。

186条（占有の態様等に関する推定）
占有者は、所有の意思をもって、善意で、平穏に、かつ、公然と占有をするものと推定する。

「推定する」という言葉があります。

「占有している人は、善意・平穏・公然だ」と「扱いますよ」、というニュアンスです。

Ｃさんは占有しているので、善意・平穏・公然と扱いますよ。裁判官に証明しなくていいですよ。

ということになります。

この場合は、Ａの方が「Ｃは善意・平穏・公然ではありません」と証明することになります。

このように、**推定を使うと、「自分が証明する責任から逃げられて」、「訴訟の相手に証明する責任を押し付ける」ことができる**のです。

これによって⑤の善意・平穏・公然が推定されます。

では、無過失は推定されるのでしょうか。

188条（占有物について行使する権利の適法の推定）
占有者が占有物について行使する権利は、適法に有するものと推定する。

Bが元々占有していました。それについて188条が、適法と推定すると規定しています。

「民法が適法と推定した」ものをCが信じました、これは「落ち度がない」ということになります。

法律が大丈夫だ、といっているからそれを信じるのはしょうがない、落ち度がないよということです。

結果、Cは要件⑤を全く証明しなくて済みます。

Aが裁判官を説得できないと、Aが負ける仕組みにしています。

このようにして民法上保護する以上、訴訟でも勝ちやすくしています。

Point

要件⑤

平穏・公然・善意・無過失で占有を取得すること

ここでは「占有を取得した」という点に着目します。

引渡しを受けなければ、所有権取得はできません。

物権変動は意思だけで生じるのが基本なのですが、ここは**引渡しまで受けて利害を強く有しないと、所有権取得は認めない**としているのです。

利害を強く有しないといけないというのが趣旨です。

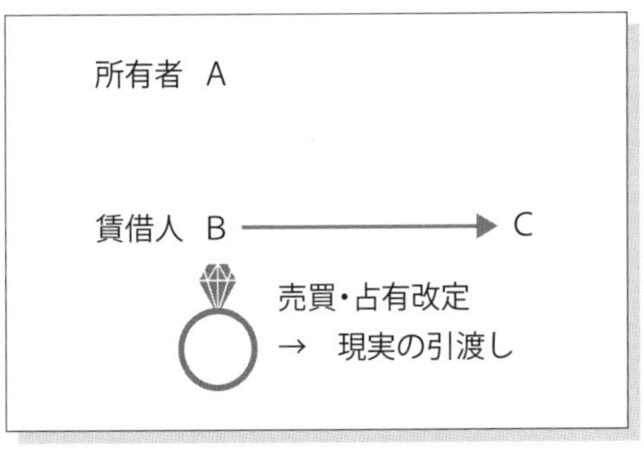

占有改定をして、その後、Bは現実にCに渡します。

ではどの時点で、Cは物に対する利害を強く有したと言えるのでしょう。

これは、現実の引渡しの時点です。**現実の引渡しを受けると、所有権取得ができます。**

占有改定時では売主が持ちっぱなしで、買主の手元に来ていないため、未だCの利害が薄いので、この時点では即時取得を認めません。

◆ 即時取得の要件を満たすか ◆

現実の引渡し（182 I）	簡易の引渡し（182 II）	指図による占有移転（184）	占有改定（183）
○	○	○	×

引渡しには4種類ありますが、即時取得の要件である引渡しとしては、**「占有改定以外は大丈夫」と覚えればいいでしょう**（指図による占有移転は少々疑義があるのですが、判例は要件を満たすとしています）。

民法が引渡しを要件とする場合、大抵は「占有改定はダメ、他はOK」という処理する場合があります。ここはその代表例と思ってください。

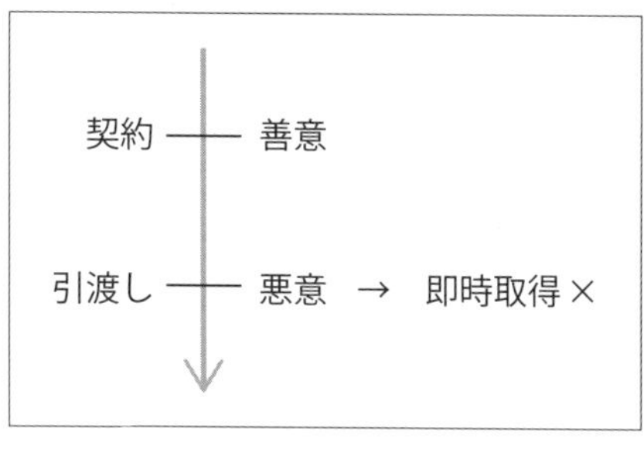

善意無過失の要件は、引渡しの時点で要求されます。利害を強くした時点で判定されます。

そのため**契約時は善意でも、引渡し時に悪意だと、所有権取得はできません。**

1	Aの所有する未登録の乙自動車を保管しているBが、乙自動車を自己の所有物であると偽ってCに売却し、現実の引渡しをした場合には、Cは、Bが所有者であると信じ、かつ、そう信じるにつき過失がないときであっても、乙自動車を即時取得することはできない。〔17-9-エ（5-9-ア）〕	×
2	甲が、立木法による登記がされた丙所有の樹木を無権利者乙から譲り受けて、これを伐採した場合、甲は、材木の所有権を即時取得し得る。〔63-10-4（13-7-イ）〕	×
3	甲が、丙所有の山林を自己のものと誤信して伐採し、材木の占有を取得した場合、甲は、材木の所有権を即時取得し得る。〔63-10-3（5-9-イ、13-7-ア）〕	×
4	Aがその所有する動産甲をBに譲渡し、占有改定による引渡をした後、Aが無権利者であることについて善意無過失のCが、競売によってAから動産甲を買い受け、現実の引渡しを受けた場合、Cは、Bに対し、動産甲の所有権を主張することができる。〔27-8-オ（令4-8-オ）〕	○
5	コインショップで売買される記念硬貨のように特定された金銭の場合を除けば、金銭は即時取得の対象とはならず、金銭の占有を取得した者が、その善意・悪意を問わず、金銭の所有権を取得することとなる。〔20-11-ウ改題〕	○

6	Aの所有する甲動産を保管しているBが、甲動産を自己の所有物であると偽ってCに売却し、占有改定により甲動産を引き渡した場合には、Cは、Bが所有者であると信じ、かつ、そう信じるにつき過失がないときであっても、その時点で甲動産を即時取得することはできない。〔17-9-ウ〕	○
7	Aから甲を賃借していたFは、甲をBに売却し、その現実の引渡しをした。この場合において、Bは、Aに対して甲の即時取得を主張するためには、Fが甲に関し無権利者であることについて自己が善意無過失であったことを証明しなければならない。〔25-8-4〕	×
8	Aの所有する甲動産を保管しているBが、Aから依頼を受けたAの代理人であると偽って甲動産をCに売却し、現実の引渡しをした場合には、Cは、Bが所有者Aの代理人であると信じ、かつ、そう信じるにつき過失がないときであっても、甲動産を即時取得することはできない。〔17-9-ア〕	○
9	占有の取得が簡易の引渡しによる場合には、即時取得は認められない。〔9-15-ウ（58-12-2）〕	×
10	AがBに対して甲動産を貸し渡している場合において、Aは、Gに甲動産を譲渡し、Bに対し、以後Gのために甲動産を占有すべき旨を命じた。甲動産は、Aが他人から預かっていたものであった。この場合には、Gは、甲動産がAの所有物であると誤信し、そのことにつき無過失であれば、甲動産の所有権を取得する。〔16-13-オ（23-8-オ）〕	○

×肢のヒトコト解説

1　自動車でも、未登録のものは即時取得の対象となります。

2　登記されている動産は、即時取得できません。

3　取引行為がないので、即時取得は成立しません。

7　推定規定があるので、Bが証明する必要はなく、Aが証明する責任を負います。

9　占有改定以外の引渡しであれば認められます。

2周目はここまで押さえよう

A　　　　　　　　　　　　　B

譲渡担保権設定契約

物の所有者でもないAが、「自分がこの物の所有者です。譲渡担保権を設定しませんか」と申し込んだところ、Bが信じて譲渡担保契約を結び、物の引渡しを受けました。しかし、Aが所有者でないことが後日発覚したのです。

ここで、Bは譲渡担保権を取得できるでしょうか（即時取得が成立したら、所有権以外を取得できるのでしょうか）。

192条（即時取得）
取引行為によって、平穏に、かつ、公然と動産の占有を始めた者は、善意であり、かつ、過失がないときは、即時にその動産について行使する権利を取得する。

条文を見る限り、所有権に限定していないことが分かります。そのため、本事例ではBは譲渡担保権を取得することができます。

もし、上記の事例が、譲渡担保権設定契約でなく、質権設定契約であっても、即時取得が成立します（Bは質権を即時取得します）。

こちらをまとめると下記の図のようになります。

◆即時取得の対象となる動産物権の範囲◆

○＝即時取得の対象となる　×＝ならない

所有権		○
譲渡担保権		○
質権		○
留置権		×
先取特権	一般先取特権	×
	動産先取特権	△（注）

（注）　動産先取特権（311）のうち、①不動産賃貸、②旅館宿泊、③運輸の先取特権については、即時取得の規定が準用される（319）。

1	Aに対して金銭債務を負担するBが、当該金銭債務を担保するために、他人の所有する動産甲につき無権利で質権を設定してAに現実の引渡しをした場合において、Aが、Bが無権利者であることにつき善意無過失であるときは、Aは動産甲について質権を即時取得する。〔30-8-オ〕	○
2	無権利者が動産を質入れした場合には、その相手方が質権を取得することはなく、当然ながら所有権を取得することもない。〔20-11-エ改題〕	×

これで到達！ 合格ゾーン

□ Aがその所有するパソコンをBに譲渡し、占有改定による引渡しをした後、AがCに動産甲を譲渡し、その譲渡につき動産及び債権の譲渡の対抗要件に関する民法の特例等に関する法律に基づく動産譲渡登記がされた場合でも、Cはこの動産を即時取得することができない。〔27-8-ア〕

★動産譲渡登記は、動産譲渡の対抗要件として使うことを予定した制度です。これがあったとしても、即時取得の占有取得とは扱われません。

193条（盗品又は遺失物の回復）
前条の場合において、占有物が盗品又は遺失物であるときは、被害者又は遺失者は、盗難又は遺失の時から２年間、占有者に対してその物の回復を請求することができる。

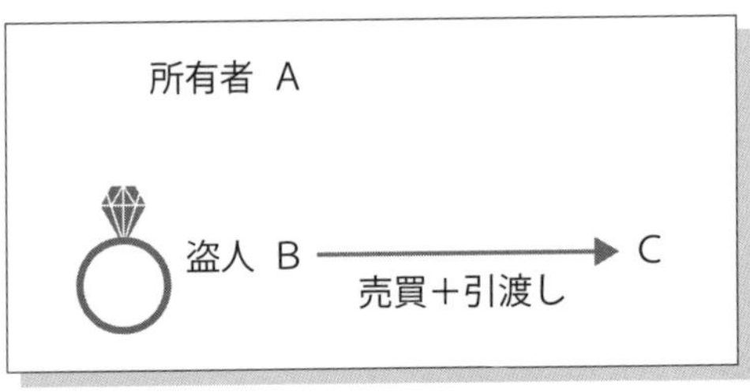

Ａが持っている物品をＢが盗み、Ｃに売ったようです。

Ｃ自身は即時取得の要件を満たしています。

ただ、**盗難品の場合には、盗まれたＡの保護を考えて、２年間は即時取得できない**としました。

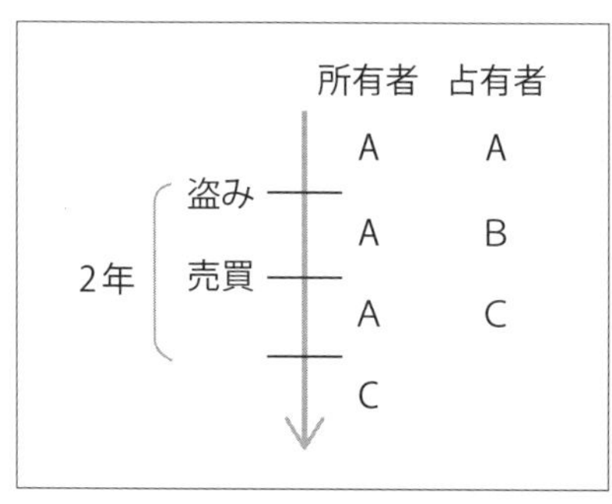

所有者の流れです。盗んでから２年間は所有権は動かず、２年経つと、所有権はＣに移ります。

売買契約をした時点の状態を分析すると、所有者はＡなのに占有者はＣとなっています。

Ｃは不法占有者なのです。

そのため**ＡはＣに対して物権的返還請求権を使って、返せといえます**。これが条文で規定している回復請求権というものです。

ただ、これは無償ではできない場合があります。次の条文を見てください。

> **194条**
> 占有者が、盗品又は遺失物を、競売若しくは公の市場において、又はその物と同種の物を販売する商人から、善意で買い受けたときは、被害者又は遺失者は、占有者が支払った代価を弁償しなければ、その物を回復することができない。

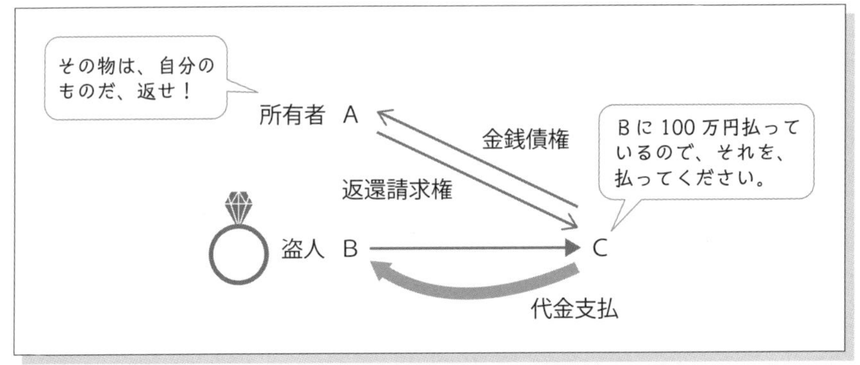

CがBにお金を払っていた場合、Aはそのお金を払わないと取り返すことはできません。

一番悪いのはBですが、このBは姿をくらましているでしょう。Bに請求できない以上、CはAに請求して、Aからお金を回収することになるのです。

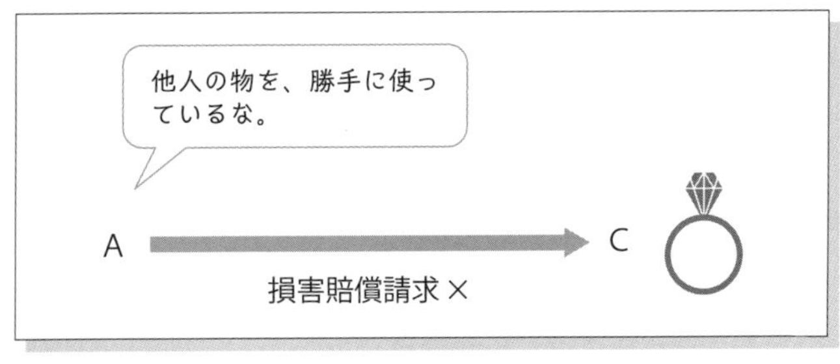

お金を払っていないAは、Cからダイヤを取り返せません。

ただ、所有権はAにあるところから、Cに対して「人のものを勝手に使っているな。損害賠償だ」と請求してきました。

この請求を認めたら、Cの保護になりません。そのため、判例は

所有者はAだけど、Cに使用する権限がある

ことを認め、Aの請求を否定しました。

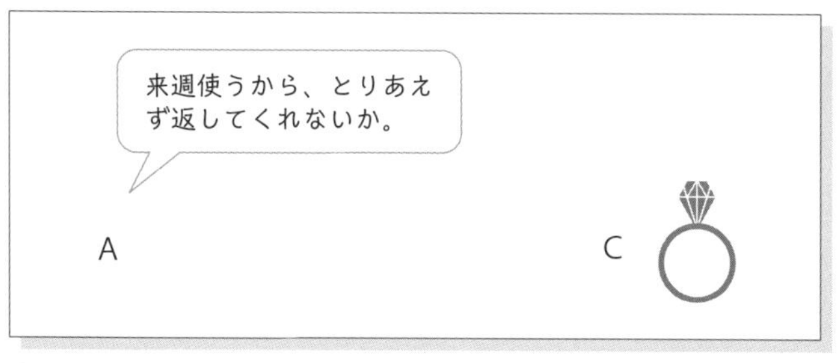

お金を払っていないAは、Cからダイヤを取り返せません。
ただ、AがCに頼み込んで、Cからいったん物を返してもらいました。

Cがダイヤを返したとしても、Cの返還請求権は消滅しませんから（昔の判例は、消滅するという結論でした）、**CはAに対して代金請求をすることが可能です。**

問題を解いて確認しよう

1　A所有の甲時計が盗まれ、その事実について善意無過失のBが、公の市場において甲時計を買い受けた。この場合において、Bは、Aから甲時計の回復を求められたとしても、代価の弁償の提供があるまで、甲時計を無償で使用する権限を有する。〔31-9-イ〕　○

2　Aの所有するパソコン（以下「動産甲」という。）の取引に関し、Aの家から動産甲を盗んだBが、自己の所有物であると偽って、公の市場において、Bが無権利者であることについて善意無過失のCに動産甲を売り渡した場合には、AがCに対して盗難の時から2年以内に動産甲の返還を請求し、Cが動産甲をAに返還した後であっても、Cは、Aに対して、CがBに支払った代価の弁償を請求することができる。〔28-8-オ〕　○

第5節 明認方法

特殊な動産の売買契約の話です。

毎回同じ事例ばかり出題されるので、最終的には事例ごと結論を覚えてしまってもいいでしょう。

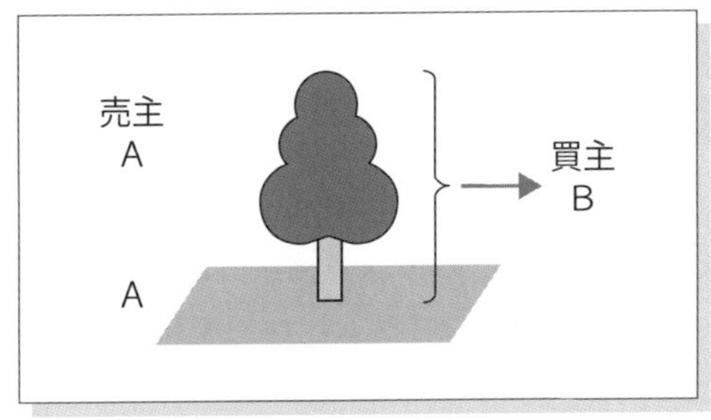

Point

立木のみの取引

→ 土地と立木の所有者が異なる

→ 対抗要件：明認方法

土地の上に高価な木が立っています。この木だけをBに売るということ、これはアリでしょうか。

一物一権主義の建前からすれば、やってはいけないことをしています。

木は土地の一部なので、結果として**土地の一部を売っていることになるから**です。

ところで、このような売買に社会的な必要性があるでしょうか。

植えている状態で木を売る、これには社会的必要性があります。切って売るより、植えている状態で売った方が、木は保存できるからです。

このように、木だけを売るという需要はあるので売買契約は認めるべきです。

問題は、公示です。

土地の登記簿を見れば、土地の所有者はAと載っているため、**その登記簿を見た人は、「土地と、その土地に立っている木はAのものだ」と思ってしまいます**。

そこで木に明認方法を施すのです。

具体的には、木の皮をはいで、そこにBの名前を焼き印で入れるとか、囲いを付けてB所有と書くなどして、この木の所有者がBだということを表します。

このように、**木だけを売買した時の公示方法、これを明認方法と呼びます**。

→
現地で
明認方法を
見る

このように、登記簿を見ただけでは土地と立木の所有者をAと誤解しても、現地を見に行くことによって、立木の所有者はBだと分かるようになります。

これが明認方法を認めた実益です。

明認方法には条文がなく、すべて裁判例だけで理論構成されています。

Point

明認方法は、第三者が利害関係を有するに至った時点において存続していないと対抗力は認められない。

明認方法は公示としては弱いです。消えてしまったら、対抗力なしです。

できるだけ土地の登記
→　無理なら明認方法

できるだけ土地の登記をして欲しいのです。明認方法は、消えたら対抗力がなくなる弱いものなので、できれば避けたいのです。

ただ、土地の権利を持っていない人は土地の登記なんてできません。

この人は、明認方法しかありません。

例えば、先ほどの事例では、Bは木しか買っていないので、土地の移転登記をすることはできません。だから、この場合は、木に明認方法をすることになります。

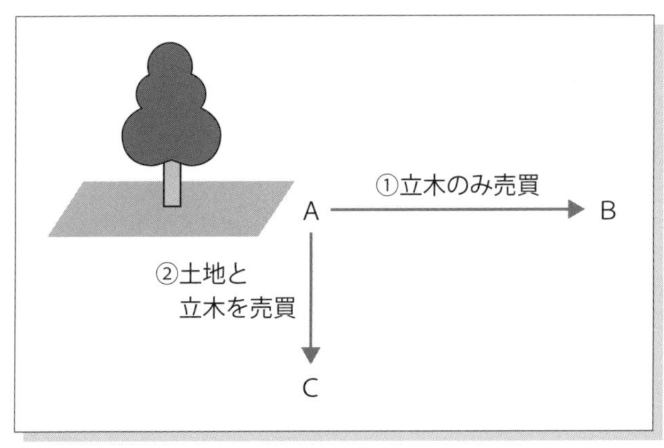

Bは木だけを買っているから、Bができるのは明認方法だけで、

Cは土地も買っているから、土地の登記が可能です。

従って、**Bの明認方法とCの土地の登記のどちらが早いかによって、勝負が決まります**。

Cは明認方法をしても、全く効果がありません。

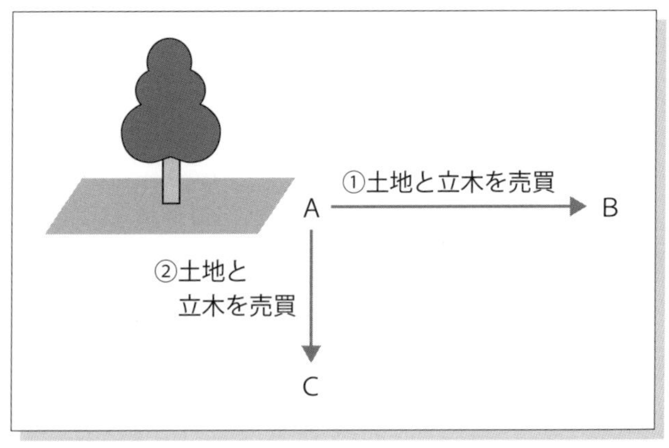

BもCも、土地の登記が可能です。

だから、**土地の登記を先にしたほうが勝ち**になります。

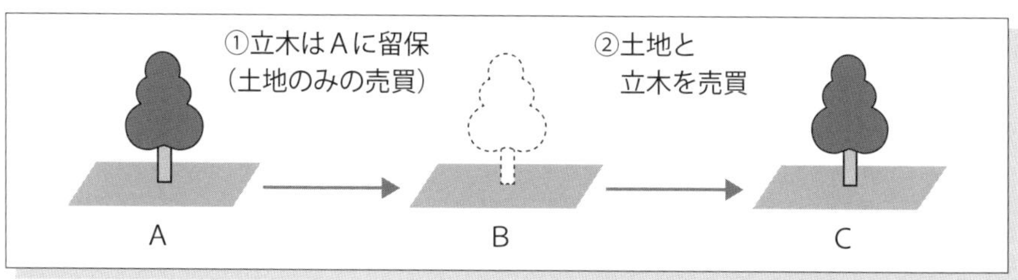

AがBに立木は残して土地だけを売りました。
この後Bが、土地・立木の両方をCに売っています。

一見すると、立木に関しては他人物売買です。だからCは、立木に関しては所有権を持たないので、Aは、無権利のCに対抗できるとなりそうです。

この場合、公示はどうなるでしょう。相手は無権利者で対抗できるので、Aは明認方法はしないでしょう。
一方、Cは土地の登記をしています。この土地の登記簿を見て、現地を見に来た人はどう思うでしょう。

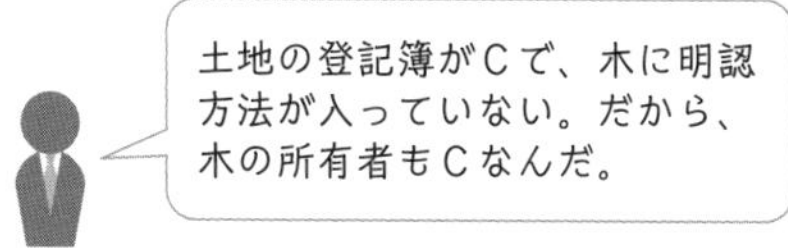

このように誤解してしまい、これから取引しようとする人が困ります。
そこで何とかAに明認方法を取らせる理論構成が必要になりました。

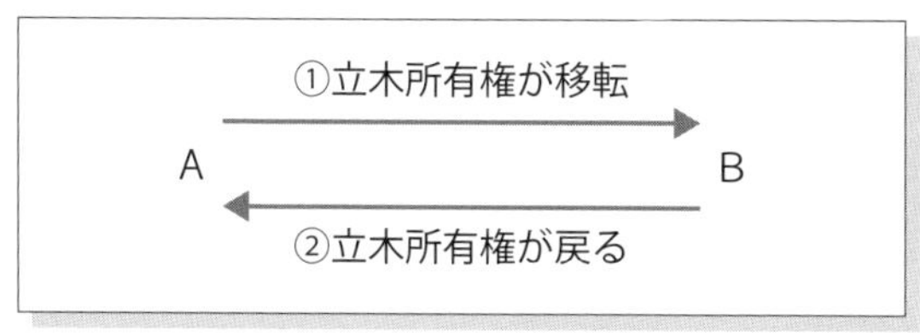

土地と立木の所有権がBに行く、立木の所有権だけAに戻ったと考えるのです。
その後、Bは土地と立木をCに売っています。立木の所有権の流れだけを表す

と、次のようになります。

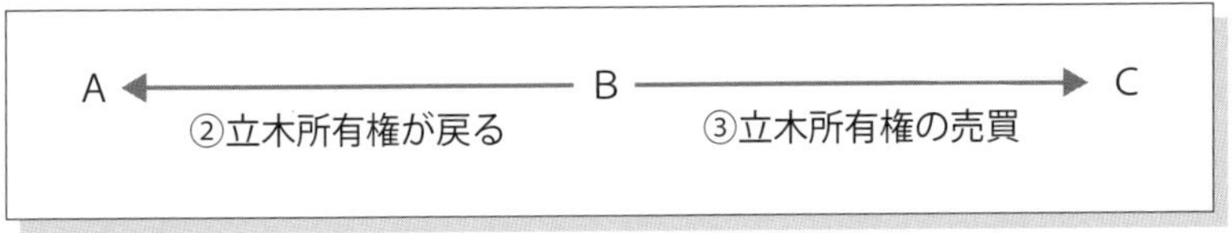

これは**Bを起点とした二重譲渡**になっています。

そのため、Aが明認方法を施すか、Cが土地の登記を先にするかで勝負が決まります。

もし、Aの明認方法が先に入れば、その後、土地の登記をCが入れたとしても、立木所有者はAです。土地を見に行った人は、土地の登記簿はCだけど、現地を見に行ったら立木にAの明認方法が施されているから、立木の所有者は、Aだと判断してくれます。

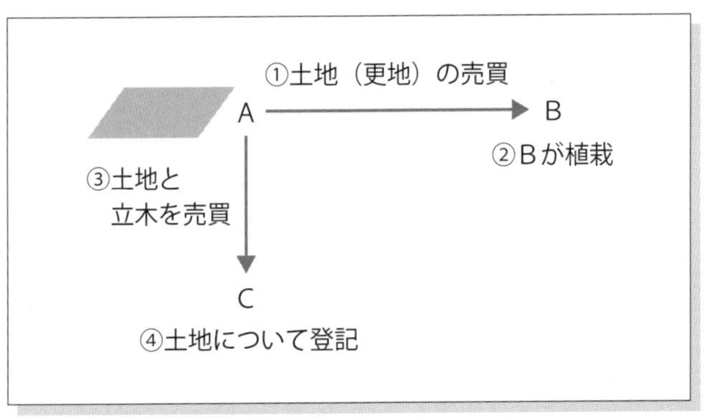

Aが更地を持っていて、これをBに売りました。

Bは土地の登記をしていないのです。Bがその後、木を植えました。

この後、AはCに土地と立木の両方を売ってしまい、Cが土地の登記をしているため、土地についてはCの勝ちです。

立木はどうなるかといえば、Bの明認方法とCの登記、どちらが先かで決まります。つまり、**「木を植えたら、明認方法をしなさい」ということを要求している**ようです。

（ここの理論構成は相当難しいので、「木を植えたら、明認方法をしなさい」で覚えてしまった方がいいでしょう。）

以上で明認方法は終了です。

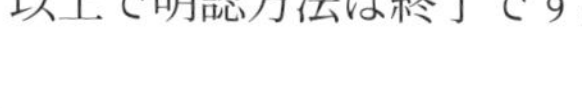

問題を解いて確認しよう

1	AがBに「立木ニ関スル法律」の適用のない立木を売り渡したにもかかわらず、後にCに立木所有権を含むものとして土地を売り渡した場合には、BがCへの所有権移転の登記がされるよりも前に立木の明認方法を施したとしても、BはCに対して立木の所有権を対抗できない。〔4-17-ア（12-13-イ）〕	×
2	AがBに「立木ニ関スル法律」の適用のない立木とともに土地を売り渡し、Bは立木のみに明認方法を施した。その後、AがCに立木所有権を含むものとして土地を売り渡し、移転登記を了した場合には、BはCに立木の所有権を対抗できない。〔4-17-イ（21-9-ウ）〕	○
3	Aが「立木ニ関スル法律」の適用のない立木の所有権を留保して土地のみをBに譲渡したが、立木につき明認方法を施さないでいるうちに、BがCに土地とともに立木を売り渡し、Cへの所有権移転登記がされた場合には、AはCに対して立木所有権を主張することができない。〔4-17-エ（12-13-ウ、21-9-オ）〕	○
4	AがBに「立木ニ関スル法律」の適用のない立木を売り渡し、明認方法を施したがその後消失した。その後AがCに立木を売り渡し、Cが明認方法を施した場合には、BはCに立木の所有権を対抗できる。〔4-17-オ（21-9-ア）〕	×
5	乙が甲からその所有地を譲り受けて立木を植栽した場合において、丙がその立木を含めてその土地を甲から譲り受け、所有権移転登記をしたときは、乙は、丙に対し、立木の所有権を主張することができる。〔61-14-5（4-17-ウ、8-4-オ、12-13-エ）〕	×

×肢のヒトコト解説

1　Bは立木だけを買っているので明認方法をすることになります。Cの登記より先にすることによって、対抗できるようになります。

4　明認方法を行っていても、後に消えてしまえば対抗力がなくなります。

5　木を植えた後に明認方法をしていないので、対抗できません。

これで到達！ 合格ゾーン

☐ Aは、A所有の立木をBに仮装譲渡し、Bは、当該立木に明認方法を施した。その後、AがCに当該立木を譲渡した場合、Cは、明認方法を施さなくても、Bに対し、当該立木の所有権を主張することができる。(大判大8.10.3)。
〔21-9-イ〕

★無権利者に対しては、明認方法を施すことなく立木所有権を主張することができます。

第6節 物権の消滅

Point

物権が消滅する場面

①目的物の滅失

②消滅時効

③放棄

④混同

物権が消える場面は、いくつかあります。

①目的物の滅失

建物に抵当権を付けていても、その建物がなくなれば、抵当権は消滅します。権利の対象がなくなれば、物権は消えるのです。

②消滅時効

物権を持っているのに、しばらく使わないと時効で消えます。ただ、所有権は、使わなくても時効では消えません。

③放棄

「自分はこの地上権を捨てるよ」、「自分はこの抵当権も要らないよ」、このように、捨てれば物権はなくなります。

④混同

債権混同というのがありました。債権者と債務者が同じになったら、残していても意味がないので消滅するという制度です。

今度の混同は、物権混同といわれるものです。

意味がないから消す、という趣旨は債権混同と同じです。

179条（混同）
同一物について所有権及び他の物権が同一人に帰属したときは、当該他の物権は、消滅する。ただし、その物又は当該他の物権が第三者の権利の目的であるときは、この限りでない。

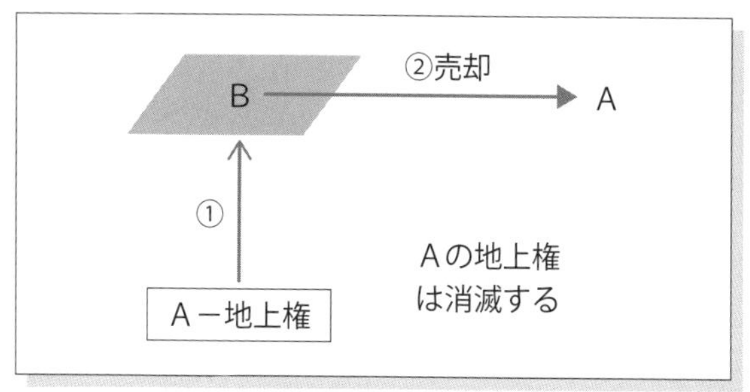

Bの土地に、Aが地上権を付けていました。この後、Bが、土地をAに売ったのです。

Aは所有権と地上権も持っています。

所有権があれば、使用・収益・処分ができます。

地上権があれば、使用と収益ができます。

これって、**所有権があれば十分**ですね。

大は小を兼ねるので、所有権を持っていれば、地上権はいらないので、**地上権が混同で消滅します**。

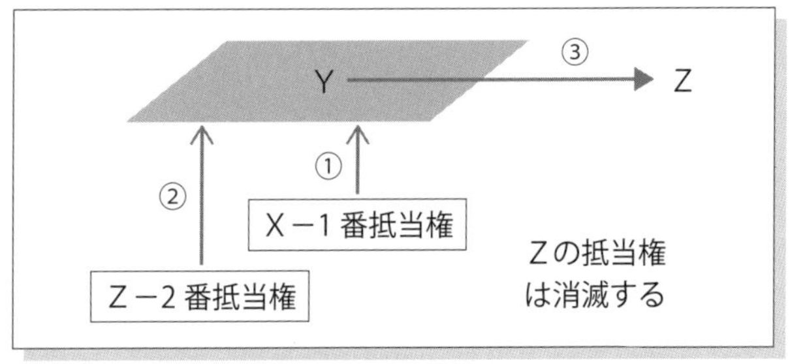

２番の抵当権者Ｚが所有権を取得しました。

所有権があれば、使用・収益・処分ができます。

抵当権があれば、抵当権を使って売りに出すことができます。

これも所有権があれば、事足りますね。大は小を兼ねるので、**所有権があれば、抵当権は消えます**。

このように、**地上権や抵当権などの物権を持っている人が所有権を取得した場合、今まで持っている物権は消滅する**、これが混同です。

ただ、所有者が他の物権を持っていても、消えない場合もあります。

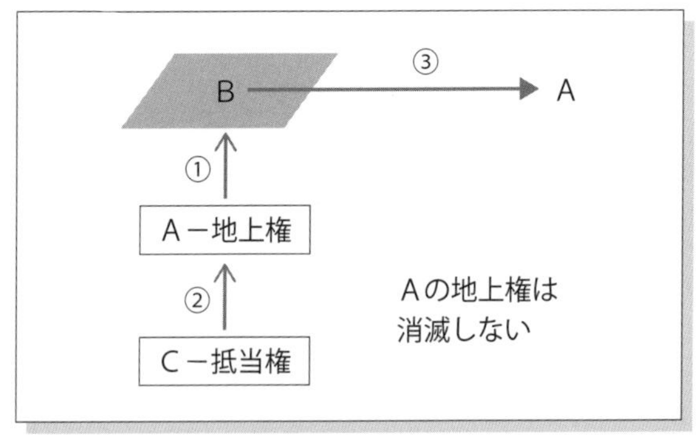

地上権に対して抵当権を付けている状態です。抵当権は土地に設定することができますし、地上権に対しても、設定することが可能です。

この状況で地上権者が所有権を取得しました。その結果、Ａは、所有権と地上権を持っています。

ここで、所有権と地上権はダブっているから、地上権を消すと……

抵当権者が困ります。

混同があっても、今回のように、**他の人の権利が付いていたら、消さずに残します**。

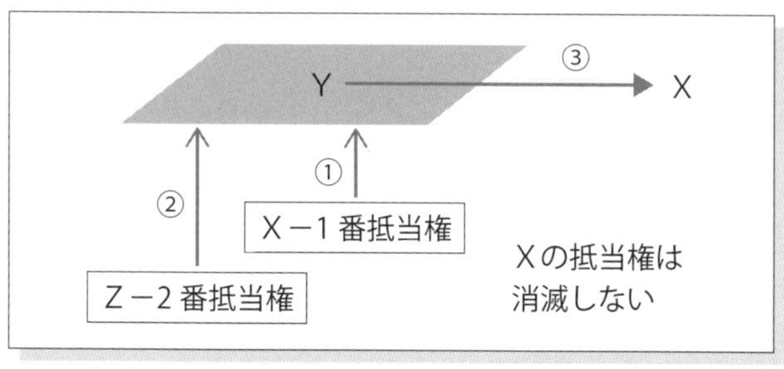

先ほどと似たような図になっていますが、今度は、1番抵当権者が所有権を取得しています。この場合は、1番抵当権は消えません。

土地の価格	：1,500万円
Xの債権額	：1,000万円
Zの債権額	：1,000万円

この状況下で、配当になれば以下のようになります。

本来の配当	X	1,000万円	Z	500万円
混同が生じた場合の配当	Z	1,000万円	X	500万円

もし**混同で、1番抵当権が消えてしまうと、逆転現象が起きます。所有権という強い権利を手に入れたのに、配当が前より悪くなってしまう**のです。

これはおかしいだろうということで、消えないことにしました。

処理の仕方は単純です。

自分より下に権利がいたら、混同は生じない。

このように考えてください。
今回下に2番抵当権がいますから、1番抵当権は消えないのです。

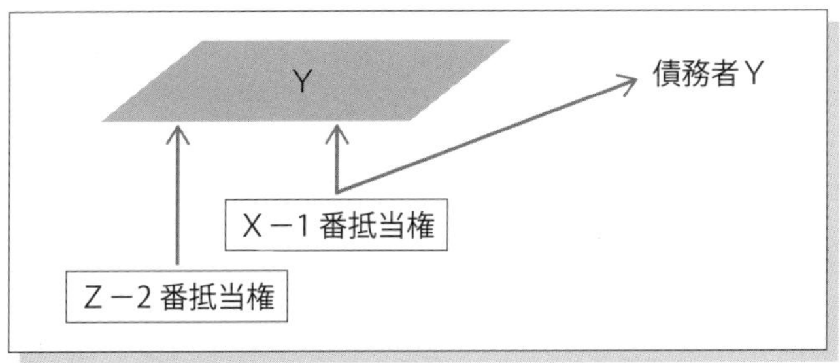

Point

Yが死亡して、Xが単独相続した。
①物権の混同では消滅せず（179Ⅰ但書）
②XYの被担保債権は債権の混同で消滅（520）
→　附従性により、Xの抵当権は消滅する

今回のポイントは、相続が起きている点です。
相続によって土地の所有者はXに変わります。
下に2番がいるから、物権の混同では1番抵当権は消えません。

ただ、**債務者Yの部分についても相続が起きます**。
すると債権者がX、債務者もXとなるので、債権混同が起きます。
債権混同により、債権は消え、その結果、抵当権は消滅します。
下がいようがいまいが、債権混同が起きたら抵当権は消えるのです。

相続があった場合は、物権混同と債権混同、この2つをしっかりと判断するようにしてください。

問題を解いて確認しよう

1	甲が乙の所有地について地上権の設定を受け、次いで丙がその土地について抵当権の設定を受けた後、甲が乙からその土地を買い受けた場合における甲の地上権は、混同により消滅する。〔61-16-1（13-8-1、20-10-オ）〕	×
2	甲が乙の所有地について地上権の設定を受け、次いで丙がその地上権につき抵当権の設定を受けた後、甲が乙からその土地を買い受けた場合における甲の地上権は、混同により消滅する。〔61-16-4（16-8-ウ、20-10-エ、令4-9-イ）〕	×
3	Aが自己所有地についてBのために1番抵当権を設定した後、Cのために2番抵当権を設定した場合、BがAからその土地の所有権を譲り受けても、1番抵当権は消滅しない。〔13-8-2（20-10-ア）〕	○
4	AがBに対する債権を担保するためにB所有の土地に1番抵当権の設定を受け、Cがその土地の上に2番抵当権の設定を受けた場合において、AがBを単独で相続したときは、Aの抵当権は消滅しない。〔20-10-ウ（令4-9-ウ）〕	×

×肢のヒトコト解説

1 地上権の下に抵当権がいるので、地上権は混同で消滅しません。

2 地上権に抵当権が設定されているため、抵当権者の利益のため、地上権は混同で消滅しません。

4 物権の混同で消滅しませんが、債権混同が生じているため、それにより抵当権は消滅します。

2周目はここまで押さえよう

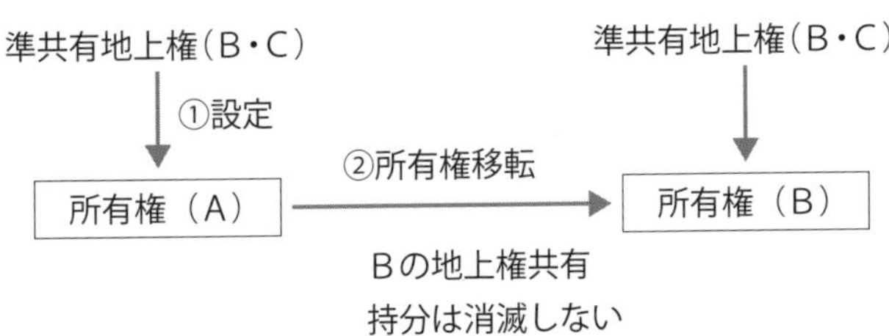

Aの土地にＢＣが地上権を設定していました（地上権を共有している状態です）。ここでAの土地の所有権をＢが取得した場合、Ｂの地上権の持分はどうなるでしょう。

もし、Ｂの地上権の持分が消滅すると、登記簿には
「地上権者　２分の１　C」とだけ、載ることになるでしょう。

あと２分の１はどこにいってしまったでしょうか・・。

こういった登記簿上の混乱を避けるため、地上権は混同で消滅しないことにしています。登記簿には
「所有者　　B」
「地上権者　２分の１　B　　２分の１　C」と載ることになります。

☑ 1	Aが所有する甲土地について、Ｂ及びＣが地上権の設定を受けて地上権を準共有している場合において、ＢがＡから甲土地を買い受けてその所有権を取得したときは、Ｂの地上権は消滅する。〔31-7-イ（3-22-ウ）〕	×

これで到達！  合格ゾーン

- □ Ａが自己所有地を建物所有目的でＢに賃貸し、Ｂが対抗要件を具備した後、その土地についてＣのために抵当権を設定した場合、ＢがＡからその土地の所有権を譲り受けても、179条１項ただし書が準用され、賃借権は消滅しない（最判昭46.10.14）。〔13-8-4〕

  ★対抗要件を備えた順番は賃貸借→抵当権です。ここで賃貸借をした人が所有権を取得した場合、賃貸借のあとに抵当権が対抗要件を取得している（下に抵当権がいる）ので、混同は生じません。

- □ ＢがＡからその所有する建物を賃借し、引渡しを受けた後、これを買い受けた場合において、Ｂが所有権移転の登記する前に、ＣがＡからその建物を二重に買い受けて所有権移転の登記をしたときは、その賃借権は消滅しなかったことになる（大判大9.9.8）。〔16-8-エ〕

  ★混同を生じさせた法律要件が消滅すると、混同による権利消滅の効果も覆される、とした判例です。Ａ→Ｂへの所有権移転で賃借権が混同で消滅していますが、このＡ→Ｂの売買が、Ａが行った二重譲渡で覆されました。この場合、賃借権は消滅しなかったことになります。

～持っているだけで「占有権」があるんです～

第3章 占有権

令和7年本試験は
ここが狙われる!

物権の共通項は終わりで、ここからは物権一つ一つの権利を見ていきます。まずは占有権というものです。
初めて学習する方には、少々とっつきにくいところです。
イメージが持ちづらいところは、無理はせずにまずは結論部分を覚えることを心がけましょう。

第1節 総説

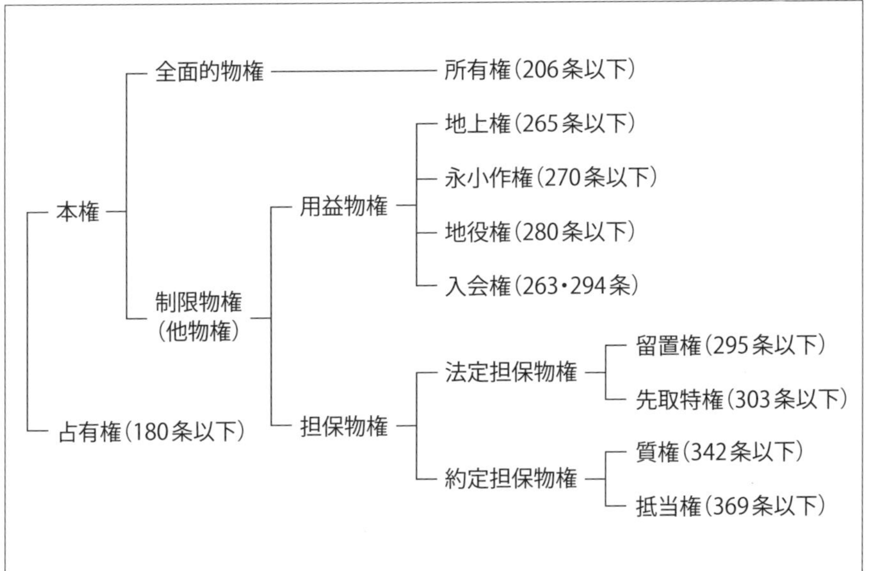

みなさんはこの書籍を買って、今手元に持っていますよね。
すると、この図の中の権利を2つ持っていることになります。

買ったことによって所有権、また、持っているというだけで占有権を持ちます。
これは適法な占有です。

また、地上権者が土地を占有していた場合、地上権者は2つの権利を持っています。地上権設定契約によって地上権、持っているというだけで占有権を持ちます。

このように、物権は本権と占有権の2タイプに分かれます。
本権とは、占有を適法にする権利です。そして、持っているというだけで占有権という権利を与えます。

ちなみに、この書籍を盗んだ人は所有権など本権は持っていません。ただ、手元に物がある以上占有権という権利は認められます。

「持っているというだけで、少しは保護してやろうよ」、これが占有権という発想です。
ではどんな保護があるのかを見てみましょう。

第2節 占有権の効力

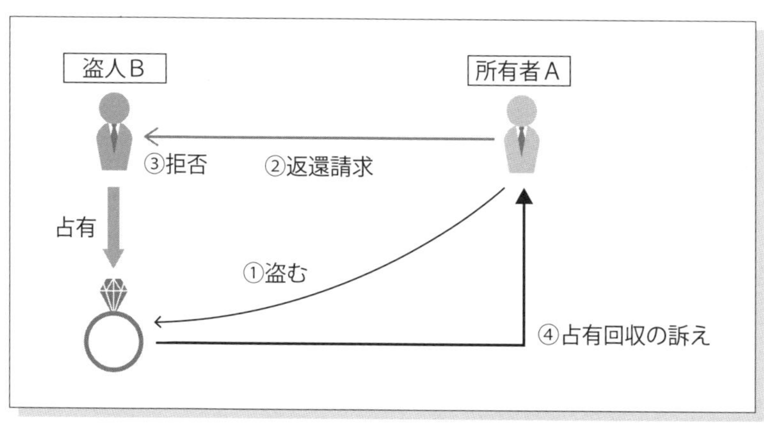

Aがダイヤを持っていましたが、Bがそれを盗みました。
AがBに盗まれたことに気付き、返せと請求したところ、Bが返しません。

本来ここでＡがやるべきことは、民事訴訟をしかけて、取り返すことです。
ですが、今回のＡは、実力で殴って取り返しました。
こういうのを自力救済といい、もちろん禁じられています。
強制力は国家が使うべきで、私人が使うべきではないからです。

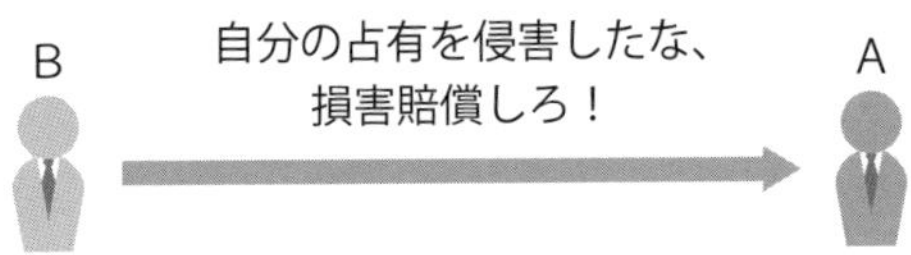

この場合、ＢはＡに対して「物を返せ、損害賠償をしろ」と訴えることができます。

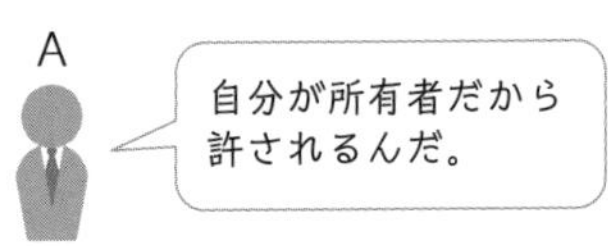

この訴訟でＡが上記のような主張をしても、**この言い分は通りません**。それどころか、この訴訟では以下のような判決がでます。

> **判決**
>
> Ａさん、あなたはＢの占有権を侵害しましたね。所有者だろうが何だろうがあなたはお金を払いなさい。

Ｂの占有権を保護したい、もちろんそれはあると思いますが、**それ以上に自力救済を禁止したい**のです。
こういった趣旨から、占有訴権を認め、所有者であってもそれを侵害したら痛い目にあわせるというルールにしました。

占有の効力の代表が、この占有回収の訴えというものです。占有をしていれば、それが適法かどうかを問わず、訴訟ができるという制度です。
まずはこの占有回収の訴えを見ていきます。

200条（占有回収の訴え）
占有者がその占有を奪われたときは、占有回収の訴えにより、その物の返還及び損害の賠償を請求することができる。

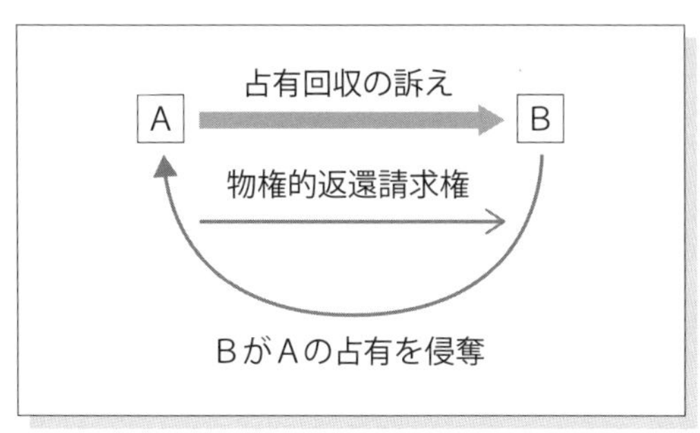

Aの物をBが奪い取りました。この場合、AはBに対し、「自分の占有を侵害したな、物を返せ、損害賠償をしろ」と占有回収の訴えを起こせます。

もし、Aが所有者であれば、Bに対して物権的返還請求権も行使可能です。

もし物権的返還請求権で攻める場合は、Aは自分の所有権を証明する必要があります。
では、証明ができるのでしょうか。

今、皆さんの手元にある本ですが、これを自分のものだと証明できますか。
買った時のレシートを残しますか？（私は買ったレシートどころか、買ったもの自体残っていないことが多いです。）

物権的返還請求権で攻める場合は、所有権の立証が必要になります。ただ、所有権の立証ができない場合もあるでしょう。
そういう時に備えてあるのが、占有訴権です。
この訴訟では、かつて占有していたんだ、ということを証明することで足りるのです。

占有回収の訴えは、「自力救済を禁止したい」という趣旨もありますが、今回の事例のように**「所有権を証明できない人を保護したい」という趣旨もあります。**

Point

詐取・遺失の場合は「奪われたとき」に当たらないので占有回収の訴えは認められない（200 Ⅰ）。

条文の文言「奪われたとき」にマークしてください。

これは、意に反して取るという意味です（荒っぽいやり方で取る、でもいいでしょう）。

だから、**騙して取ったりとか、拾った場合は、占有回収の訴えは起こせません。**

200条（占有回収の訴え）

2　占有回収の訴えは、占有を侵奪した者の特定承継人に対して提起することができない。ただし、その承継人が侵奪の事実を知っていたときは、この限りでない。

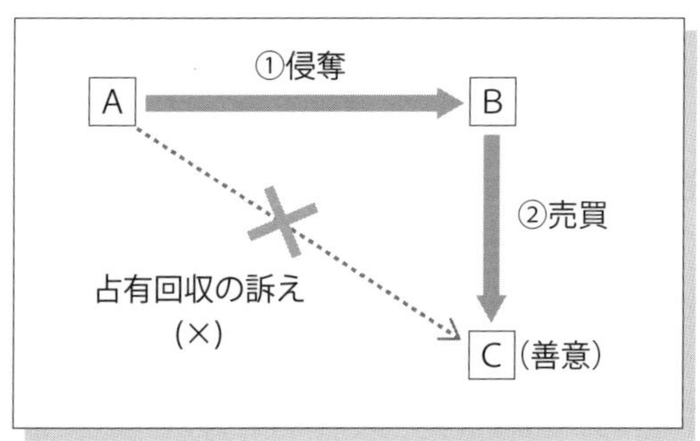

BがAから荒っぽいやり方で奪いました。それにより、占有の秩序が不当に乱されたので、AはBに対し訴えることができます。

Aが訴訟をしないでいたら、BがCに物を売りました。そして、このCは「奪われた物」という事情を知りません。

ここで占有秩序が安定します。

そのため、Aは善意の承継人のCに対し、占有回収の訴えができなくなるのです。

その後、このCがDに売った場合、このDが悪意でも、占有回収の訴えは起こせません。

Cに売却した時点で秩序が安定していますので、もう訴訟は起こせないのです。

198条（占有保持の訴え）
占有者がその占有を妨害されたときは、占有保持の訴えにより、その妨害の停止及び損害の賠償を請求することができる。

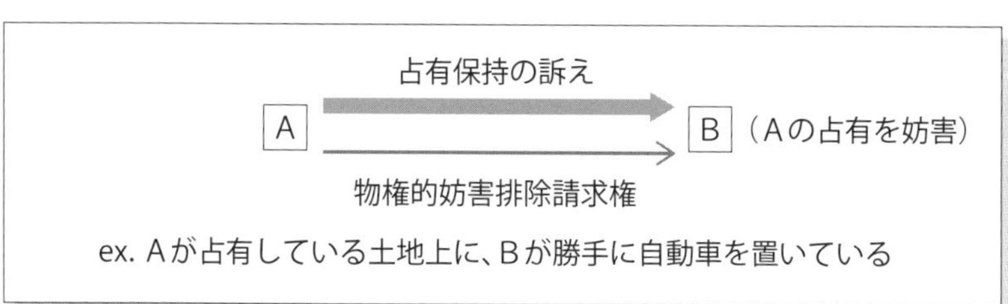

上記の場合、Aは、占有権が侵害されたということで占有保持の訴えを提起できます。また、Aが所有者であれば、妨害排除請求権を使うことが可能です。

どちらを使うかは、所有権を証明しやすいか、しにくいかというところで変わってくるでしょう。

199条（占有保全の訴え）
占有者がその占有を妨害されるおそれがあるときは、占有保全の訴えにより、その妨害の予防又は損害賠償の担保を請求することができる。

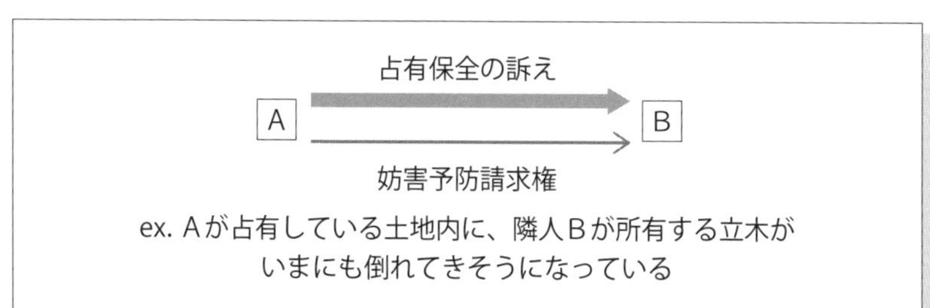

所有権を証明できるのであれば妨害予防請求権を使って訴えるでしょうし、それが証明できない場合に備えて、占有保全の訴えが用意されています。

> **202条（本権の訴えとの関係）**
> 占有の訴えは本権の訴えを妨げず、また、本権の訴えは占有の訴えを妨げない。

今、3つの占有の訴えと物権的請求権を並べました。

この2つは、それぞれ両立でき、片方しかできないというものではありません。

また、**片方で負ければ、もう片方で訴えるということが可能ですし、両方で一気に訴えるということも可能**です。

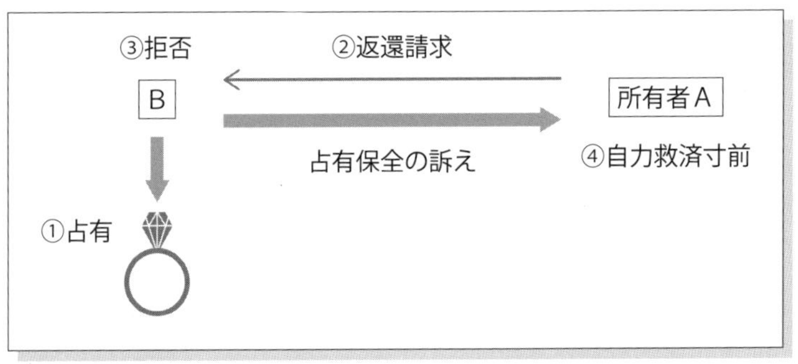

AのダイヤをBが持っていました。

Aは頭にきて、Bに対して返せと請求したところ、Bが拒否しています。

本来、Aは民事訴訟を使って取り返すべきなのですが、どうも暴力で取り返す準備をしているようです。

暴力を受けたくないBは、Aを訴えることにしました。「自力救済をするな」という訴訟です（扱いは、占有保全の訴えになります）。

この訴訟で、Aはどういったことを言いかえせるでしょうか。

態様	結論
占有の訴えにおいて被告が抗弁として本権の主張をすること（202 II）	できない
占有の本訴に対して被告が本権に基づく反訴（所有権に基づく返還請求訴訟）を提起すること（最判昭40.3.4）	できる

占有の訴えにおいて**被告が抗弁として本権の主張をすること**（202 II）という

のは、

A 「自分は所有者だから、自力救済していいはずだ！」

という主張です。もちろん、認められるはずがありません。

一方、**占有の本訴に対して被告が本権に基づく反訴を提起する**ことというのは、

A 「自力救済はしません。あなたも所有者の私に物を返しなさい」

という主張になり、これなら認められます（民事訴訟において、ＡＢどちらが法的に持つ権利を持つかを決めるべきだからです）。

覚えましょう

◆ 占有訴権の種類 ◆

	占有保持の訴え（198）	占有保全の訴え（199）	占有回収の訴え（200 I）
要件	占有が部分的に侵害されていること	占有が妨害されるおそれがあること	占有が奪われたこと
請求内容	妨害の停止 及び 損害賠償	妨害の予防 又は 損害賠償の担保	物の返還 及び 損害賠償
相手側の故意・過失	妨害の停止→不要 損害賠償　→必要	妨害の予防　　→不要 損害賠償の担保→不要	物の返還→不要 損害賠償→必要

請求内容に違いがあります。

占有保全の訴えを見てください。ここだけ、「又は」となっていて、**両方の請求をすることはできません**。

またもう１つ違うところが、ここだけ**損害賠償しろとはいえない**点です。

もし木が倒れた時に備えて積立金を積んでくれ、と損害賠償の担保を請求することまでしかできません。

次に相手の故意・過失を比較すると、**基本的には故意・過失は不要**です。

物権的請求権には故意・過失が要らないので、占有訴権を行使する場合も故意・過失は要りません。

ただ、損害賠償は違います。

この損害賠償は、不法行為そのものなのです。**不法行為は、故意・過失がなければできませんので、損害賠償請求をしたければ、相手方の故意・過失が必要**となります。

問題を解いて確認しよう

1	占有代理人である賃借人が、他人に任意に物の占有を移転した場合には、たとえその移転が他人の欺罔に基づいてなされたときであっても、賃貸人は占有回収の訴えにより物の返還を請求することができない。〔5-17-4（23-9-イ）〕	○
2	Ｂは、Ａからパソコンを詐取し、これをＣに売り渡した。Ｃが詐取の事実を知っていたときは、Ａは、Ｃに対し、占有回収の訴えによってパソコンの返還を請求することができる。〔15-9-ウ〕	×
3	Ｂは、Ａが占有する動産甲を盗み、盗品であることを秘してＣに売却した。Ｂが甲を盗んだことを知らないＣは、これを知っているＤに甲を売却し、Ｄが甲を占有している。この場合には、Ａは、Ｄに対し、占有回収の訴えにより甲の返還を求めることができる。〔23-9-オ〕	×
4	Ａの自宅の隣接地にあった大木が落雷を受け、Ａの自宅の庭に倒れ込んだため、Ａは、庭に駐車していた車を有料駐車場に停めざるを得なかった。この場合、Ａは、当該隣接地の所有者であるＢに対し、占有保持の訴えにより大木の撤去を請求することができるが、損害賠償を請求することはできない。〔15-9-オ〕	○
5	Ａの宅地の隣接地に堆積されていた大量の土砂が、長雨のため、Ａの宅地に流入しそうになった。Ａは、当該隣接地の所有者であるＢに対し、土砂がＡの宅地に流入しないようにするための設備を設置することを請求するとともに、損害賠償の担保を請求することができる。〔15-9-イ〕	×
6	Ａは、Ｂに預けていた壷の返還を求めていたが、Ｂが言を左右にして返還に応じなかったので、Ｂの自宅に無断で入り、壷を取り戻したところ、Ｂから占有回収の訴えを提起された。Ａは、この訴訟において、抗弁として、壷の所有権が自分にあると主張することはできない。〔15-9-エ〕	○
7	占有回収の訴えに対し、防御方法として本権を主張することはできるが、本権に基づく反訴を提起することはできない。〔23-9-ウ改題（元-6-5）〕	×

×肢のヒトコト解説

2　Aは詐取されていて、奪われたわけではないので、訴えはできません。

3　Cが善意であるため、Cへの売却時に占有秩序が安定します。そのため、Dが悪意だとしても、もう訴えはできません。

5　占有保全の訴えでは、損害賠償の担保「又は」妨害の予防のどちらかしか請求できません。

7　反訴を提起することは認められます。

2周目はここまで押さえよう

◆ 占有訴権の行使期間 ◆

占有保持の訴え	占有保全の訴え	占有回収の訴え
妨害が存在する間 又はその消滅した後 1年以内（注）	妨害の危険が存在する間 （注）	占有を奪われた時から1年以内

（注）妨害の原因が工事であるときについては記載を省略している。

例えば、木が倒れてきていて、自分の土地を妨害している場合、占有保持の訴えは「木がある限りはずっと」「木をどかせ、損害賠償しろ」と請求することができます。

一方、木が除去された場合でも、損害賠償を請求することは可能です。ただ、これは木がどいてから1年までにする必要があります。

占有保全も基本は同じ考えになりますが、妨害の危険がなくなったあとはもう何も請求することはないので、その点が占有保持と異なってきます。

一方、占有回収の訴えは、もともと1年と限定的です。そして、起算点は「占有を奪われてから」となっている点に注目してください（この起算点をひっかけてきている問題があるので、「いつから1年なのか」を意識してください）。

☑ **1** Bは Aの車庫から自動車を窃取して乗り回した後、これをCに売り渡した。Aは、Cに対し、Cが自動車の占有を取得した時から１年内に限り、占有回収の訴えにより自動車の返還を請求することができる。〔15-9-ア〕 ×

2 所有権に基づく妨害排除請求権は、時効によって消滅しないが、占有保持の訴えは、妨害が消滅した時から１年を経過した場合には提起することができない。〔18-7-ウ〕 ○

3 Bの所有する樹木が、Aの土地に倒れそうになっている場合、Aがする占有保全の訴えは、樹木が倒れそうになってから１年を経過したときは、提起することはできない。〔オリジナル〕 ×

これで到達！ 合格ゾーン

□ 権限のある国の執行機関により、その執行行為として物の占有を強制的に解かれたような場合には、原則として、占有回収の訴えによってその物の返還を請求することは許されない（最判昭38.1.25）。〔23-9-エ〕

★国家の適法な強制執行によって、自分の物を持っていかれた者が「自分の占有が国家権力によって侵害された。物を返せ、損害賠償しろ」と主張できるわけありません。

□ Bは、Aが占有する動産甲を盗み、盗品であることを秘して動産甲をその事実を知らないCに貸し渡した。この場合においても、Aは、Bに対し、占有回収の訴えを起こすことができる。〔29-9-オ〕

★侵奪者Bは、間接占有者として侵奪者たる地位を保有するから、被侵奪者Aは、侵奪者Bに対し、占有回収の訴えを提起して占有物の返還を求めることができます（大判昭5.5.3）。

☐ Bは、Aが占有する動産甲を盗み、盗品であることを秘して動産甲をCに売却した。その際、Cは、動産甲が盗品である可能性があることは認識していたものの、動産甲が盗品であることを知ることはできなかった。この場合、Aは、Cに対し、占有回収の訴えにより動産甲の返還を求めることができない。

〔29-9-イ〕

★200条2項但書にいう「侵奪の事実を知っていたとき」とは、承継人がなんらかの形で占有の侵奪があったことについて認識を有していた場合をいい、占有の侵奪を単なる可能性のある事実として認識していただけでは足りないとするのが判例です（最判昭56.3.19）。上記のCは占有の侵奪の事実を知っていなかったため、占有回収の訴えの対象となりません。

189条（善意の占有者による果実の取得等）
善意の占有者は、占有物から生ずる果実を取得する。

190条（悪意の占有者による果実の返還等）
悪意の占有者は、果実を返還し、かつ、既に消費し、過失によって損傷し、又は収取を怠った果実の代価を償還する義務を負う。

ここからの占有者は、基本的に不法占拠者を考えてください。

不法占拠者にも、善意と悪意があります。

善意＝自分が所有者だと信じている。自分が不法占拠者であることに気付いていない。

悪意＝自分が不法占拠者で所有権がないことを分かっている（又は、疑っている）。

このように善意と悪意を分けています。

果実の収取時点では、不法占拠者Bは善意、つまり、自分の土地から果実ができたと思っています。すると、**自分のものだと思って、食べてしまいます。**

これはしょうがありません。

一方、自分が所有者ではないと気付いた状態で果実が生まれたのであれば、その果実は**自分のものでないことが分かっているので、これは返さなくてはいけません。**

189条 （善意の占有者による果実の取得等）
2　善意の占有者が本権の訴えにおいて敗訴したときは、その訴えの提起の時から悪意の占有者とみなす。

Bが真の所有者に訴えられて、結果的に負けたようです。この場合、いつの時点からBは悪意になるでしょうか。

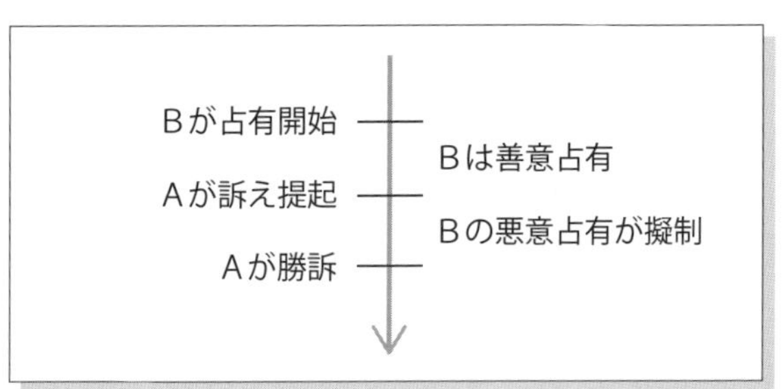

負けた時点ではなく、**訴えが起こされた時点で悪意になります。**
訴えが起こされれば、Bには訴状が届きます。

→
訴状が届く

これによって**Bは、「自分は所有者じゃないのかもしれない」と疑いを持つはず**です。そのため、この時点で悪意者という扱いになるのです（疑いを持った時点で悪意になります）。

> **196条（占有者による費用の償還請求）**
> 占有者が占有物を返還する場合には、その物の保存のために支出した金額その他の必要費を回復者から償還させることができる。ただし、占有者が果実を取得したときは、通常の必要費は、占有者の負担に帰する。

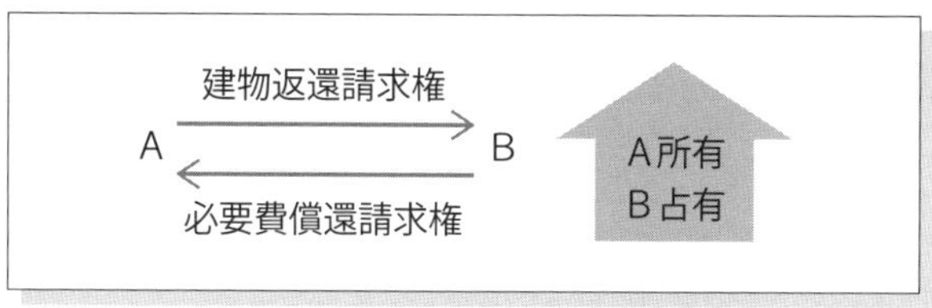

Aが所有権を持っている家を、なぜかBが占有しています。
この状態で家が壊れたので、Bはお金をかけて家を直しました。

その後、真の所有者Aが気付き、建物を返せと請求してきても、Bは、「修理費がかかっているので、修理費を請求させてください」と請求できます。
このように占有した物を直したお金、必要費を払えと言えるのです。
今一度条文を見てください。善意悪意の縛りをかけているでしょうか。

縛りは何もかかっていません。**悪意占有の人でも、「費用をかけた分払え」と請求できます**。
では次に、条文の但書を見てください。

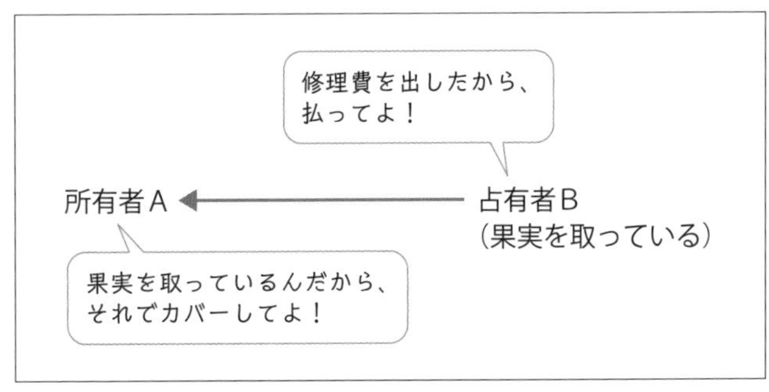

果実を取ったのであれば、必要費を払えと言えない場合も生じます。**果実の分で修理費ぐらいは賄いなさい**ということです。

ただ、「通常の必要費は、占有者の負担に帰する」となっているので、**通常のものではない大規模な修理費に関しては、請求ができます。**

小規模な修理費は果実で相殺、大規模な修繕は請求できる、と押さえておきましょう。

> **196条（占有者による費用の償還請求）**
> 2　占有者が占有物の改良のために支出した金額その他の有益費については、その価格の増加が現存する場合に限り、回復者の選択に従い、その支出した金額又は増価額を償還させることができる。ただし、悪意の占有者に対しては、裁判所は、回復者の請求により、その償還について相当の期限を許与することができる。

有益費、これは価値を上げるための費用のことをいいます。

細かいポイントがいくつかあります。

１つ目は、「価値の増加が現存する場合に限り」という言葉です。**価値が残っていなければ、いくら費用をかけてても払えと言えません。**

例えば、ペンキなどを塗って価値を上げたとしても、そのペンキが全部剥げ落ちていれば、ペンキ代を払えと言えません。

もう１つ、「ただし」から後の文言です。

「期限を許与」という言葉があります。これは、弁済期を設定するという意味です。

有益費というのは高額になりやすいです。

今すぐ払え！ではきついので、裁判所に頼めば、期限を設定してもらうことが可能になります。

ただし、相手が善意占有者の場合には期限の許与を申し立てることができず、請求が来たら払う羽目になります（196条で、善悪で結論が違うのは、この期限の許与の部分だけです）。

> **188条（占有物について行使する権利の適法の推定）**
> 占有者が占有物について行使する権利は、適法に有するものと推定する。

この書籍を持って読んでいるのを他の人が見たら、その人は
「この人、本を盗んだな」と思うのではなく
「この人の所有物だな」と思うでしょう。

このように、**持っているというだけで本権（所有権・地上権など占有を適法にする権利）が推定される**ようにしているのです。

Point

占有者は、権利を有するとの推定を受ける。本条の権利は所有権等の物権だけでなく、占有をなすことを正当とするすべての権利（賃借人、受寄者の権利等）を含む。

推定される権利は、所有権とは限りません。
レンタカーのお店から、車を乗って出た人を見たら、周りの方は
「あれは、彼が借りたのだろう」と思うでしょう。
このように、推定されるのは所有権だけでなく、**所有権以外の権利も推定され**

ることがあるのです。

Point

「推定する」とは、反証を挙げて破られるまで正当な本権があるとの主張について挙証責任を負わないことをいう。
→防御的な性質を有する

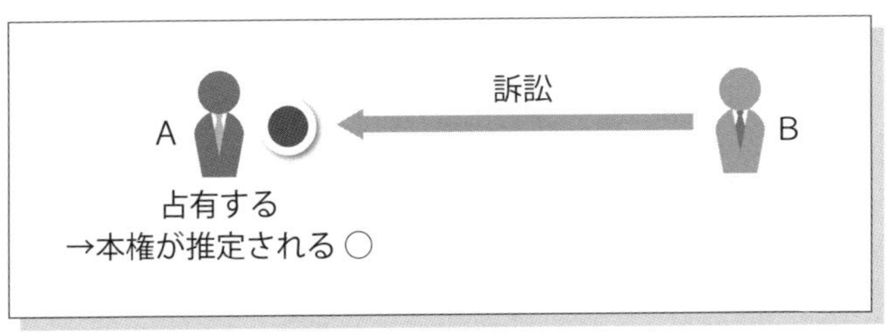

この推定されるという力は、訴訟で威力を発揮します。
具体的には、推定の力を使うことによって
- **Aが、自分に所有権があるということを証明する必要がなくなる**
- Bが、「Aには所有権がない」ことを証明することになるのです。

ただ、この力はそこまで強くありません。

Point

土地の占有者が、その土地の所有者である旨を主張する者から所有権に基づいて明渡しを請求された場合
→その者から土地所有権を譲り受けた旨の主張をするときは、本条を援用することはできず、所有権の譲受けにかかる事実を主張立証しなければならない

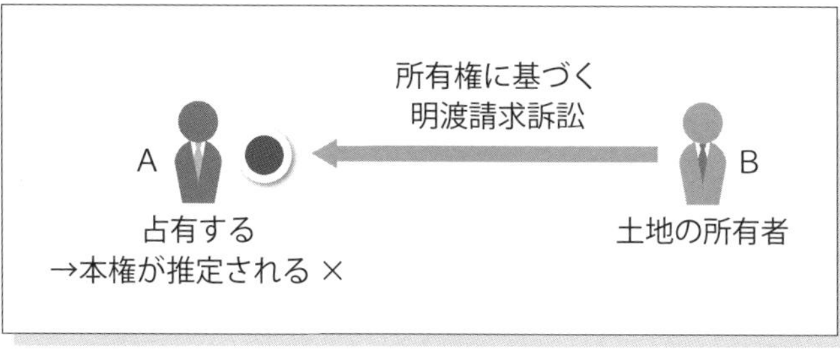

Ｂから Ａが物を買ったところ、Ｂからその物は自分のものだと訴えられました。

このように**前の所有者から訴訟が来た場合に、持っているだけで推定の力が発揮される**ことはありません。

この場合は、

・Ａが自分に所有権があるということを証明する必要があります。

以上をもって占有の効力はおしまいです。

次は、そもそもどういうときに占有が成立するかという話にいきます。

問題を解いて確認しよう

1	善意の占有者は、本権の訴えで敗訴した場合であっても、起訴の時までの間に占有物から生じた果実を消費していたときは、その果実の代価を償還する義務を負わない。〔14-11-ア〕	○
2	占有者は、善意であるか悪意であるかを問わず、占有物に支出した必要費については、占有物から生じた果実を取得した場合を除き、回復者に対し、その全額の償還を請求することができる。〔14-11-オ〕	○
3	善意の占有者は、占有物に支出した有益費について、価格の増加が現存するときは、回復者の選択により、回復者に対し、費やした金額又は増価額の償還を請求することができる。ただし、裁判所は、回復者の請求により、その償還に相当の期限を許与することができる。〔14-11-ウ〕	×
4	民法第188条にいう占有物の上に行使する権利とは、所有権その他の物権に限られ、賃借権その他の債権は含まれない。〔14-12-ア〕	×

5 土地の占有者は、その土地の所有者である旨を主張する者からその所有権に基づき明渡しを請求された場合において、その者から土地の所有権を譲り受けた旨の主張をするときは、民法第188条による推定は働かず、所有権の譲受けに係る事実を主張立証しなければならない。〔14-12-イ〕 ○

×肢のヒトコト解説

3 期限を許与できるのは、相手が悪意占有者の場合だけです。

4 188条の推定される権利は所有権等の物権だけでなく、占有をなすことを正当とするすべての権利（賃借人、受寄者の権利等）を含みます。

これで到達！ 合格ゾーン

□ 188条が適用されるのは、現在の占有者について限られるものではなく、過去の占有者も、その占有の間、本権を適法に占有していたと推定される（大判明38.5.11）。

★物を持っていることによって、今所有者であるという推定だけでなく、1年前から所有者だったということも推定されます。

□ 188条の推定は、反証を挙げて破られるまでは正当な本権があるとの主張について挙証責任を負わないという消極的なものであるから、占有者がこの推定を積極的に利用して不動産上の権利の登記を申請することはできない（大判明39.12.24）。〔14-12-ウ〕

★「物を持っているから自分が所有者だ」という188条の推定は、訴訟の防御として使用する、消極的な使用を予定しています。「物を持っているから自分が所有者だ。よって登記申請をせよ」と積極的に使用することは想定されていません。

2周目はここまで押さえよう

所有者A

占有者B

↓ ① 占有
● ② 損傷する

所有者が自分の物を占有している人を見つけて、返せと請求しました。ただ、その物は、占有者の不始末により壊れていたのです。

物の値段が1,000万円だった場合、占有者はどれだけの損害賠償債務を負うことになるのでしょうか。

	善意占有者	悪意占有者
原則	現存利益	損害の全部
所有の意思のない場合	損害の全部	

通常は、1,000万円全額の支払い義務を負います。ただ、「自分の所有物」と信じた占有者は別です。

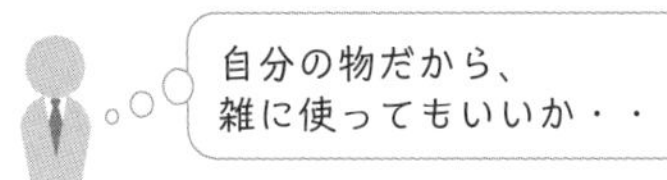

自分の物と思っているか、他人の物と思っているかで物に対する注意レベルは変わってきます。

自分の物と思っている
→ 管理が甘くなってもしょうがない
→ 賠償義務を軽減しよう
と考えておきましょう。

では、「自分が賃借人だと思っている占有者」（善意占有者ですが、所有の意思がない場合）の損害賠償義務はどうなるでしょう。

この人は「自分の物」とは思っていません。他人の物を管理している意識がある人なので、賠償義務は軽減しないのです。

☑ 1	自分に所有権があると信じて他人の物を占有していた者は、自らの責めに帰すべき事由によってその物を損傷した場合、現に利益を受ける限度で、回復者に損害を賠償すれば足りる。〔9-11-エ〕	○
2	善意の占有者は、自己の責めに帰すべき事由によって占有物が滅失したときは、回復者に対し、損害の全部を賠償する義務を負う。〔14-11-イ〕	×
3	Ａが、Ｂの所有する甲建物を自己の所有と偽って、事情を知らないＣに賃貸している場合において、占有者Ｃがその責めに帰すべき事由によって甲建物を損傷させたときは、Ｃは、Ｂに対し、その損害の全部の賠償をしなければならない。〔令2-8-オ〕	○

第3節 占有の成立要件

180条（占有権の取得）
占有権は、自己のためにする意思をもって物を所持することによって取得する。

ポイントは、「意思」と「所持」という言葉です。
意思＝その気持ちがあること
所持＝支配すること（建物なら住む・物なら持つなどがこれに当たります）
と考えておきましょう。

181条（代理占有）
占有権は、代理人によって取得することができる。

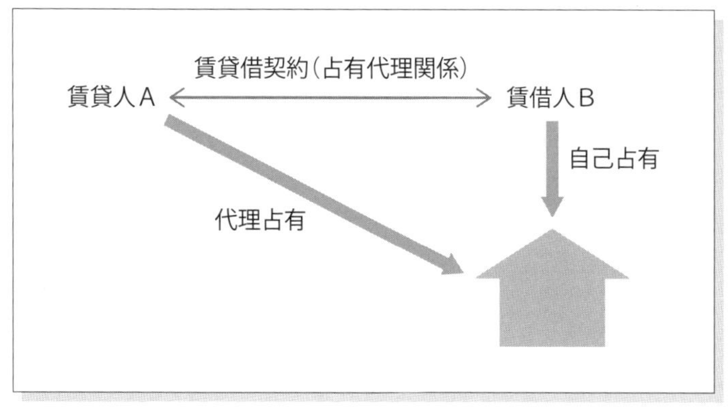

結論から言うと、**貸したとしても、占有はなくなりません**。

この図ですが、もともと家の所有者はAですが、Bに貸しました。Bが住んでいるから、Bが占有しています。

この家が奪われた場合、Bが占有訴権を使えるのはいいとして、Aが使えないというのは変です。

そこで、**Aも占有訴権を使えるように、貸しても占有権が残るテクニックを作りました**。

それが代理占有というテクニックです。

具体的には、Bを代理人、Aを本人と考えるのです。代理人Bが占有を取得します。

代理の効果は本人に帰属します。

だから代理人Bが占有することによって、本人Aもこの建物に占有権を持っていると考えることにしたのです。

この**Aの占有のことを代理占有と呼びます**。**代理人を通して得た占有ということから、代理占有と呼ぶ**のです。

代理占有の要件
①占有代理人が所持を有すること
②占有代理人が本人のためにする意思を有すること
③本人と占有代理人との間に占有代理関係が存在すること

これが代理占有が認められる要件です。

所持と意思に加えて、**占有代理関係という「本人に返すという関係」**が必要です。

AがBに土地を貸した場合、Bは最終的にAに返しますね。

Aの土地にBが地上権を設定した場合でも、Bは最終的にAに返しますね。

この2つは占有代理関係があり、貸しても、地上権を設定しても、Aには占有権が残ります。

一方、AがBに売った場合は、Bは最終的にAに返しません。

この事例では占有代理関係はないので、売り渡すことによりAは占有権を失うのです。

商店Aの商品があり、アルバイトBが働いている。
→　Aに占有あり
→　Bに占有なし（占有補助者）

これも、他人に持たせているという状態です。ただ、このBは、占有権を持ちません。

例えば、この店の商品が誰かに奪われたら、誰が「返せ、損害賠償しろ」と言うべきでしょうか。

アルバイトが「損害賠償しろ、俺に金を払え」と請求する……認める必要はないですよね。

この場合はAにだけ占有権が認められます。

Bのことを占有補助者と呼びます（Aの占有を手伝っているだけで、占有者ではありません）。

判例のいろいろな事例を見る限り、

「要件をクリアした人に占有権が認められて、占有訴権ができる」というよりもむしろ**「占有訴権を認めたい人に占有権を認めている」といったようなケースが多い**ように見えます。

悩んだ時はぜひ、この人に占有訴権を認めるべきかという観点で考えてみてください。

問題を解いて確認しよう

1	Aが所有しBに寄託している動産甲について、Bによる動産甲の占有の効果はAに帰属することから、Bは、動産甲の占有権を取得しない。〔28-9-オ〕	×
2	動産の所有者であって寄託者であるAの承諾を得て、受寄者であるBが、その動産について第三者Cとの間で寄託契約を締結して引渡しをした場合、Bは動産の占有権を失う。〔オリジナル〕	×

ヒトコト解説

1 B自身も占有権を持ちます。

2 預けても占有権は残ります。

◆ 占有の訴えを起こせるか ◆

○＝主体となりうる　×＝主体となりえない

	占有訴権の原告の適格
①　直接占有者（自己占有者）	○
②　間接占有者（代理占有者）	○
③　自主占有者	○
④　他主占有者	○
⑤　善意占有者	○
⑥　悪意占有者	○
⑦　占有補助者（ex. 法人代表者、アルバイト店員）（注）	×

（注）代表者が法人の機関として物を所持するにとどまらず、代表者個人のためにもこれを所持するものと認めるべき特別の事情がある場合には、代表者は、その物について個人としての占有をも有し、占有の訴えを提起することができる（最判平10.3.10）。

占有の訴えは誰が起こせるのでしょうか。今一度、198条から200条までの主語を見てください。

ただ単に、「占有者」と記載されています。上記の図のとおり、**占有者にはいろいろなタイプがいますが、占有者のタイプの縛りをかけていません。**

そのため、直接占有者（自己占有者）・間接占有者（代理占有者）・自主占有者・他主占有者・善意占有者・悪意占有者という区別を問わず、**占有者であれば、占有の訴えが起こせる**ことが分かります。

占有者の必要があるので、**会社の代表者は⑦の占有補助者にあたり、占有の訴えを起こせません。ただ、その代表者がその物に強い利害を持っている場合（例えば、その建物に居住しているなど）には、占有の訴えは可能**です。この場合は、**強い利害を持っているので、代表者も占有者と言える**ためです。

問題を解いて確認しよう

1	自分に本権がないことを知っている占有者は、その占有が妨害されたとしても、妨害の排除を請求することができない。〔9-11-ア（5-17-3）〕	×
2	物を他人のために占有している者は、その占有が第三者によって妨害された場合でも、その妨害者に対して損害賠償を請求することができない。〔元-6-4〕	×
3	法人の代表者が法人の業務として動産甲を所持する場合には、代表者個人のためにも甲を所持するものと認めるべき特別の事情がない限り、代表者個人が甲の占有者であるとして占有回収の訴えを提起することはできない。〔23-9-ア〕	○
4	Ａ法人の代表者Ｂが、Ａ法人の機関として土地を所持するにとどまらず、Ｂ個人のためにもこれを所持するものと認めるべき特別の事情がある場合であっても、Ｂは、当該土地について個人として占有の訴えを提起することができない。〔オリジナル〕	×

×肢のヒトコト解説

1　悪意占有者も占有者なので、訴えを起こせます。

2　占有しているので、訴えを起こせます。

4　強い利害があるのであれば、個人でも占有の訴えを起こせます。

第４節　占有権の消滅

> **203条（占有権の消滅事由）**
> 　占有権は、占有者が占有の意思を放棄し、又は占有物の所持を失うことによって消滅する。ただし、占有者が占有回収の訴えを提起したときは、この限りでない。

占有権はいつなくなってしまうのか、これは成立要件の逆を考えればいいのです。

意思と所持によって成立するのですから、意思がなくなるか、所持がなくなれ

ば、占有権はなくなります。

ただ、気を付けて欲しいのは、所持をなくしても、占有回収の訴えを起こした場合です。

占有回収の訴えを起こして勝って、占有を取り返せば占有権は残ります。

このルールは、時効取得をねらって占有している時に実益があります。

時効取得をねらっている場合、占有が奪われても、**占有回収の訴えを起こして勝って占有を取り返せば、占有は、途切れていなかった**と扱われるのです。

204条（代理占有権の消滅事由）
代理人によって占有をする場合には、占有権は、次に掲げる事由によって消滅する。
① 本人が代理人に占有をさせる意思を放棄したこと。
② 代理人が本人に対して以後自己又は第三者のために占有物を所持する意思を表示したこと。
③ 代理人が占有物の所持を失ったこと。

代理占有がなくなる場面が規定されています。

意思か所持がなくなると、貸した人の占有がなくなります。

問題は占有代理関係です。後で返還する関係、占有代理関係があれば代理占有が成立しますが、これがなくなったら代理占有はどうなるのでしょう。

204条（代理占有権の消滅事由）
2 占有権は、代理権の消滅のみによっては、消滅しない。

代理権というのは、先ほどの例でいうと、賃貸借契約です。つまり**賃貸借契約が切れても、家の占有権は残ります**よということです。

だから、賃貸借契約が終わり、返してもらう前に誰かに奪われた場合でも、大家には占有権が残っているので、占有訴権を使って訴えることができます。

問題を解いて確認しよう

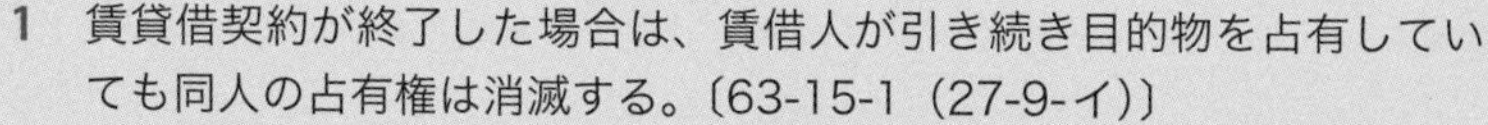

1	賃貸借契約が終了した場合は、賃借人が引き続き目的物を占有していても同人の占有権は消滅する。〔63-15-1（27-9-イ）〕	×
2	AがBに対して甲動産を貸し渡している。AがBに対して甲動産の一時返還を求めたところ、Bは、甲動産は自己の所有物であるとして、これを拒否した。その後、DがBから甲動産を窃取した。この場合には、Aは、Dに対し、占有回収の訴えを提起することができない。〔16-13-イ〕	○
3	不動産の占有者が第三者の侵奪行為によってその占有を失った場合であっても、その後、占有回収の訴えによってその占有を回復したときは、当該占有者による不動産の取得時効は中断しない。〔30-6-オ〕	○

×肢のヒトコト解説

1 占有代理関係が消滅しても、代理占有は残ります。

第4章 所有権

出題のメインは、隣地通行権と共有です。
そして、両方とも過去の出題の繰り返しが多いという特徴があります。
まずは過去の出題実績のある論点（本書記載部分）の結論をしっかりと覚えましょう。

第1節 相隣関係

所有権を持っていることでできることは、206条に規定されているように、使用・収益・処分です。

所有権の章では、それ以外にいろんなことを規定しています。

例えば、相隣関係というもので、これはお隣さん同士のルールと思ってください。

民法は、お隣さん同士のルールを209条から数多く規定しています。

その中でも多く出題されている条文は、次の210条から213条です。

210条（公道に至るための他の土地の通行権）
他の土地に囲まれて公道に通じない土地の所有者は、公道に至るため、その土地を囲んでいる他の土地を通行することができる。

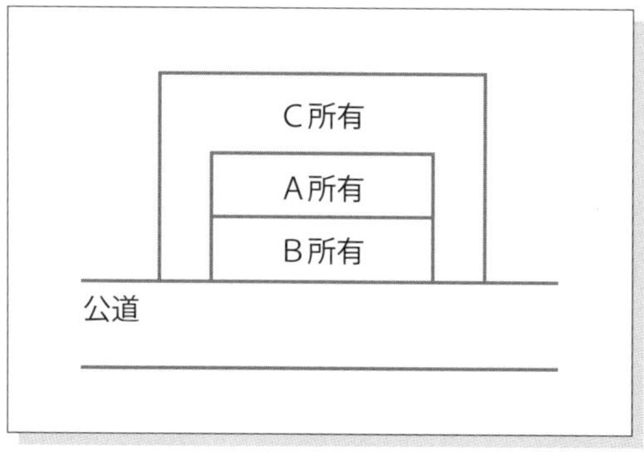

主人公はAだと思ってください。このAは、公道に出られない状態になっています。周りが囲まれている土地にいるからです。

実はこれだけでAは、他の土地が通れるのです。
これを隣地通行権といいます。

要件は、**「囲まれて公道に通じない」だけ**です。
契約などは要りません。**物理的な状態が生じれば、自動的に他の土地が通れる**のです。
ではどこを通れるのかというと、次の条文を見てください。

211条
前条の場合には、通行の場所及び方法は、同条の規定による通行権を有する者のために必要であり、かつ、他の土地のために損害が最も少ないものを選ばなければならない。

必要性の基準と、損害が少ないことという基準があります。そのため、実際にどの土地を通れるのかは、事案ごとにケースバイケースになります。

212条
第210条の規定による通行権を有する者は、その通行する他の土地の損害に対して償金を支払わなければならない。

物理的な状態が生じれば、自動的にBかC、どちらかの土地を通ることになります。**ただし、お金は払うことになります。**

お金を払うことに注目して、この通行権を有償通行権と呼ぶことがあります。

> **213条**
> 分割によって公道に通じない土地が生じたときは、その土地の所有者は、公道に至るため、他の分割者の所有地のみを通行することができる。この場合においては、償金を支払うことを要しない。

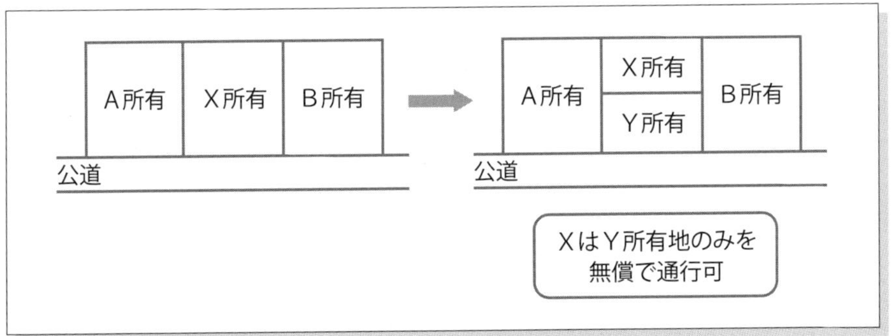

XもAもBも公道に出られる状態で、何も問題がなかったのですが、この後、Xが土地を切り売りし、下の方だけをYに売りました。その結果、Xが公道に出られなくなっているのです。

この場合、**XはYの土地しか通れません。**趣旨は、「**君達で袋地を作ったんでしょ。他の人に迷惑をかけないでね**」ということです。

しかも、**無償で通ることができます。**

XとYは、タダで通れる、タダで通られることを覚悟の上で、代金の設定をしているはずです（この通行権は、タダという点を捉えて無償通行権と呼ばれたりもします）。

この後の出来事について、判例があります。

Ｙが Ｚに土地を譲渡
→　無償通行権が残る

Ｙが土地をＺに売った場合、無償通行権が残るのでしょうか。

Ｙは、タダで通られるのを覚悟して代金を決めていたのですが、Ｚは違います。Ｚは先ほどの契約の当事者ではありません。

このＺに無償通行権の負担をかけていいのでしょうか。

もしここで無償通行権がなくなれば、210条の有償通行権が発生します。

有償通行権は、必要かつ損害が少ないところになります。するとＡＢの土地を通る可能性が生まれます。

もともとの**趣旨は「ＡＢに迷惑をかけるな」だったのに、ＡＢに迷惑をかける可能性が出てしまう**のです。

判例は**Ｚの利益というよりもＡとＢの迷惑を考えて、無償通行権は残る、Ｚは覚悟して買いなさいとしました。**

問題を解いて確認しよう

1	袋地の所有権の取得者は、その登記を経由していなくても、囲繞地の所有者及びその利用権者に対して、囲繞地通行権を主張することができる。〔5-16-エ〕	○
2	Ａが所有する甲土地を二つに分筆してその一つをＢに譲渡したところ、Ｂの取得した土地が公道に通じない土地となった場合、ＢはＡが所有する残余地について通行権を有するが、ＡがＣに対して残余地を売却した場合、当該通行権は消滅する。〔21-11-イ〕	×
3	一筆の土地が分割により公道に面するＡ土地と袋地であるＢ土地に分かれた場合において、Ａ土地が第三者に譲渡されたときは、Ｂ土地の所有者は、Ａ土地以外の囲繞地についても袋地を囲んでいる他の土地の通行権を主張することができる。〔元-8-5改題〕	×
4	分割によって袋地が生じた場合には、袋地の所有者は、公道に至るため、他の分割者の所有地のみを通行することができるが、償金を支払わなければならない。〔30-9-2〕	×

×肢のヒトコト解説

2　譲渡があっても無償通行権は残ります。

3　譲渡されても無償通行権は残るため、他の土地への通行権を主張することはできません。

4　分割で袋地になった場合の通行権は、無償となります。

これで到達！　合格ゾーン

□ 自動車による通行を前提とする囲繞地通行権も成立し得る。〔30-9-3〕

★最判平18.3.16において、自動車が通れないから他人の土地を通行する権利が一定要件の下で認められることを判示しています。

233条（竹木の枝の切除及び根の切取り）
1　土地の所有者は、隣地の竹木の枝が境界線を越えるときは、その竹木の所有者に、その枝を切除させることができる。
4　隣地の竹木の根が境界線を越えるときは、その根を切り取ることができる。

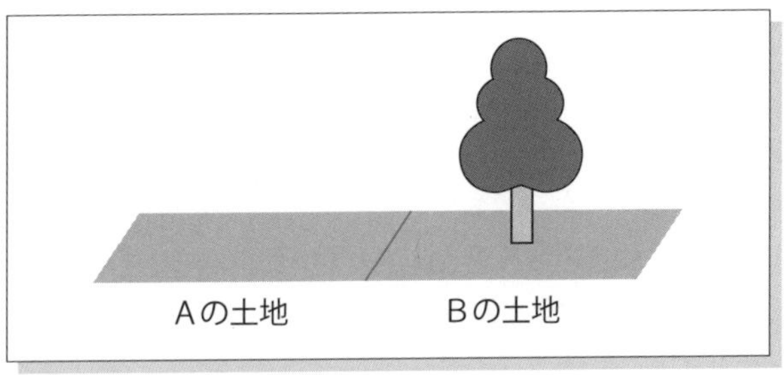

Bの土地に立っている木が、Aの土地に入ってきました。

Aからしてみれば、不法占拠ともいえるので、物権的妨害排除請求ができるところです。では、それを使ってAは何ができるのでしょうか。

これは、枝が入ってきた場合と、根が侵入してきた場合で結論が異なります。

枝が境界線を超える場合	根が境界線を超える場合
竹木の所有者に切除させることができる **→自ら枝を切り取ることはできない**　(注)	自ら切り取ることができる

(注) 例外
　233条3項に該当する場合は、土地の所有者は、その枝を切り取ることができる。

入ってきたものをAが除去できるのが原則です。

ただ、枝は異なります。**「木は枝ぶりが命」と言われ、どういう枝の生え方にするかは、所有者に決めさせるべき**ことから、Aは自分で切ることはできず、**「Bさん、切ってください」と請求することしかできません。**

1	互いに隣接する甲土地と乙土地があり、甲土地に植えられている樹木の根が乙土地との境界線を越えて伸びている場合に、乙土地の所有者は、その根を切り取ることができる。〔23-10-オ改題〕	○
2	土地の所有者は、隣地の竹木の枝が境界線を越えて、自己が所有する土地に侵入している場合、自ら当然にこれを切り取ることができる。〔オリジナル〕	×

×肢のヒトコト解説

2　枝が侵入してきても、原則として、自ら切ることはできません。

2周目はここまで押さえよう

209条（隣地の使用）
土地の所有者は、次に掲げる目的のため必要な範囲内で、隣地を使用することができる。ただし、住家については、その居住者の承諾がなければ、立ち入ることはできない。
一　境界又はその付近における障壁、建物その他の工作物の築造、収去又は修繕
二　境界標の調査又は境界に関する測量
三　第233条第３項の規定による枝の切取り

自分の建物を直すためには、他人の土地に入らないとできない状況でした。この場合、必要な範囲に限ってですが、他人の土地を使えるようにしています。

１つ注意をすべきことがあります。それは、他人の家にまで勝手にずかずかと入ることはできないということです。
他人の家に入る場合には、その居住者の承諾が必要になっています。

	問題	解答
1	土地の所有者は、隣地との境界の付近において建物を築造するため必要な範囲内で、その隣地を使用することができる。〔30-9-5〕	○
2	土地の所有者は、境界付近において建物を修繕するため必要な範囲内で、居住者の承諾がなくても、居住者の住家に立ち入ることができる。〔令2-9-ウ〕	×

これで到達！  合格ゾーン

□ 土地の所有者は、隣地から水が自然に流れて来るのを妨げてはならない（214）。〔23-10-ア〕

★この条文は、自然水の流れを妨げてはならないとして、隣地の利用価値を確保しようとしています。

□ 水流が天災その他避けることのできない事変により低地において閉塞したときは、高地の所有者は、自己の費用で、水流の障害を除去するため必要な工事をすることができる（215）。〔23-10-イ〕

★自然水が、低地所有者の帰責性のない事由によって低地で通じなくなった場合には、低地所有者が自ら工事をする義務を負うものではありませんが、高地所有者による低地での必要最小限の工事を低地所有者が受忍すべきことを定めた規定です。

□ 土地の所有者は、直接に雨水を隣地に注ぐ構造の屋根その他の工作物を設けることはできない（218）。〔23-10-ウ、令2-9-オ〕

★「雨水を自分の土地ではなく、隣の土地に行くように自分の屋根の勾配をかける」ことは、もちろん認められません。

□ 土地の所有者は、隣地の所有者と共同の費用で、境界標を設けることができる（223）。〔令2-9-ア〕

★ポイントは、共同の費用という点です。境界標があることによって、「境界線がどこかが分かる」ことになり、両方の所有者が得をします。そのため、どちらか片方の費用とはしませんでした。

第2節 所有権の取得

◆ 所有権の取得方法 ◆

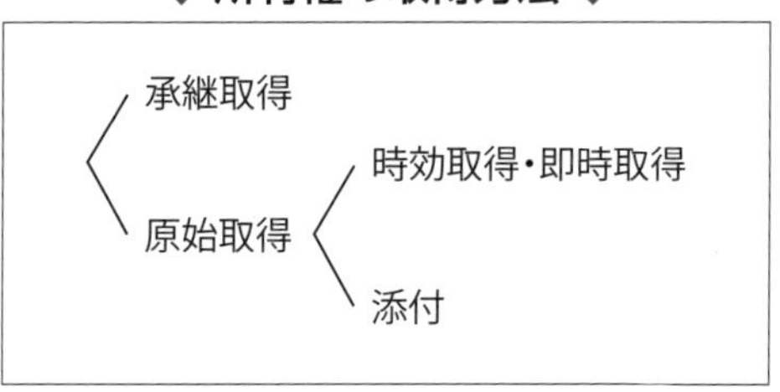

所有権の取得のパターンがいくつか載っています。

所有権の取得のパターンは「**引き継ぐ**」と、「**消えて綺麗なものを取得する**」の2つがあります。

承継取得は前の人の所有権を引き継ぐことで、所有権に抵当権などが設定されていた場合には、抵当権の負担が付いたまま引き継ぐことになります。

一方、原始取得は、一旦抵当権などの余計なものが消えて、綺麗な所有権を取得することです。今まで説明したものでいうと、時効取得、即時取得がこれに当たります。

原始取得には、添付というのもあります。

イメージは合体です。合体のパターンとしては、動産同士の合体、不動産と動産の合体、動産に手を加える、の3つがあります。

> **243条（動産の付合）**
> 所有者を異にする数個の動産が、付合により、損傷しなければ分離することができなくなったときは、その合成物の所有権は、主たる動産の所有者に帰属する。分離するのに過分の費用を要するときも、同様とする。
>
> **244条**
> 付合した動産について主従の区別をすることができないときは、各動産の所有者は、その付合の時における価格の割合に応じてその合成物を共有する。

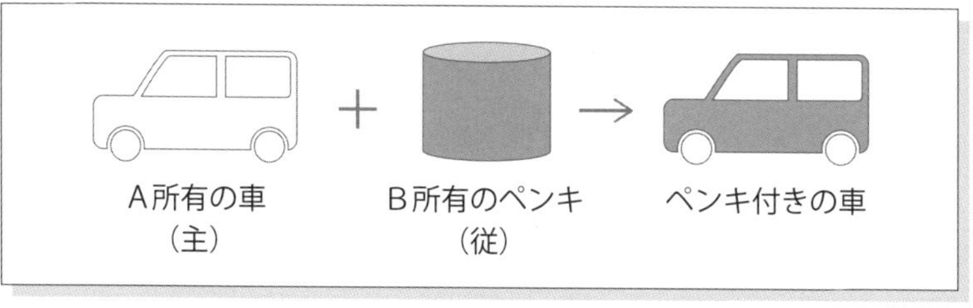

Aの車にBのペンキを塗ってしまいました。

ペンキ付きの車ができますが、これは誰のものになるのでしょうか。

Aのものになります。

動産と動産が合体した場合、主と従、これがはっきりしている動産であれば、**主の動産の所有者が、従の動産の所有権を取ってしまいます**。

（もちろん所有権を取ったAは、相手にお金を払う必要があります）

一方、主従の区別がうまくつかないようなものであれば、出来上がった物は、**元の持ち主たちの共有**となります。

242条（不動産の付合）

不動産の所有者は、その不動産に従として付合した物の所有権を取得する。ただし、権原によってその物を附属させた他人の権利を妨げない。

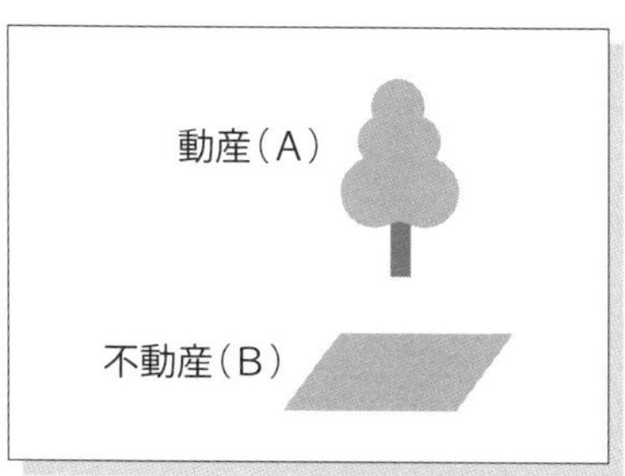

Bの土地にAが木を植えました。この場合、この木の所有権はどうなるのでしょうか。

土地と木、どちらが主でどちらが従でしょう。

これは土地が主で、木が従となるので、出来上がった物は土地の所有者が丸取りです。

動産を埋め込むと「**動産の所有権が、不動産に吸収される**」のです。

ただ、所有権が吸収されない場合があります。それが条文の中の「ただし」からの話です。

例えば、植林をするために地上権を設定して、地上権者が木を植えていたという場合は吸収されません。**地上権者は植林で植えていたにもかかわらず、土地の所有者に木の所有権が奪われたら、これはやってられません**ね。

権利を持っている者が植えた場合は、所有権は持っていかれないのです。

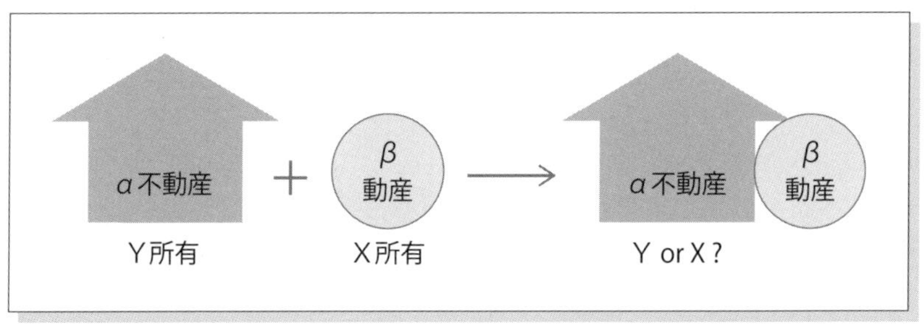

建物に動産をくっ付けた場合、動産は出来上がったものに吸収されるかというと、基本的には吸収されます。権限がある場合は吸収されないというルールですが、1つ重大な例外があります。

Point

付着した物が不動産の構成部分となり独立性を失った場合には（強い付合）、所有権は吸収される

例えば、建物を借りた人が、その建物にベランダを取り付けたというような場合です。

この場合、傍から見て、建物とベランダがあるという見方はせず、建物があるとしか見ません。こういうのを強い付合といいます。

このように**強い付合が生じた場合は、所有権は絶対吸収**です。

取り付けたのが地上権者だろうが賃借権者だろうが、強い合体が生じた場合は、所有権は必ず吸収されるのです。

どういった場合が強い合体でどういった場合が違うのかというのは、本試験では判断させません。

本試験では「AがBに合体して、Bの構成部分となった」という言葉を使ってきます。**「構成部分となった」という言葉が出てきたら「強い合体が生じた」と思ってください。**

ここを簡単にまとめると、次のとおりです。

Point

①不動産に動産をくっ付けた場合は、動産の所有権は不動産に吸収される
②ただし、権限がある場合は吸収されない
③その権限があっても、強い合体だった場合は吸収される

246条（加工）
1　他人の動産に工作を加えた者（以下この条において「加工者」という。）があるときは、その加工物の所有権は、材料の所有者に帰属する。ただし、工作によって生じた価格が材料の価格を著しく超えるときは、加工者がその加工物の所有権を取得する。
2　前項に規定する場合において、加工者が材料の一部を供したときは、その価格に工作によって生じた価格を加えたものが他人の材料の価格を超えるときに限り、加工者がその加工物の所有権を取得する。

A所有		B（有名デザイナー）		
安物の生地	＋	加工	→	高級ドレス
1万円				40万円

安物の生地に有名デザイナーが手を加え、すごくいいドレスができて、価値が

40万円になったようです。

この場合、このドレスは誰のものでしょうか。

基本、生地の所有者のものになるはずなのですが、この事例のように**価値を思いっきり上げた場合には、加工者Bのもの**になります。

そして、もしこの有名デザイナーBが材料まで出していた場合は、もとの生地より、**少しでも価値が上回っていれば、加工者Bのもの**になります。

1項は材料無し、2項は材料付きの場合を規定しています。

条文のポイントは、「超える」と書いてあるか、「著しく超える」と書いてあるかという点です。

問題を解いて確認しよう

1	建物の賃借人が、賃貸人である建物所有者の承諾を得て建物の増築をした場合において、増築部分が構造上区分されるべきものでないときは、増築部分建物は、賃借人と賃貸人の共有となる。〔6-17-ウ（15-10-ア）〕	×
2	建築途中のいまだ独立の不動産に至らない建造物（建前）に第三者が材料を提供して工事をし、建物として完成した場合において、第三者の工事及び材料の価格が建前の価格を著しく上回るときは、その建物の所有権は、建物を完成させた者に帰属する。〔6-17-ア〕	○
3	Aは、Bから依頼を受け、動産甲に工作を加えて動産乙を作成した。乙の価格が著しく甲の価格を超えている場合であっても、甲がBの所有物でなかったときは、Aは、乙の所有権を取得しない。〔15-10-エ〕	×
4	教授：Aが、Bの所有する甲動産に工作を加えた場合において、Aが材料の一部を供したときは、加工物の所有権は、どうなるのでしょうか。 学生：工作によって生じた価格が甲動産の価格を著しく超えるときに限り、Aがその加工物の所有権を取得します。〔31-10-エ〕	×
5	教授：Aの所有する甲動産とBの所有する乙動産とが、付合により、損傷しなければ分離することができなくなった場合において、その付合が、Aが権原によって乙動産に甲動産を結合させたために生じたものであるときは、合成物の所有権はどうなるのでしょうか。 学生：乙動産が主たる動産であったとしても、Aが甲動産の所有権を失うことはありません。〔31-10-ア〕	×

×肢のヒトコト解説

1 「構造上区別されるべきものでないとき」という表現から、強い合体が生じていることを読み取ることになります。強い合体が生じているので、所有権は吸収されることになります。

3 著しく価格を超えているので、Aが所有権を取得できます。

4 材料を提供しているので、著しくは要件になりません。

5 乙動産の所有者がすべての所有権を取得します。

2周目はここまで押さえよう

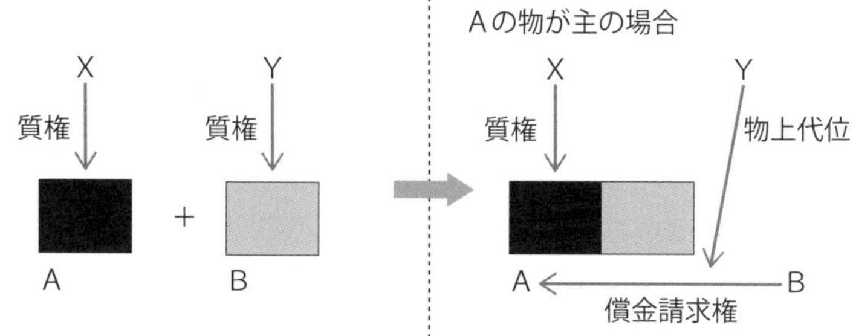

Aの動産とBの動産が付合した効果を見ていきます。

例えば、Aの動産が主であった場合には、Bの所有権をAが取得しますが、その取得の方法は原始取得です。

そのため、Bの動産についていた質権などの権利は消滅することになります。

また、所有権を持っていかれたBはAに対して「物の値段をよこせ」という償金請求権を持ちます。

ここで、質権者はある手が取れます。

Bのもとから物がなくなった
一方、Bは償金請求権をもっている
→　物の価値が償金請求権に化けた
と考えて、償金請求権に物上代位をしかけるのです。

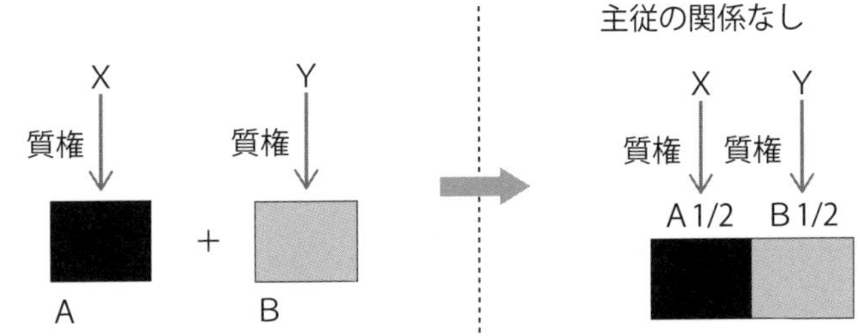

次に、2つの物に主従の関係がなかった場合を見ていきます。

この場合は、付合した物は2人の共同所有になり、持分が発生します（所有権をどちらかだけが持つわけではないので、償金請求権は発生しません）。

そして、2つの物についていた質権は消滅しません。付合により発生した持分に対して、権利をつけている状態になります。

1	Cは、Aから預かっていたA所有の動産甲にBから盗取してきたB所有の動産乙を付合させた。この場合において、甲が主たる動産であったときは、Bは、乙の所有権を喪失するが、Cに対する損害賠償請求権を取得するので、Aに対する償金請求権は有しない。〔15-10-イ〕	×
2	A所有の不動産にBが権原なく自己所有の動産を付合させた結果、Bの当該動産の所有権が消滅した場合であっても、付合前から当該動産の上にCが先取特権を有していたときは、当該動産が物理的に滅失しない限り、Cの先取特権は消滅しない。〔オリジナル（31-10-イ）〕	×
3	Aの所有する動産がBの所有する動産と付合した場合において、その合成物の所有権がA及びBの共有となったときは、Aの所有する動産の上に存していた質権は消滅せずに、Aの持分の上に効力を及ぼすが、その合成物の所有権がBに帰属することとなったときは、Aの所有する動産の上に存していた質権は消滅する。〔オリジナル〕	○
4	A所有の建物甲及びB所有の建物乙が工事によって一棟の建物丙となった場合において、甲乙間に主従の区別をすることができないときは、甲について設定されていた抵当権は、丙のうちの甲の価格の割合に応じた持分を目的とするものとして、存続する。〔15-10-ウ〕	○

第3節 共有 令和7年本試験はここが狙われる!

共同所有には、共有、合有、総有と3タイプありましたが、今回はその中の共有を説明していきます。

これは、持分というのがあって、共有物分割ができるというタイプのものです。

Point

各共有者は、自己の持分権を自由に処分（譲渡・担保設定・放棄等）することができる

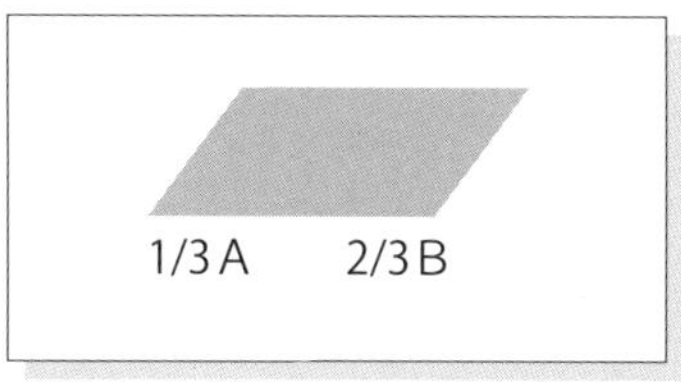

AとBは持分を持っています。この持分は売ったり、担保を付けたり、捨てたりする、これが自由にできます。

持分は、所有権の縮小版だと思ってください。だから、使用・収益・処分ができるということなのです。

ここで持分を捨てた場合、どうなるのでしょうか。次の条文を見てください。

255条（持分の放棄及び共有者の死亡）
共有者の一人が、その持分を放棄したとき、又は死亡して相続人がないときは、その持分は、他の共有者に帰属する。

Aが、「持分は要らない」と捨てた場合、この持分は、Bのところに移動します。持分を放棄すると、他の共有者に持分が移動するのです。

ちなみに、Aが持分を放棄することによってBは持分を取得しますが、**登記しなければ対抗できません**。具体的には、Aの放棄後にBが登記しないため、Aが

Ｃに持分を譲渡した場合、ＢはＣに対抗できません。

254条（共有物についての債権）
共有者の一人が共有物について他の共有者に対して有する債権は、その特定承継人に対しても行使することができる。

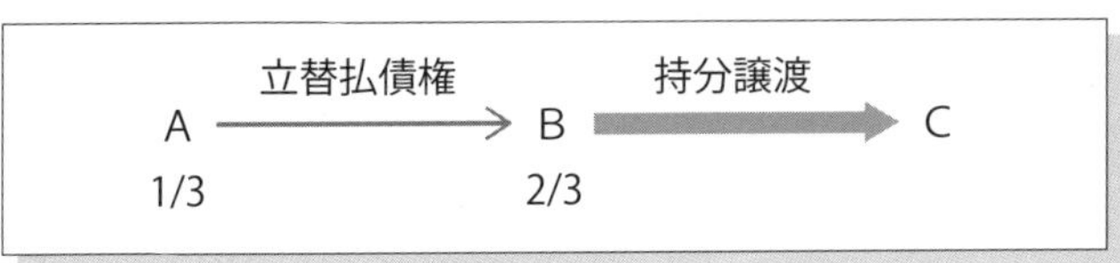

Ｂが払わないので、Ａが立て替えて払ったため、ＡからＢに立替金を払えという債権があったとします。

固定資産税を払わないとか、修理費を払わないので、ＡがＢに代わって払っていたのです。

このＢは、修理費を払わないまま持分をＣに売りました。

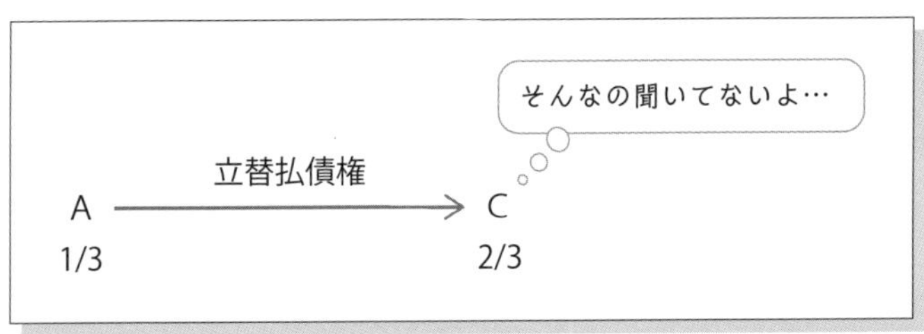

この場合、ＡはＣに対して、「前主のＢが払ってない分があるから、あなたが払ってください」と言えます。

前の人が払わなかったものは、持分を買った人が払うはめになるのです。

これは登記での公示もないので、Ｃにとっては「聞いていないよ」という不意打ちになりえます。

次は使用について説明します。

249条（共有物の使用）
各共有者は、共有物の全部について、その持分に応じた使用をすることができる。

ポイントは、「全部」という点です。

持分が3分の1の場合、物の3分の1の部分しか使えない、ではなく、**全部が使える**のです。

では、この3分の1とは何でしょうか。

これは、頻度、割合です。

つまり、

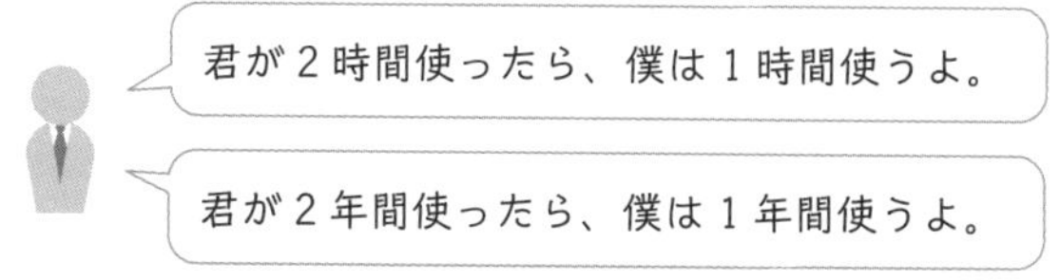

こういった頻度、割合のことを指します（具体的にどう使うかはAとBの協議で決めます）。

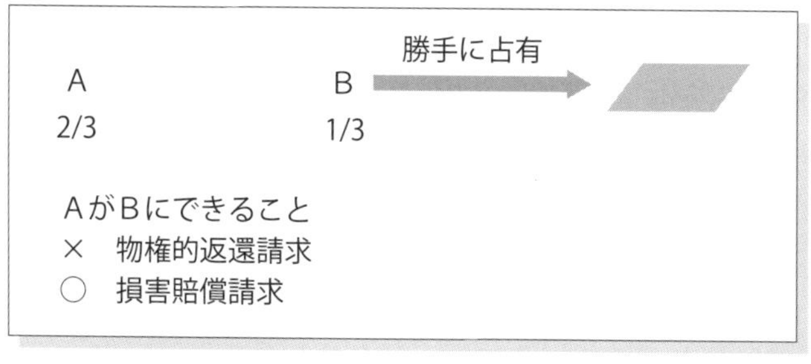

持分で負けているBが、共有している土地を勝手に占有しています。

この時AはBに何が言えるのでしょうか。

物権的返還請求権を行使して「返せ」とは言えません。物権的返還請求権というのは、相手が不法占拠の場合に使える権利です。

Bは持分を持っていますから、不法占拠者ではないため、Aは物権的返還請求ができないのです。

かといって何もできないわけではありません。

「使えないじゃないか、金を払え」このように請求することは可能です。

本試験の問題でも、何を要求しているかを見て、○か×かを判断してください。

問題を解いて確認しよう

1	他の共有者との協議に基づかないで共有地を占有している共有者に対し、他の共有者は、明渡しを請求することができる。〔15-11-イ〕	×
2	A、B及びCが父親Xから甲土地を共同相続した（相続分は平等であり、遺産分割協議は未了である。）。この場合において、Aが、B及びCと協議をすることなく、相続開始後に甲土地上に建物を建てて居住していたとしても、Aは、自己の持分に基づき、甲土地全体を使用収益する権原を有しているから、他の共有者に対し、自己の持分を超える使用の対価を償還する義務を負わない。〔17-10-ウ改題〕	×
3	AとBが共有する建物について、Aが、自己の持分を放棄する意思表示をした後、当該持分をCに譲渡した場合、Bは、当該放棄による自己の持分の増加を登記なくしてCに対抗することができる。〔10-9-イ（31-11-エ）〕	×

ヒトコト解説

1 他の共有者に明渡しは請求できません。

2 他の共有者は損害賠償請求をすることができます。

3 持分放棄があっても、登記がなければ対抗できません。

2周目はここまで押さえよう

共有物を使用している共有者の同意を得ることなく、持分価格の過半数により、実際に共有物を使用している共有者とは別の者が共有物を独占的に使用することができる。

→ その定めにより独占的に使用することが認められた共有者は、共有物を使用している共有者に対し、共有物の引渡しを求めることができる。

A　B　C　D → 勝手に占有

持分　9分の3　9分の2　9分の1　9分の3

上記のようにDが勝手に占有している状態で、ABが「この土地はAが使用する」という協議をしました。

これにより、この土地を使用する権限を持つ者はAになります。そして、このAはDに対して明渡しを請求できるのです。

勝手に占有している人がいた場合、使用することについての協議があるかどうかを問題文から探してください。

覚えましょう

◆共有物の保存・管理・変更◆

	要件	具体例
保存行為（252Ⅴ）	各共有者が**単独でできる**	・目的物の修繕 ・所有権に基づく返還請求、妨害排除請求 ・持分権に基づく登記請求権
管理行為（252Ⅰ）	**持分の価格の過半数**で決める	・252条4項の期間を超えない範囲で共有物を第三者に賃貸すること ・賃貸借契約の解除
軽微な変更行為（251Ⅰ・252Ⅰ）		・砂利道のアスファルト舗装
変更行為（251Ⅰ）（軽微な変更行為を除く）	共有者**全員の同意が必要**	・農地を宅地にする変更 ・共有物全体を第三者に譲渡すること ・共有物全体に抵当権を設定すること

上の図表は、共有物について何かをする時に、共有者の独断でできるか、持分の過半数がないとできないか、全員のＯＫがないとできないか、という区別の図表です。

まずは保存行為を見ていきます。これは「**価値を維持する**」行為をさします。

こういったものは、**共有者の独断でできるのです**。

これらは、**急いでます**し、**やったとしても、他の共有者の利益にもなります**。そのため、独断でやっていいとしているのです。

次に管理行為、これは、「**使い方の取り決め**」と思ってください。

誰が使うかは話し合いで決めること、その話し合いは、持分の過半数で決めていきます。

また、共有物を誰かに貸すこと、これも誰が使うかの取り決めになるので、過半数で決めることになります。

そして、その**賃貸をやめること、つまり、解除することも過半数で決めることになります**（この解除の部分が出題のメインです）。

最後は変更行為です。これは「**物理的な変更、法的な処分**」と思ってください。こういったものはさすがに１人ではできず、全員のＯＫが必要です。

変更行為には、物の形状が思いっきり変わるものもあれば、大して変わらないものもあります。そのすべてに共有者全員の同意は必要ではなく、軽微な変更は持分の過半数でできるようになっています。

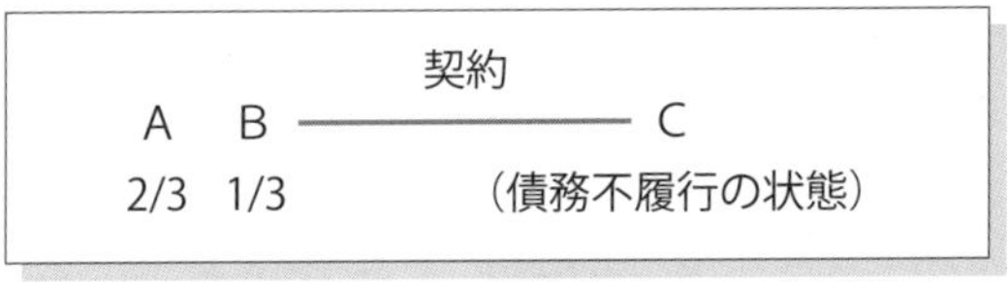

契約
A　B ―――――― C
2/3　1/3　（債務不履行の状態）

◆ Cに対して契約解除をする場合、誰が決めるのか ◆

原則	ＡＢ全員で決める
例外	賃貸借契約の解除 →　Ａのみで可能（管理行為）

ＡＢとＣで何か契約をしていて、Ｃが債務不履行の状態でした。
ここで契約解除する場合、誰が取り決めて行う必要があるのでしょう。

契約を解除するというのは、法的な処分行為になります。
法的な処分行為になるので、ＡＢ全員で決める必要があります。

ただこの契約が賃貸借契約だった場合は別です。

賃貸借契約だった場合は、**賃貸借契約を解除することは誰が使うかの取り決めに該当し、管理行為となるので、持分の過半数があればできます**。この事例では、

Ａが持分を３分の２持っていますので、Ａの独断で解除できてしまうのです。

この賃貸の解除はよく出題されますので、意識しておいてください。

問題を解いて確認しよう

1	Ａ及びＢが共有する甲土地のＢの持分がＣに売り渡され、その旨の登記がされたものの、当該持分の売買契約が虚偽表示により無効である場合には、Ａは、Ｃに対し、その持分権に基づき、当該登記の抹消登記手続を請求することができる。〔26-7-イ〕	○
2	ＡＢＣが3分の１ずつの持分割合で共有する建物の賃借人が賃料の支払を遅滞したときは、Ａは単独で賃貸借契約の解除の意思表示をすることができる。〔8-10-2〕	×
3	甲及び乙が不動産を共有している場合、甲は、乙の同意がなければ、その不動産に変更を加えることができない。〔58-11-2（12-10-エ）〕	○

×肢のヒトコト解説

2　持分の過半数があれば解除ができます。ただ、Ａは持分の過半数を持っていません。

２周目はここまで押さえよう

ＡＢＣの共有物にも関わらず、共有者の１人が勝手にそれを変更しようとしています（例えば、農地だったのを勝手に宅地にしようとしている）。

この場合、他の共有者は「今すぐそれを止めろ」という差し止め請求をすることが可能です。

先ほどの事例で、変更行為をしていることに気づかず、変更行為が完了してしまいました。この場合は、原状回復請求（「元に戻せ」と請求）することが可能です（ある意味、当然の結論ですね）。

✓1	共有者の一人が共有者間の協議に基づかないで農地である共有地を造成して宅地にする工事を行っている場合には、他の共有者は、当該共有者に対して、当該工事の差止めを請求することができる。〔19-10-ア（15-11-エ）〕	○
2	A、B及びCが父親Xから甲土地を共同相続した（相続分は平等であり、遺産分割協議は未了である。）。この場合において、Aが勝手に甲土地の宅地造成工事のために甲土地に土砂を搬入したとしても、Aは、自己の持分に基づき、甲土地全体を使用収益する権原を有しているから、Cは、Aに対し、自己の持分権に基づく妨害排除請求権を行使して、甲土地上に搬入された土砂の撤去を請求することはできない。〔17-10-エ〕	×
3	A、B及びCが各３分の１の持分の割合で甲土地及び甲土地上の立木を共有している。Aが、B及びCの同意を得ないで甲土地上の立木を伐採しようとしている場合、Bは、Aに対し、単独で伐採の禁止を求めることはできない。〔30-10-オ〕	×

A　B　C
1/3　2/3

A B共有の土地があり、Cと揉めているようです。

この揉め事を解決するためにCを訴えようとする場合、1人で訴えるパターンと、みんなで訴えるというパターンがあります。

これは、何で揉めているかで変わります。

Cが、「2/3の持分は自分のものである」と主張している場合
→B１人でCに持分権確認訴訟　○

Cが、「土地は自分のものである」と主張している場合
→B１人でCに所有権確認訴訟　×

Bの持分だけで揉めているのであれば、Bだけが訴えにいけばいいのです。
所有権全部で揉めているのであれば、これは、所有者全員でいくべきなのです。
持分で揉めているのか、所有権全部で揉めているのかを見るようにしてください。

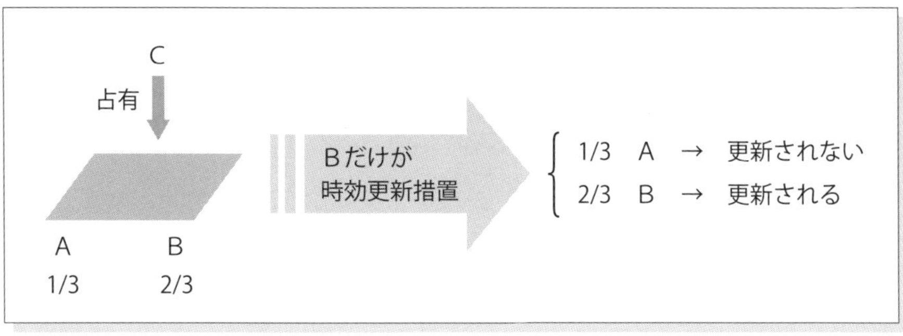

AB共有の土地をCが占有し、取得時効の完成を狙っているという場面です。
ここで、Bだけが時効更新措置をとりました。

Bだけで時効更新の措置をとるのは可能です。
ただ、**時効が更新されるのは、Bの持分だけ**です。権利行使をしていないAの持分については、未だ権利の上に眠っていると扱われてCの取得時効が進行します。

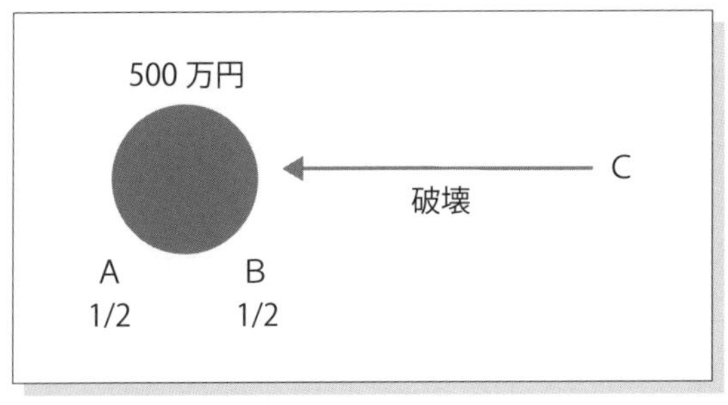

ＡＢ共有の動産をＣが壊しました。

これによってＡＢはＣに対し、損害賠償債権を持ちます。500万円の債権をＡＢで持ちます。

債権者が複数ですから、この債権はすぐに割れて、250万円ずつの請求権になります。だから、Ａ１人で請求できるし、Ｂ１人でも請求できます。

ただ、１人で請求できる金額は250万円です。

Ａ１人で500万円は請求できませんので、注意してください。

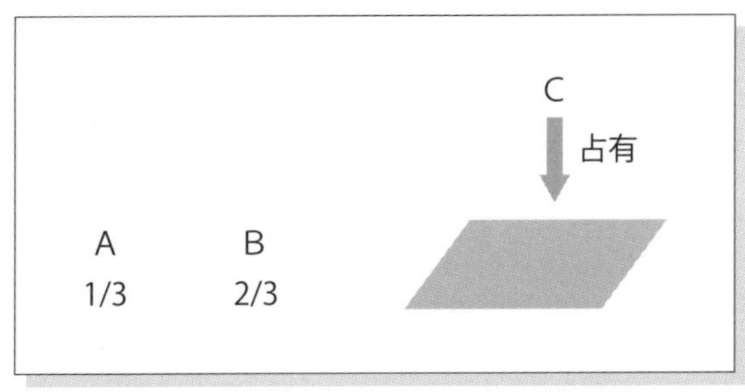

ＡＢ共有の土地について、Ｃが不法占拠しています。

Ｃを追い出したい場合、誰ができるかというと、**Ａ１人でも可能**です。

これは先ほどの保存行為に当たります。**急いでやらないと時効取得されますし、不法占拠者を追い出すことはみんなの利益になる、ということから、１人で行うことを認めています**。

また、この事例でＣが登記簿上名義を得ている、不法に登記の名義だけ持っていたという場合、**登記を返せと言うことも1人でできます。**

登記の不法占拠と考えて、同じような処理をしているのです。

次にまとめた表を入れました。覚える点は、「全員」の部分と＊1、＊2の注意点の部分です。

覚えましょう

◆ 共有の外部関係のまとめ ◆

	共有者の1人から請求できる → 1人 共有者全員から請求する必要があるもの → 全員
(1) 共有物返還請求権	1人
(2) 妨害排除請求権	1人
(3) 共有物の不法行為に対する損害賠償請求権	1人 ※1
(4) 共有物の所有権確認請求	全員
(5) 持分権確認請求権	1人
(6) 不法登記の抹消登記請求	1人
(7) 共有物全体についての時効の更新	全員 ※2

※1 自己の持分についてのみ行使できる。
※2 持分権に基づく時効の更新は、全共有者に及ばない。

問題を解いて確認しよう

1	AとBが共有する建物をCが不法に占拠している場合、Aは、その持分の割合がいくらであるかにかかわらず、単独で、Cに対して当該建物の明渡しを請求することができる。〔10-9-オ（4-11-ウ、5-10-ウ、8-10-1、15-11-ア、19-10-ウ、24-9-ア）〕	○
2	共有の土地を不法に占有している第三者に対する所有権に基づく土地の明渡請求は、共有者が、その持分の価格の過半数をもって決するところに従い、共同して行わなければならない。〔14-8-オ〕	×
3	共有不動産について、真実の所有者でない者が登記簿上の所有権の登記名義人となっている場合に、その登記の抹消を請求するには、共有者全員ですることを要せず、各共有者が単独ですることができる。〔5-10-オ（12-10-ア）〕	○

4　ＡとＢの共有物をＣが過失によって壊してしまった場合、Ａは、Ｃに対して、自己の持分についての損害賠償を請求することはできるが、当該共有物の全損害の賠償を請求することはできない。 〔10-9-ウ（元-7-2、5-10-ア、12-10-イ、15-11-オ、19-10-エ）〕	○

×肢のヒトコト解説

2　明渡請求は単独ですることが可能です。

これで到達！　合格ゾーン

□ 要役地が数人の共有に属する場合、各共有者は、単独で共有者全員のため共有物の保存行為として、要役地のために地役権設定登記手続を求める訴えを提起することができ、この訴えは固有必要的共同訴訟ではない（最判平7.7.18）。
〔25-9-ウ〕

★他の共有者が登記申請をしない場合でも、共有者の持分のみの設定（〇〇権一部設定）という登記は公示を混乱させるため認められていません（地役権に限らず、設定登記という発生する登記は保存行為が認められる傾向があります）。

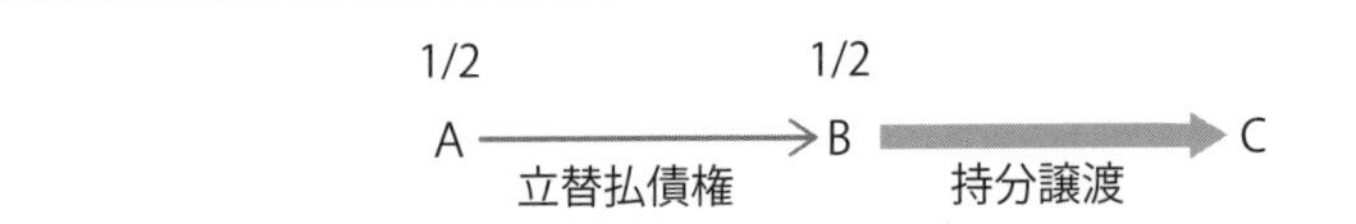

共有者ＡＢの状態で、Ｂが払うべきものをＡが立て替え払いをしていました。そのため、現在ＡからＢに立替払債権が発生しています。

ここで、Ｂがその立替払債権を返済しないまま、持分をＣに譲渡したようです（共有者はＡＣになります）。

前主Bが払っていないものがあるので、
あなたが払ってください。
A ――――――――→ C 「聞いてないよ…」

この場合、Aは新しい承継人に対して、Bが払うべきものを請求できるようにしています。

Cからすれば、不意打ちになるような事柄ですが、条文があるのでしょうがありません…。

254条（共有物についての債権）
共有者の一人が共有物について他の共有者に対して有する債権は、その特定承継人に対しても行使することができる。

ただ、この条文があるからといって、むやみやたらに認めるとCに酷です。そのため、

共有物保存・管理費用の立替債権はCに請求できるが、

共有物買入資金の借入金及び買入に要した費用に関する債権のように、高額なものは、Cに請求できないとされています。

問題を解いて確認しよう

1	ＡＢＣが３分の１ずつの持分割合で共有する建物について、ＡがＣに管理費用の立替債権を有している場合には、ＡはＣから持分の譲渡を受けたＤに対して、その支払を請求することができる。〔8-10-5（元-7-4、17-10-オ、24-9-オ）〕	○
2	甲土地の共有者がＡ及びＢである場合において、ＢがＡに対して甲土地の買入資金に関する債権を有するときは、Ｂは、Ａ持分の特定承人であるＣに対して、当然に、当該債権を行使することができる。〔オリジナル〕	×

×肢のヒトコト解説

2 買入資金に関する債権は、承継人に請求できません。

Point

共有物分割

→ 共有関係の解消

共有物分割は、「共有はあれこれ面倒だからやめよう」という場合に行われます。共有をやめるやり方には、3つあります。

Point

共有物分割の方法① 現物分割

共有物を物理的に分割すること

ちぎって分ける、というイメージです。

例えば、一筆の土地（100㎡）をＡＢが共有しているとします（持分はＡが5分の3、Ｂが5分の2）。

この土地を分筆して二筆とし（60㎡と40㎡）、Ａが60㎡の土地を、Ｂが40㎡の土地を、それぞれ単独所有とするような場合が、この現物分割になります。

Point

共有物分割の方法② 代金分割

売却して代金を分割する

ＡＢが一台の自動車を共有していて、共有を解消しようとする場合を想像してください。

現物分割をすることは難しいですね。

この場合は、**自動車を売却して、その代金を持分に応じて分けるの**です。

共有物分割の方法③　価格賠償

共有物を共有者の一方が自己の単独所有として、他の共有者には対価を与える。

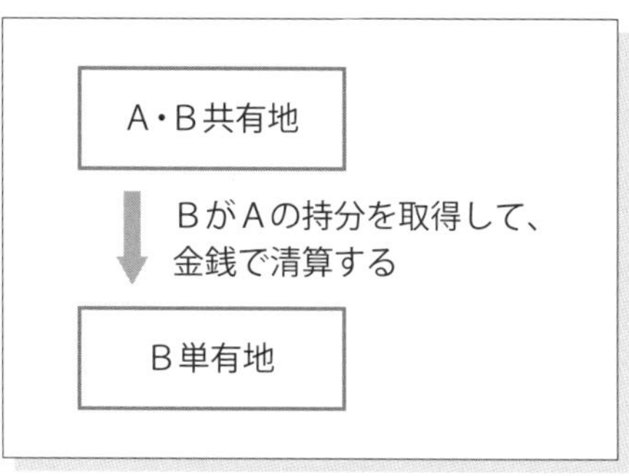

持分を買って単独所有にする。これを価格賠償といいます。

256条（共有物の分割請求）
各共有者は、いつでも共有物の分割を請求することができる。ただし、5年を超えない期間内は分割をしない旨の契約をすることを妨げない。

分割請求は単独行為であり、請求が来れば相手は分割に応じる義務があります。これを避けたい場合には、あらかじめ約束をしておくのです。

うちらの間では5年間は、
共有物分割をしないようにしよう。
単独行為しないようにしよう。

これを**共有物不分割特約といい、登記することによって、持分を買った人に対しても「あなたが買った持分は、分割請求できませんよ」と対抗することができます**。

Point

共有物分割の内容の決め方

① 協議分割

② 裁判分割

単独行為で請求が来た時に、どうやって共有物分割の内容を決めるのかというと、基本的には話し合いで、**全員の合意が必要**です。

ただ話し合いに応じないとか、話し合いで揉めた場合は、裁判になります。

この裁判は、**共有者全員で行う必要があり、1人でも抜けると裁判をやってくれません**。

Point

分割により、原則として、共有関係は消滅する

→ 分割の効果は共有関係の成立当時に遡及しない

遺産分割と比較してください。

遺産分割には遡及効がありましたが、共有物分割には、遡及効はありません。

同じ分割という言葉ですが、遺産分割とは違うので注意が必要です。

261条(分割における共有者の担保責任)

各共有者は、他の共有者が分割によって取得した物について、売主と同じく、その持分に応じて担保の責任を負う。

現物分割をした時に、自分がもらったものに欠陥があったとしましょう。

他の人がもらったものには欠陥がなく、自分の方だけ欠陥がある、これで終わりでは納得できません。

売買の時に、「キズ物を売ったら責任を負え」という担保責任(契約不適合)という法理がありました。

共有物分割の時も、同じように解除・損害賠償などが請求できる場合があります。

1	ＡＢＣが3分の１ずつの持分割合で共有する建物について、ＡＢＣ間で、5年間建物を分割しない旨の合意がされた後、Ｃがその持分をＤに譲渡した場合、Ａはその旨の登記がなければ不分割の合意をＤに対抗することはできない。〔8-10-3（22-9-イ）〕	○
2	Ａ、Ｂ及びＣが共有する土地について、Ａが裁判による共有物の分割を請求するには、ＢがＡの請求を争っていない場合であっても、Ｂ及びＣの両者を相手方としてその訴えを提起しなければならない。〔22-9-ウ〕	○
3	ＡＢの共有物の分割の結果、Ａが単独で目的物を所有することとなった場合において、契約の内容に適合しないものであったときは、分割が裁判による場合であっても、Ｂは、Ａに対して、自己の持分に応じた担保の責任を負う。〔7-9-ア改題〕	○
4	共有物の分割について共有者間に協議が成立した場合には、その分割は、共有関係の成立の時に遡ってその効力を生ずる。〔25-9-ア〕	×

×肢のヒトコト解説

4　共有物分割の効果は遡及しません。

258条（裁判による共有物の分割）
1　共有物の分割について共有者間に協議が調わないとき、又は協議をすることができないときは、その分割を裁判所に請求することができる。

共有物分割は、共有者全員が参加して、全員の同意によってまとまります。そのため、話し合っても結論が出ない場合、そもそも話合いに集まってくれなければ、共有物分割はできません。

こういった場合には、訴訟をすることになります。これが、裁判分割というものです。

◆裁判分割　訴訟提起の論点◆

裁判による分割によることができる場合	・　共有者間に協議が調わないとき ・　協議をすることができないとき 例）　共有者の１人が協議に応じない場合 　　　他の共有者が分割すべきでないことを争う場合
共同訴訟の類型	必要的共同訴訟（大判大12.12.17） →　他の共有者全員を被告としなければならない。

裁判が起こせるのは、協議が調わないときだけではなく、**そもそも分割協議に応じない場合も可能です**。先ほど説明したように、**分割協議に応じてくれなければ、共有物分割にならないからです。**

また、**この訴訟は「誰か１人でも欠けて訴訟をすることを許さない訴訟」とされています**（これを、必要的共同訴訟といいます）。これは、共有物分割後に、分筆手続をとったり、移転登記をしたりなどの**事後処理が多くあるので、全員を巻き込んで全員に既判力（執行力）をつけておくことを要求している**のです。

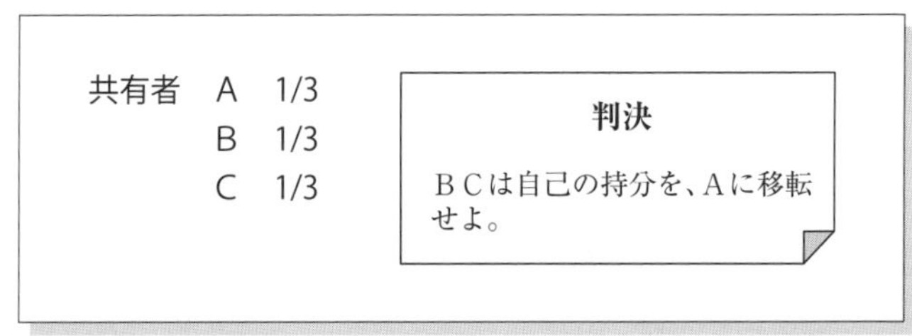

共有者ＡＢＣが共有物分割でもめていて、共有者の１人Ａが
「自分がずっと使っていたから、この土地は自分が独占したい。お金を払うから、持分を売ってほしい」
ということを頼んでいるのですが、ＢＣが応じません。

ここで、Ａが裁判に出た場合、裁判所はＡの望み通り価格賠償の判決をすることができるのでしょうか。

◆ 裁判による分割の方法 ◆

原則	裁判所は、次に掲げる方法により、共有物の分割を命ずることができる。 ① 共有物の現物を分割する方法 ② 共有者に債務を負担させて、他の共有者の持分の全部又は一部を取得させる方法（価格賠償）
例外	上記の方法によって共有物を分割することができないとき、又は分割によってその価格を著しく減少させるおそれがあるとき → 裁判所は、その競売を命ずることができる。

原則は、現物分割・価格賠償なのです（これが難しい場合のみ、代金分割となっています）。

ただ、この価格賠償には厳しい要件を判例が課しています。

次の図表を見てください。

裁判による共有物分割において全面的価格賠償の方法によることができる場合
① 全面的価格賠償によって分割することに相当性があること（共有物の性質、持分の割合、利用状況等から）
② 共有物の価格が適正に評価され、共有物の取得者に支払能力があって、共有者間の実質的公平を害しないと認められる特段の事情があること

「Aに使わせるのが相当である」という事情だけでなく、**Aに支払能力が必要**です。これは、**BCから無理やり持分を奪ったうえに、Aからお金がもらえないという事態を防ぐため**と言われています。

問題を解いて確認しよう

1	A、B及びCが共有する甲土地について、Cに共有物分割協議に応じる意思がなく、A、B及びCの間で共有物分割協議をすることができない場合、現実に協議をした上で不調に終わったわけではないため、A及びBは、共有物分割を裁判所に請求することはできない。 〔オリジナル〕	×
2	A、B及びCが共有する土地について、Aが裁判による共有物の分割を請求するには、BがAの請求を争っていない場合であっても、B及びCの両者を相手方としてその訴えを提起しなければならない。 〔22-9-ウ（31-11-ア）〕	○

3　A、B及びCが共有する建物を分割する場合において、協議により分割するときは、Aに当該建物を取得させ、B及びCに持分の価格を賠償する方法によることができるが、裁判により分割するときは、このような方法によることはできない。〔22-9-エ（27-10-エ）〕　×

4　甲土地の分割に関する協議が調わなかったので、AがBを被告として共有物分割の訴えを提起した場合において、当該共有物を取得するAに支払能力がないときは、裁判所は、甲土地の全部をAの所有とし、AからBに対してその持分の価格を賠償させる方法によって、甲土地を分割することはできない。〔オリジナル〕　○

×肢のヒトコト解説

1　協議に応じてくれないときも、共有物分割訴訟をすることが可能です。

3　裁判において、価格賠償を命じることは可能です。

第5章 用益物権

他人の土地を使う権利、これが用益物権というグループです。
ここは、地役権という権利の出題と、すべての権利の横断整理の出題が多いところです。
常に比較する意識を持って学習するように心がけましょう。

第1節 地上権・永小作権

他人の土地を使う権利の代表例の2つの権利ですが、この2つは、他人の土地を「何のために使うのか」という点で使い分けます。

> **265条（地上権の内容）**
> 地上権者は、他人の土地において工作物又は竹木を所有するため、その土地を使用する権利を有する。

工作物又は竹木を所有するためと書いています。
「家を建てるために、人の土地に権利を付ける」、「林業をするために、人の土地に権利を付ける」そういう場合には地上権を設定して行います。

> **270条（永小作権の内容）**
> 永小作人は、小作料を支払って他人の土地において耕作又は牧畜をする権利を有する。

耕作又は牧畜、つまり農業です。他人の土地で農業をしたい場合に付けるのが、永小作権です。

永小作権の条文には「小作料を支払って」という言葉が入っています。
地上権の方はどうでしょう。「地代を払って」という言葉があるでしょうか。

ありませんね。
地代という対価は取れますが、**これは必須条件とはなっていません**。地代を取る地上権もあるし、地代を取らない地上権もあるのです。

地上権と永小作権には他にも違いがあります。

覚えましょう

◆ 永小作権と地上権の比較 ◆

	永小作権	地上権
設定目的	耕作又は牧畜	工作物又は竹木の所有
対価	必要（270）	不要（265・266）
存続期間	20年以上50年以下 （278 Ⅰ）	最短制限なし 最長制限なし（268）
譲渡禁止特約を第三者に対抗できるか	○	×

存続期間を見てください。
永小作権は年数の縛りがありますが、地上権には年数の縛りがありません。
年数縛りがないので、**地上権の場合は、極論、永久ということもできます**。

次に譲渡禁止特約を付けた場合の処理を見ましょう。
例えばＡＢ間で地上権を設定契約する時に、

こういった約束をすることができます。

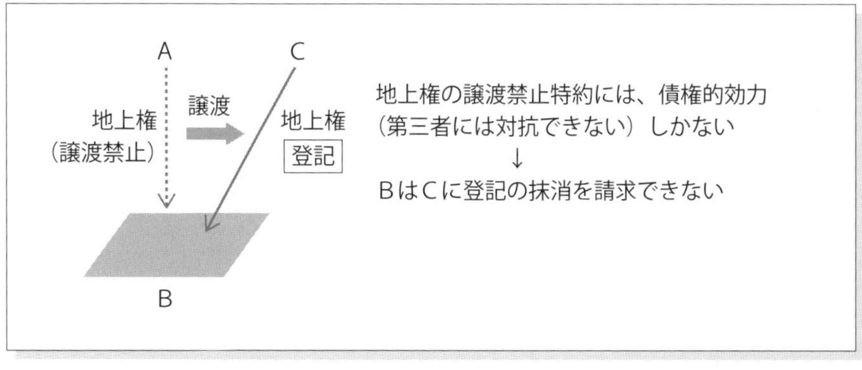

今回のAは、裏切ってCに売りました。

BはCに対し、「A君の地上権は、譲渡できない地上権です。あなたは買った気かもしれませんが、その譲渡は無効ですよ」と言いたいところですが、言えません（BはAに対して、「約束破ったな、債務不履行だ」くらいしか言えません）。

一方、**これがもし地上権ではなく、永小作権だった場合、「その譲渡は無効だ」と言えます**。

この違いの理由は、学問的にすごく難しいので諦めてください。地上権と永小作権で取扱いが違うんだなと、それぐらいに止めておいてください。

Point

土地所有者とその設定を受ける者との設定契約によって成立するのが原則である

地上権、これは契約によって発生するのが基本で、その契約は、土地の所有者と地上権を持ちたい人で行います。

ここでは、どんな契約ができるかを見ていきます。

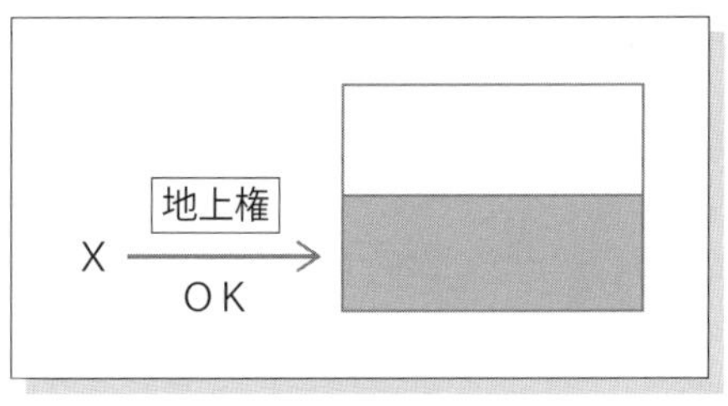

土地全部に地上権を付けるのではなく、土地の一部だけに地上権を付けることは許されます。

以前やった一物一権主義という論点で、土地の一部だけを売り買いするということはできましたよね。そして、一部の売り買いはできるけど、登記する前提として、**分筆登記がいるという点も同じ**です。

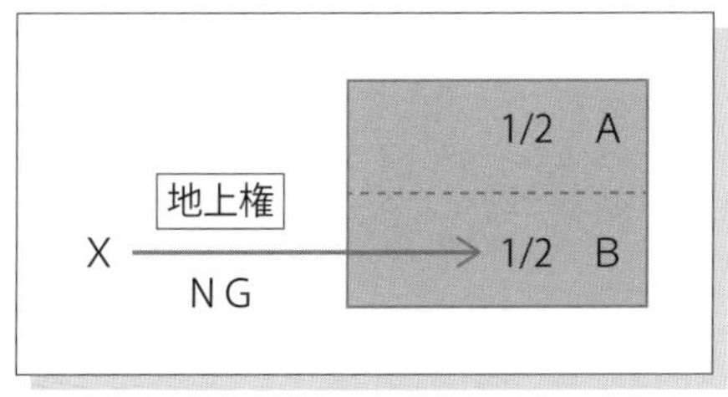

XがBの持分だけに地上権を付ける、これはできません。
用益物権は、持分に付けられず、権利全部にしか付けられないのです。

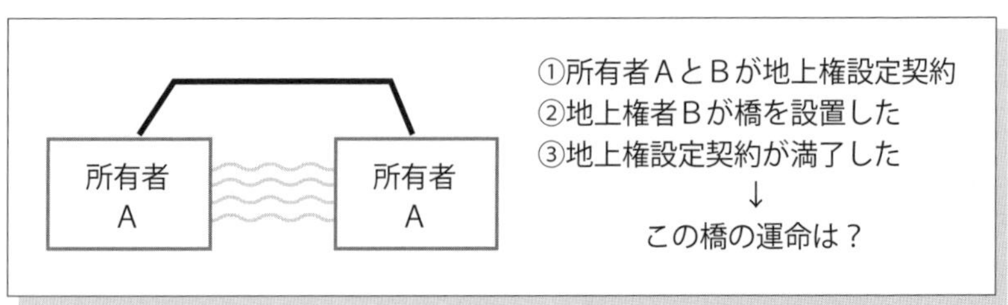

地上権者が橋を作って使っていましたが、その後、地上権の存続期間が満了して、地上権がなくなったようです。この橋はどうなってしまうのでしょう。

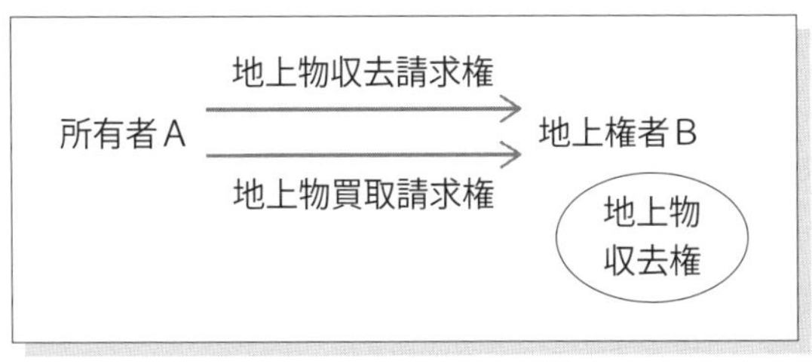

所有者側からBに2つのことが言えます。

「橋を持って帰れ」（これが収去請求）と言うこともできますし、**「私が橋を買い取りますよ」**（これが買取請求）と言うこともできます。

またBも、**「私が橋を持って帰ります」**と、言うこともできます。

ただ、**BからAに、「買い取れ」と請求することは認めていません。**

Bが何を備え付けているかAはわからないため、変なものをBから押し付けられないようにしているのです。

> **269条の2（地下又は空間を目的とする地上権）**
> 地下又は空間は、工作物を所有するため、上下の範囲を定めて地上権の目的とすることができる。

前提として、用益権者が使える場所を説明します。

例えば、上記のとおりBが地上権を付けていた場合、地上権者が使える場所は、**その土地の地表だけではなく、地下と空中全部が使えます。**

例えば建物を建てるために地上権を設定した場合には、地表は使うし、建物の杭を打ったりして地下も使うし、上に家を建てるからと空中も使います。

地表・地下・空中のすべてが使える、これが地上権です。

一方、**地下だけ、空中だけを使うという権利もあります**。
具体的には、「地下鉄を通したいから地下だけ使わせてくれ」「モノレールを通したいから空中だけ使わせてくれ」という権利です。

こういうものを**区分地上権**といいます。
この権利は地上権を設定するより、地代が安く済みます。

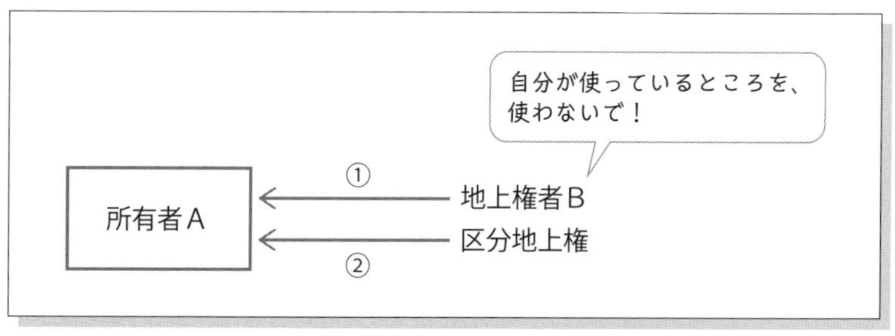

区分地上権を設定したい時に、**既に誰か地上権者がいたとしたら、その人のOKが必要**になります。

既にいた地上権者は地表・地下・空中を使っていたのです。
区分地上権が設定されると、その部分は、区分地上権者に使われてしまいます。
そのため、既に地上権者がいる場合は、その人のＯＫがないと設定できないとしているのです。

問題を解いて確認しよう

1	無償の地上権は、設定することができない。〔令4-10-ウ（3-11-2、22-10-ウ、26-10-ア、30-11-イ）〕	×
2	永小作権は、無償のものとして設定することができない。〔26-10-ア改題〕	○
3	電柱の所有を目的とする地上権を設定する場合、存続期間を100年と定めることはできる。〔2-17-ア（26-10-ウ）〕	○
4	永小作権は、50年を超える存続期間を定めて設定することができない。〔26-10-ウ改題〕	○
5	竹木の所有を目的とする地上権の地上権者が、その目的である土地に作業用具を保管するための小屋を建てた場合において、当該地上権が消滅したときは、当該地上権者は、その土地の所有者に対し、当該小屋を時価で買い取るよう請求することができる。〔29-10-ウ〕	×
6	対抗要件を備えた用益物権が設定されている土地の下に地下駐車場を所有するための地上権を設定しようとする場合には、当該用益物権が地上権又は永小作権であるときは、その地上権者又は永小作人の承諾を得る必要がある。〔26-10-エ改題〕	○

×肢のヒトコト解説

1 特約がなければ、無償になります。

5 地上権者から買取りを求めることはできません。

2周目はここまで押さえよう

地上権者A ——→ 設定者B

→ 故障（地代は下がらない）
→ Aが修繕する

地上権を設定している土地、水はけが悪くなりました。そのため、地上権者は思っていた収益を上げることができなくなったようです。

この場合でも、地上権者は地代を下げてほしいなんてことは言えません。

また、水はけが悪いため、設定者に修繕を請求することもできません。

ある意味、地上権者に酷かもしれませんが、

地上権を設定することによって、土地を支配しているのはAになっているため、「リスクはAが負うべき」「修繕は支配している方がやるべき」となってしまうのです。

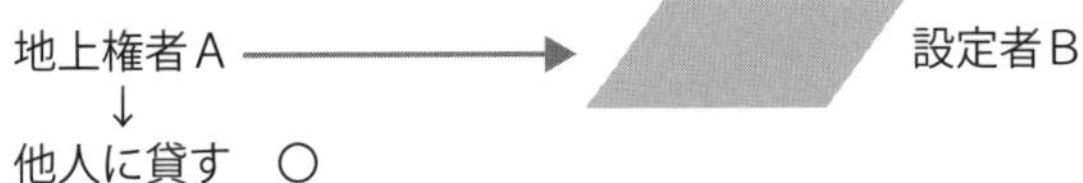

地上権者であれば、土地を使用するだけでなく、収益をすることもできます。そのため、地上権者は自分で使わずに、その土地を人に貸すことができます。地上権者の権限でできるので、設定者の承諾は不要です（もし、Aが賃借人であった場合は、無断で賃貸ができないことと比較しましょう）。

1	土地の賃貸人は、特約がなくてもその土地の使用及び収益に必要な修繕をする義務を負うが、地上権を設定した土地の所有者は、特約がない限りその土地の使用及び収益に必要な修繕をする義務を負わない。〔18-13-エ（25-10-ウ）〕	○
2	土地賃借権の場合には賃貸人の承諾があれば、目的物賃借人がこれを更に第三者へ貸すことができるが、地上権の場合には地上権者が更に目的物を第三者に使用させることはできない。〔3-11-5（24-10-ア）〕	×
3	地上権者が土地の所有者に定期の地代を支払わなければならない地上権につき、地上権者は、地上権の目的となっている土地の所有者の承諾を得なければ、その土地を第三者に賃貸することができない。〔28-10-3〕	×

これで到達！ 合格ゾーン

□ 設定行為で地上権の存続期間を定めなかった場合において、別段の慣習がないときは、地上権者は、いつでもその権利を放棄することができる（268Ⅰ本文）。ただし、地代を支払うべきときは、1年前に予告をし、又は期限の到来していない1年分の地代を支払わなければならない（268Ⅰ但書）。

〔28-10-1（29-10-イ）〕

★地上権者が「地上権を放棄する」といえば、設定者はうれしいはずです。ただ、地代を取る内容の地上権の場合、設定者は地代が取れなくなって困ります。そのため、地代を取る内容の地上権の場合は、1年分の地代を保障することを条文が要求したのです。

□ 地上権者がその権利を放棄しないときは、裁判所は当事者の請求により、20年以上50年以下の範囲内において、工作物又は竹木の種類及び状況その他地上権の設定当時の事情を考慮して、その存続期間を定める（268Ⅱ）。

★地上権は強い権利であり、これの存続期間がないという状態は、設定者にとって酷な状態です。そこで、存続期間を定めることを裁判所に請求できるようにしました。

□ 地上権者が土地の所有者に定期の地代を支払わなければならない場合において、地上権者が引き続き2年以上地代の支払を怠ったときは、土地の所有者は、地上権の消滅を請求することができる（266Ⅰ・276）。〔28-10-5〕

★設定者が地代が取れないにもかかわらず、土地が使用できないという状態になっています。この場合、単独行為で地上権を消せるようにしました。

□ 地上権者が土地の所有者に定期の地代を支払わなければならない場合、地上権者は、不可抗力により収益について損失を受けたときであっても、地代の免除又は減額を請求することができない（266Ⅰ・274）。〔令3-10-ア〕

★たとえば、水はけが悪く思ったほどの収益がとれなかったとしても、それは土地を支配している地上権者が負うべきリスクです。そのため、所有者に「収益が少なかったから、今期の地代を下げてほしい」という請求は認めないことにしています。〔令3-10-ア〕

第2節 地役権

令和7年本試験は
ここが狙われる！

地役権
ある土地（要役地）の利用価値を増すために、他人の土地（承役地）を利用することができる権利（280条）

この権利は、今までと大分イメージが違います。

今までと違って、**土地を持っているということが前提**です。自分は土地を持っているけど、他人の土地を使いたい。**他人の土地を使って、自分の土地の価値を上げたいという場合の権利が地役権**です。

この地役権にはいろんなタイプがありますが、2タイプ知っておけばいいでしょう。まずは、通行地役権です。

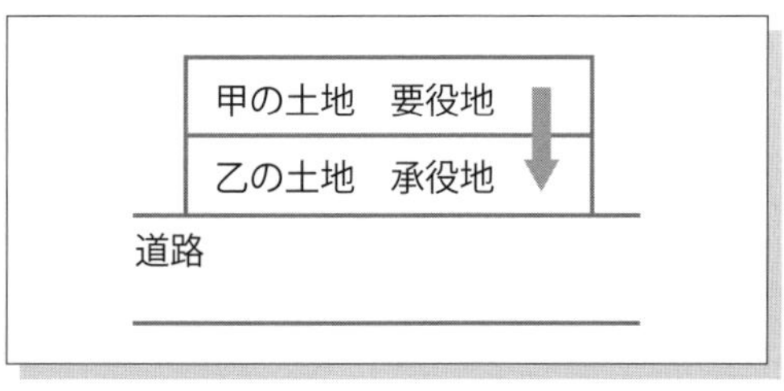

ここで、甲の土地から道路までなかなか行きづらいので、甲と乙が契約をして、甲の土地から乙の土地を通れるようにしました。通れるようにすれば、甲の土地の価値は上がります。

こういった地役権を**通行地役権**といいます。

地役権を設定すると、土地に肩書きが付きます。

使う方の土地を、必要の「要」という字を使って要役地と呼びます。

一方、**使われる方を、「承」知しましたという字を使って承役地と呼びます。**

基本的に地役権のイメージは、この通行地役権でいってください。

この通行地役権でイメージできない事例では、次の地役権を想像してください。

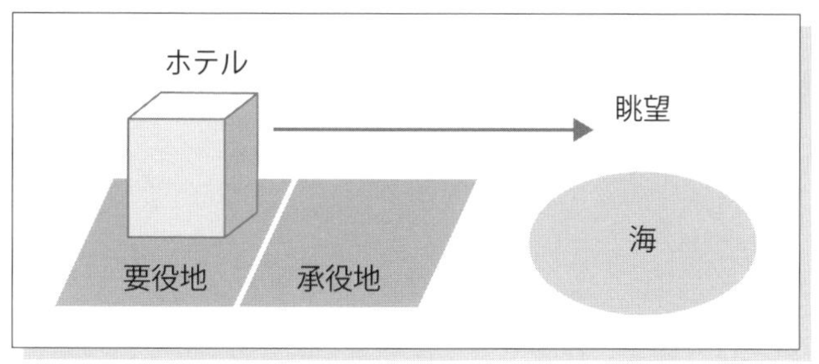

ホテルがあって、これは海が見えるホテルとして有名でした。

怖いのは、海までの間に建物が建ってしまうことです。高い建物が建ってしまえば、もう景観は台無しです。

そこで、右の土地の人と「何メートル以上の建物を建てない」契約をするのです。

これによって生まれるのが、**眺望地役権**とか**観望地役権**です。

この場合、ホテル側の土地が要役地、右側の土地が承役地となります。

次は地役権の設定についての論点を見ていきます。

Point

地役権の設定・取得の論点

①設定契約により設定されるのが一般的

②同一土地上に数個の地役権を設定することも可能である

③承役地は一筆の土地であることを要しないから、一筆の土地の一部の上に地役権を設定することはできる（282Ⅱ）

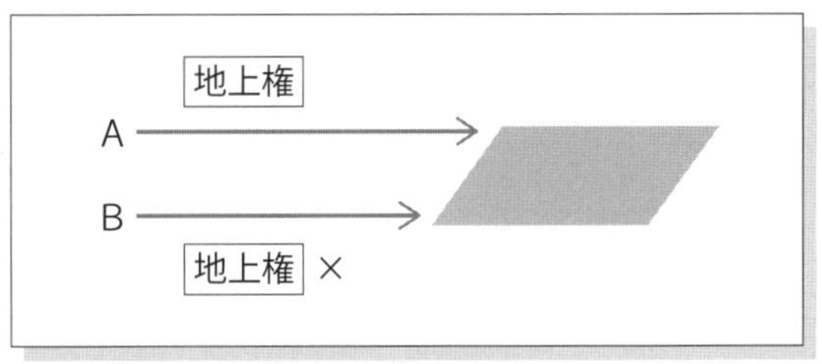

1つの土地に地上権を2つ付けることはできません。

物権には排他性があり、矛盾する物権は追い出されるからです。

地上権があれば、地表・地下・空中のすべてが使えます。もう1つ設定しても、今の権利とぶつかるので、後の権利は追い出されてしまいます。

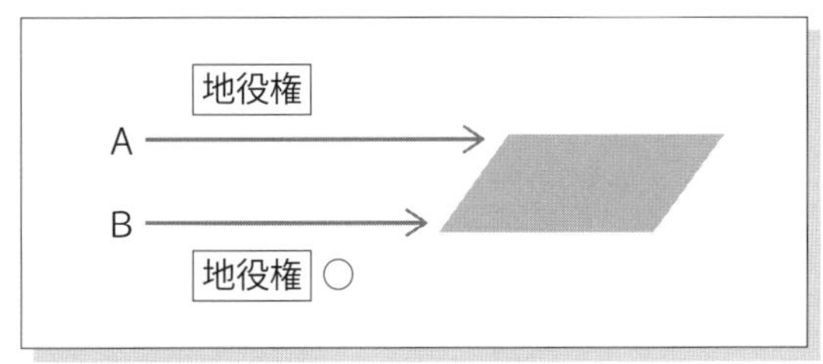

1つ地役権が付いている状態でもう1つ地役権を設定するということは、今ある地役権とはぶつかりません。

例えば、土地の左右から、その土地を通行することは可能です。

地役権は矛盾しない権利、だから2つ付けられるのです。

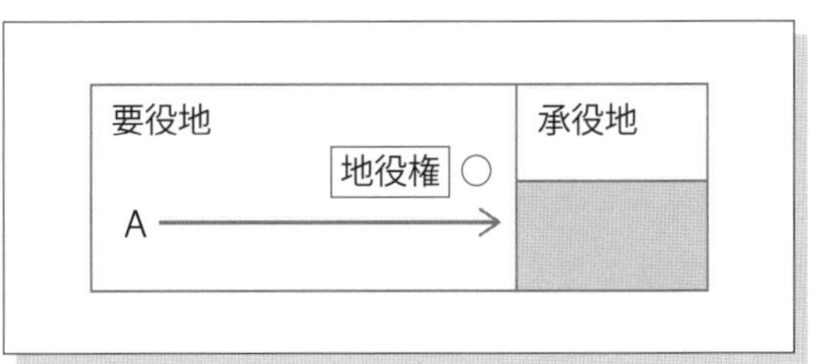

灰色の部分だけを通りたいから、そこだけに地役権を設定する、こういうことはできます。通りたいところだけに設定することができます。

覚えましょう

要役地の譲渡に伴い、地役権も当然に移転する（随伴性）
この随伴性は、設定行為で排除することが可能である（281 I但書）

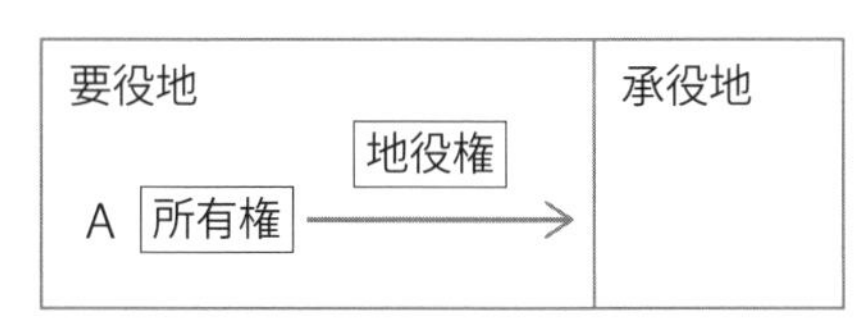

Aが要役地をCに売却した場合
→ Cは、所有権と地役権を取得する（所有権移転登記のみすれば対抗できる）

地役権は、Aが持っている権利というよりも、**所有権とくっ付いている権利**と考えましょう。要役地の価値を上げるためにあるのが地役権、そのため、要役地の所有権とくっ付いているのです。

そのため、**地役権だけを売るということはできません**。

また、**所有権を売れば、地役権は一緒にくっ付いてきます**。所有権の譲渡によって、地役権も当然に移転するのです。

そして、**所有権移転登記をすれば、「所有権移転」「地役権移転」の両方について対抗力が付きます**。**所有権移転登記があれば、「所有権と一緒に地役権もくっついていった」ことが分かるため**です。

ただ、この移転という性質は、**特約で排除できます**。

承役地の人が、「Aだから通してあげるけど、他の人では嫌」と思った場合、特約を付けておけば、所有権が移転しても、地役権が動かないようにできるのです。

覚えましょう

地役権の不可分性
要役地又は承役地が共有関係にある場合においては、地役権は要役地又は承役地の全体の上に一体として存在する

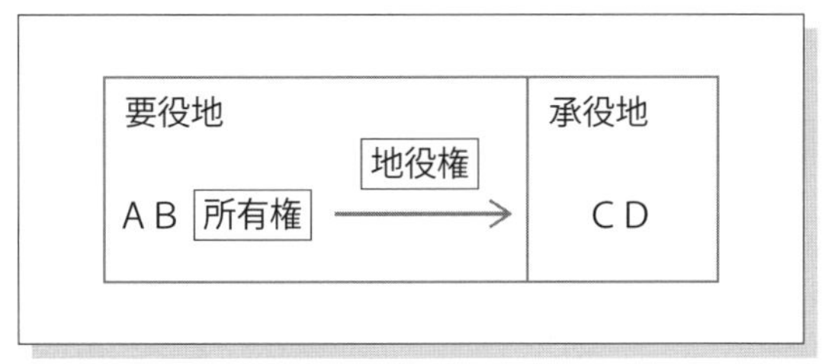

地役権には「権利すべてから権利すべてに向かう」という性質があります。
要役地が共有で、承役地が共有であれば、
ＡＢ全体の権利が地役権を持っていて、
ＣＤ全体の権利に地役権が刺さっているというイメージです。

Ｃの持分にだけ地役権がある、とか、
Ａだけが地役権を持つ、ことは許されません。

282条（地役権の不可分性）
土地の共有者の一人は、その持分につき、その土地のために又はその土地について存する地役権を消滅させることができない。

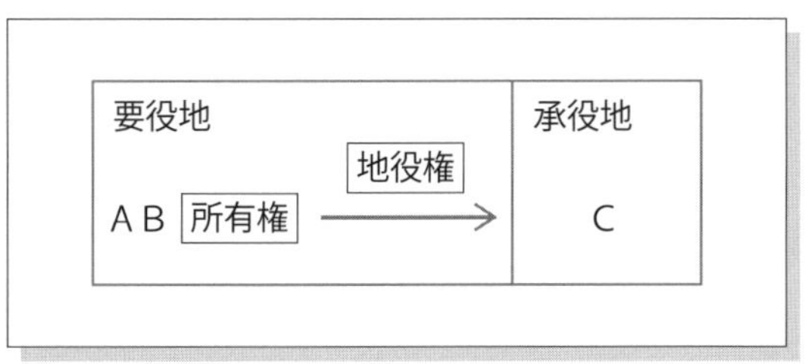

Ａの持分だけ地役権が消えると、**Ｂだけが地役権を持つことになります**。これは不可分性に反するので許されません。

292条
要役地が数人の共有に属する場合において、その一人のために時効の完成猶予又は更新があるときは、その完成猶予又は更新は、他の共有者のためにも、その効力を生ずる。

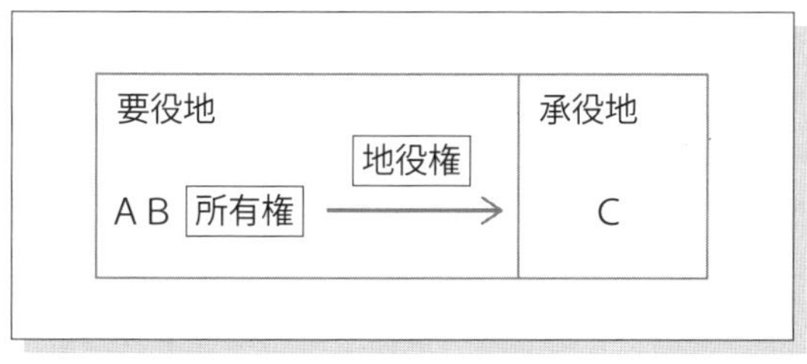

使わなくなると地役権も消滅時効で消えます。

ここで、Aだけが時効を更新する措置をとったとします。Aの地役権についてはカウントがリセットされ、Bの地役権はカウントがリセットされないとすると、Bの部分だけ地役権がなくなってしまって、**結果、Aだけが地役権を持つ状態になります**。

これは不可分性に反する状態です。

そのため、Aが時効を更新する措置をとれば、その時点でBについても時効の更新をすることにしました。

地役権と時効
地役権をできるだけ発生させる
地役権はできるだけ残す

土地同士の利用価値を上げるために、地役権は発生させる、残す方向でルールを作っているのです。

283条（地役権の時効取得）
地役権は、継続的に行使され、かつ、外形上認識することができるものに限り、時効によって取得することができる。

今度は地役権を時効取得できるという話です。

10年・20年、ずっと通っていれば、時効取得できる場合があります。

Aが承役地上に通路を開設し、10年 or 20年間通行し続けると、AはC所有地上に通行地役権を時効取得する
→　Bも地役権を時効取得する

ポイントは、道路を作ることです。**道路を作って歩き続ければ、時効取得できる**のです。夜中に裏庭をこっそり歩いているだけでは、時効取得できません。
ではなぜ、道路まで作る必要があるのでしょう。

土地の所有者に気付かせるためなのです。
道路を作る
→　所有者が「何か自分の土地を通っている者がいるぞ」と気付く
→　気付いても時効を更新する措置を取らない
→　これは権利の上に眠っていると評価できます。

夜中にこっそり歩く
→　気付けない
→　権利の上に眠っているとはいえないので、時効取得を認めるべきではありません。

284条
土地の共有者の一人が時効によって地役権を取得したときは、他の共有者も、これを取得する。

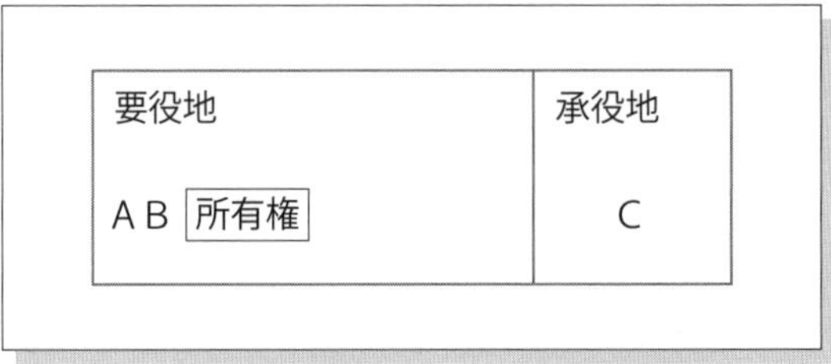

Aだけが C の土地に道路を作って歩き続けました。Aだけが10年ないし20年歩き続けたのです。ここで**Aだけが時効で地役権を取得する、これはダメ**でしたよね。

地役権はできるだけ発生させようという発想なので、この場合は、Aが時効で取得すれば、Bも通れるようになるのです。

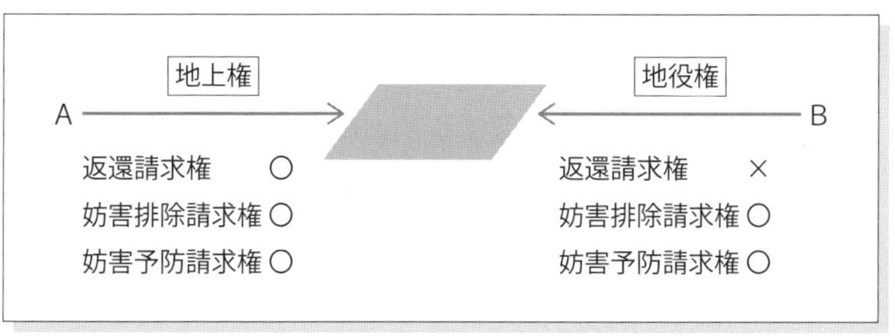

物権を持っていれば、基本的に物権的請求権があります。例えば、地上権を持っていれば、物権的請求権の3つすべてが認められます。

ただ、地役権に関しては違います。

地役権には返還請求権が認められていません。

地役権は見るだけ通るだけの権利で、その土地を占有することまではできません。だから「邪魔な人がいたら出ていけ」とか、「邪魔するな」とは言えますが、「自分に土地を渡せ」とまでは言えないのです。

1	要役地の所有権が移転した場合には、地役権の設定行為に別段の定めがない限り、地役権は要役地の所有権と共に移転し、要役地について所有権の移転の登記がされれば、地役権の移転を第三者に対抗することができる。〔24-10-オ〕	○
2	地役権は、要役地の所有権に対して随伴性を有する。しかし、設定行為で別段の定めをすれば、要役地の所有権と共に移転しないものとすることも可能である。〔16-10-3〕	○
3	要役地が数人の共有に属する場合には、共有者の一人は、自己の有する要役地の持分について地役権を消滅させることができない。〔24-10-エ〕	○
4	甲地の共有者のうちの１名が時効により乙地の上に通行地役権を取得した場合には、甲地の他の共有者もまたこれを取得する。〔57-18-4（16-10-2）〕	○
5	地役権は、一定の範囲において承役地に直接の支配を及ぼす物権であるから、地役権者は、妨害排除請求権、妨害予防請求権及び返還請求権を有する。〔16-10-5（23-12-ア）〕	×
6	承役地の上に用水地役権が設定されて登記がされても、重ねて同一の承役地の上に別の用水地役権を設定することができる。〔16-10-4〕	○
7	他人の土地を20年間通路を開設することのないまま通行した隣地の所有者は、その他人の土地について、通行地役権を時効により取得することができる。〔31-6-オ〕	×
8	通行地役権の時効取得（283条）の要件である「継続的に行使され」の要件を満たすためには、通路を開設することを要し、その開設は要役地の所有者によってされる必要がある。〔23-12-エ改題〕	○

×肢のヒトコト解説

5　地役権に返還請求権は認められません。

7　道路を作っていない通行地役権では、時効取得はできません。

2周目はここまで押さえよう

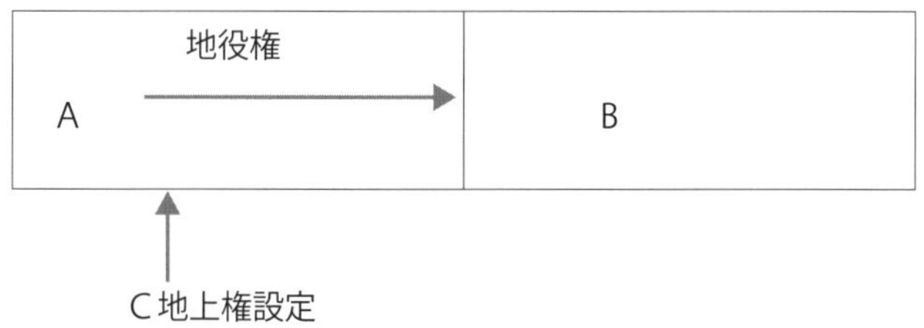

AがBの土地に地役権を設定して、Bの土地を通行しています。ここで、AがCと地上権設定契約をして、Cに土地を使わせることにしました。

この場合、Cの地上権の威力は、地役権に及びます。

つまり、Aが地役権を使って通れた状態の土地に対して地上権を設定したため、CはBの土地を通れるようになるのです（この性質は、随伴性の禁止特約を設定していない限り封じることはできません）。

1	要役地の地上権者又は賃借人は、いずれも地役権を行使することができる。〔20-12-オ（26-10-オ）〕	○
2	通行地役権の要役地の上に永小作権が設定された場合には、その永小作人は通行地役権を行使することができない。〔26-10-オ改題〕	×

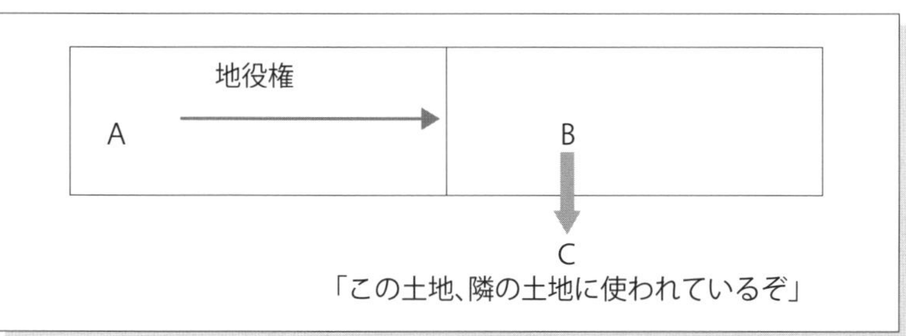

AはBの土地に地役権を設定しましたが、Aは地役権の登記をしていませんでした。

地役権の登記がなければ、承役地を買おうと思っている人は、「この土地には何の制限もついてないぞ」と信頼して買ってしまうため、Aは承役地を買った人に対して、「地役権がついていますよ」と主張することはできないのが原則です。

ただ、Cが現地を見に行った際に、「この土地、隣の土地に使われているな」と気づける（ような状態）であれば話は別です。

この場合は、何らかの負担を覚悟して買ったといえるので、Aは買った人に地役権を主張できます。

ここでのポイントは、土地を買おうとした人が

要役地の所有者によって使用されていること　の認識があれば

地役権が設定されている　という認識がなくても

対抗できるという点です（地役権というある意味マイナーな権利、普通の人は知りませんよ）。

☑ 1	A所有の甲土地のために、B所有の乙土地の一部に通行を目的とする地役権が設定され、BがDに乙土地を譲渡した。AがDに対し、登記なくして地役権を対抗するには、BがDに乙土地を譲渡した時点で、乙土地がAによって継続的に通路として使用されていることが客観的に明らかであり、かつ、Dが地役権設定の事実を認識していなければならない。〔23-12-イ改題〕	×
2	Aの所有する甲土地を承役地とし、Bの所有する乙土地を要役地とする通行地役権が設定されたが、その旨の登記がされない間に甲土地がCに譲渡された。この場合において、譲渡の時に、甲土地がBによって継続的に通路として使用されていることがその位置、形状、構造等の物理的状況から客観的に明らかであり、かつ、Cがそのことを認識していたときであっても、Cが通行地役権が設定されていることを知らなかったときは、Bは、Cに対し、通行地役権を主張することができない。〔28-7-ウ〕	×

令和7年版
根本正次のリアル実況中継
司法書士
合格ゾーン
テキスト
1民法I
講義口調で分かりやすい!
差がつく過去問論点を大幅追加

特徴
1

これで到達！ 合格ゾーン

☐ 地上権及び地役権の存続期間については、短期及び長期ともに制限はない（大判明36.11.16）。〔56-17-5（26-10-ウ）〕

★物権は支配権という強い権利であるため、期間制限が設けられないのが基本です（永小作権が例外になります）。

☐ 地役権は無償に限るとするのが判例である（大判昭12.3.10）。

〔26-10-ア（30-11-イ）〕

★判例は、地役権者はただで人の土地を使用することができるとしています（地代が取れるという条文がないためです）。ちなみに、「地役権の登記簿に、使用料を登記する」旨の不動産登記法の条文はありません。

☐ 地役権は、常に要役地と承役地の存在を前提とするが、両土地が互いに隣接している必要はない。〔62-7-3（29-10-エ）〕

★たとえば、眺望地役権などです。一つの要役地が、離れた土地を承役地にする地役権設定をすることができます。

☐ 承役地の所有者は、地役権の行使を妨げない範囲内において、その行使のために承役地の上に設けられた工作物を使用することができる（288 Ⅰ）。

〔令3-10-ウ〕

★たとえば、要役地所有者が承役地に道路を作って通行していた場合、承役地の所有者もこの道路を使うことができます。

☐ 地役権者がその権利の一部を行使しないときは、その部分のみが時効によって消滅する（293）。〔30-11-ア（20-12-エ）〕

★一筆の土地のすべてを承役地にする通行地役権を設定していた場合に、東側をずっと通らなかった場合には、その東側への地役権だけが時効で消滅することになります（使っている部分は残り、使わなかった部分が時効で消えるということです）。

☐ 設定行為又は設定後の契約により、承役地の所有者が自己の費用で地役権の行使のために工作物を設け、又はその修繕をする義務を負担した場合、承役地の所有者は、いつでも、地役権に必要な土地の部分の所有権を放棄して地役権者に移転し、当該義務を免れることができる（287・286）。〔29-10-オ〕

★地役権を設定する際に「通行する部分の道路は、承役地が修理する」という特約を結んでいました（承役地の土地の道路なので、承役地所有者があえて直したいと思った場合に、こういった特約を付けます）。ただ、あまりにも修理の回数が多く、費用がかさんだ場合は「通行する部分の道路部分の所有権は渡すので、修理の義務は勘弁してほしい」と申し出ることが可能です。

MEMO

第5編 担保物権

民法の出題のメインである担保物権に入ります。例年、最低でも4問（たいてい5問）出題される部分です。

単純暗記というより、しっかりとした理解が要求されるところですので、時間をかけて読むようにしてください。

～ここから担保物権です。債権とのからみが肝になります～

第0章 担保物権の学習にあたって

ここでは担保制度をざっくり見ていきます。
人的担保権と物的担保権の違い、そして担保物権の中の分類の仕方（用語とその意味、内容）を口で説明できるようにしましょう。

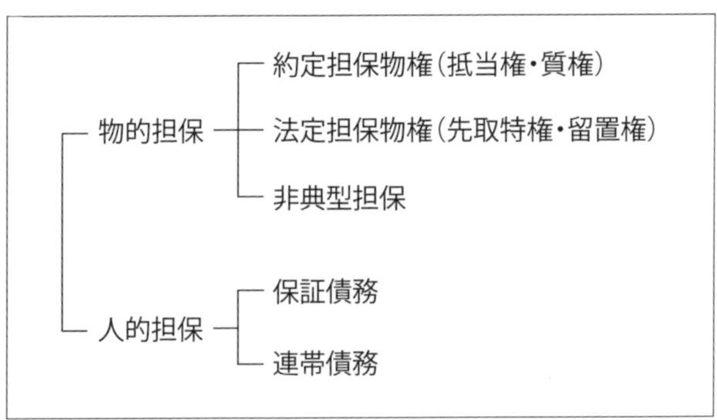

担保権の制度には、物を担保に取る物的担保と人を担保に取る人的担保があります。

人を担保に取るというのは、保証人を付けるとか連帯債務にした場合です。

これによって債権は増えます。

債権が増えるという意味では回収の可能性は高まりますが、**債権者平等原則を破ることにはなりません**。だから、担保としては弱いです。

一方、物を担保に取るということもできます。

これは**債権者平等原則を破りますので、人的担保より強い**です。

この物的担保では、契約によって発生するものと、債権が生まれれば、勝手に担保権もくっ付いてくるものがあります。

Point

約定担保物権とは、契約で設定する担保物権、
法定担保物権とは、一定の債権が発生すると、自動的に生まれるタイプの担保物権

まずはこの物的担保、一番よく出題される抵当権から見ていきます。

～「抵当権」は、物上代位権や法定地上権に変化したりもします～

第1章 抵当権

担保物権の中でも一番重要な権利です。毎年2問から3問出題されるという意味でも重要ですし、またすべての担保権を考える基本にもなっています。
論点も多く難解な点もありますが、頑張って読み込んでください。

第1節 総説

契約で設定する担保権には質権と抵当権があります。

この質権と抵当権どちらを選んだかによって、物の占有状態が大きく異なります。

まず、質権を使った場合を見ましょう。

◆ 担保権の種類 ◆

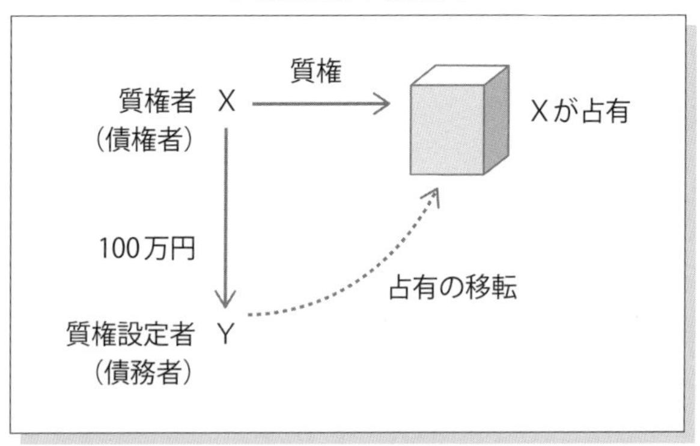

質権を設定する場合、担保権者が、この物を取り上げて権利を設定します。取り上げた質権者は物理的に支配して、心理的圧迫をかけるのです。

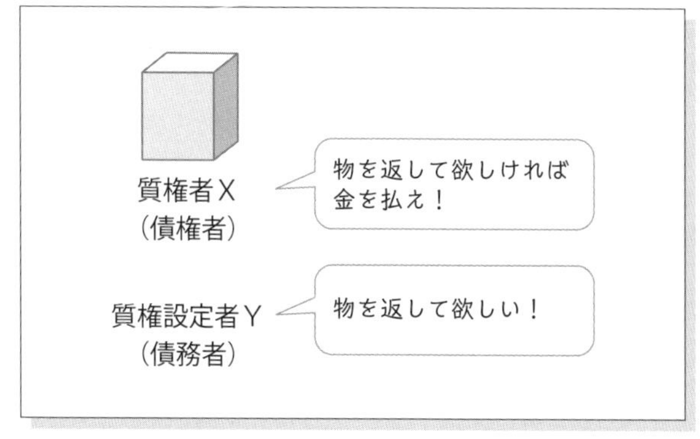

「物を返して欲しければ金を払え」こういった心理的圧迫をかけるのが質権です。

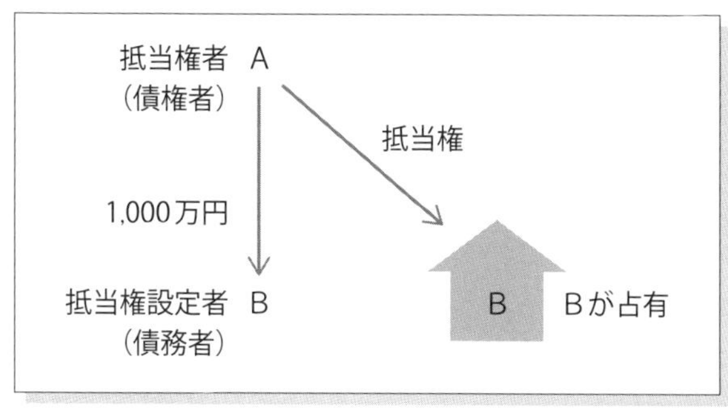

抵当権を設定した場合には、担保権者が物を取り上げません。つまり、抵当権者は物自体を支配していません。

ただ、**抵当権者は物の価値を支配します**。
具体的には抵当権の目的物を競売した場合には、その競売代金から優先して配当を受けることができるのです。

以上が契約で設定する担保権の抵当権と質権です。
どちらが多く使われているかというと、圧倒的に抵当権です。

例えば皆さんが、住宅を買うために、お金を借りて住宅に質権を設定したらどうなるかを考えてください。

お金を貸した銀行等が家を持って行ってしまい、家に住めません。

また、銀行側も、家を預かっても、管理が大変です。

こういうことから、抵当権の方が圧倒的に多く使われています。

> **369条（抵当権の内容）**
> 抵当権者は、債務者又は第三者が占有を移転しないで債務の担保に供した不動産について、他の債権者に先立って自己の債権の弁済を受ける権利を有する。

抵当権の特質が条文に現れています。

「占有を移転しないで」という言葉があります。これが「抵当権者は占有をしないよ」ということを指しています。

占有をしないということから、**抵当権者は、今の占有には口が出せません。**

また、「他の債権に先立って」と書いてあります。これが**優先配当を受けることができる**ことを意味します。

Point

抵当権の性質・効力

①約定担保物権

②非占有担保物権

③附従性・随伴性

④不可分性・物上代位性

⑤優先的効力・換価力

これは、抵当権が持っている性質です。

①②はもう説明しましたので、③以降を説明します。

覚えましょう

担保物権の効力・性質

附従性：債権が存在しなければ、担保物権も存在しない

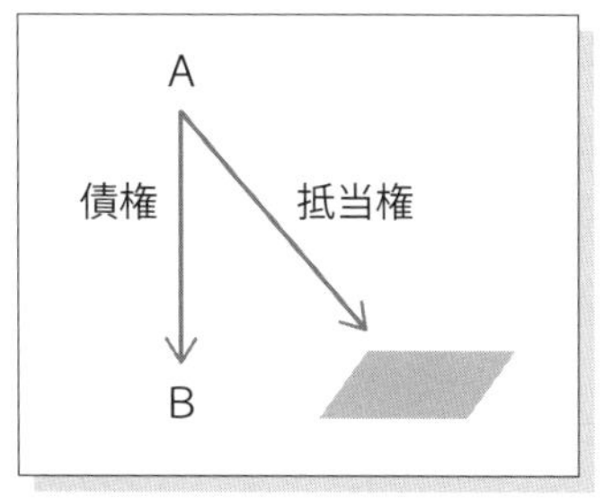

債権なければ担保なし、これが附従性です。

ＡＢの債権がなければ、抵当権は発生しません。また、一度発生しても、ＡＢの債権が消えれば、抵当権も消えます。

覚えましょう

担保物権の効力・性質

随伴性：債権が移転すれば、担保物権も移転する

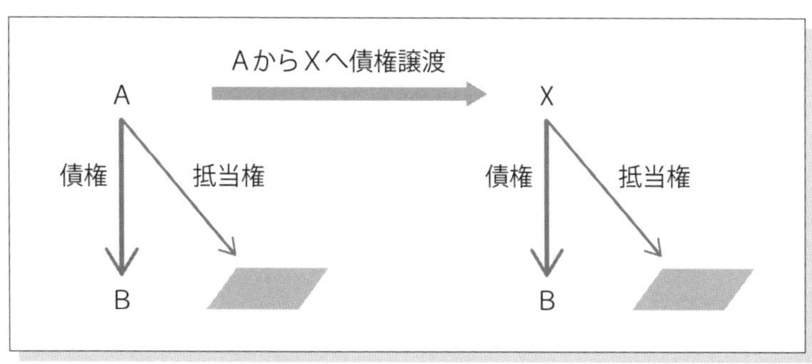

これは、債権が動けば担保も動くという性質です。

債権と抵当権は結び付いています。そのため、債権が移動すれば、抵当権も一緒にくっ付いていくのです。

担保物権の効力・性質
不可分性：債権全額を土地全体で担保する

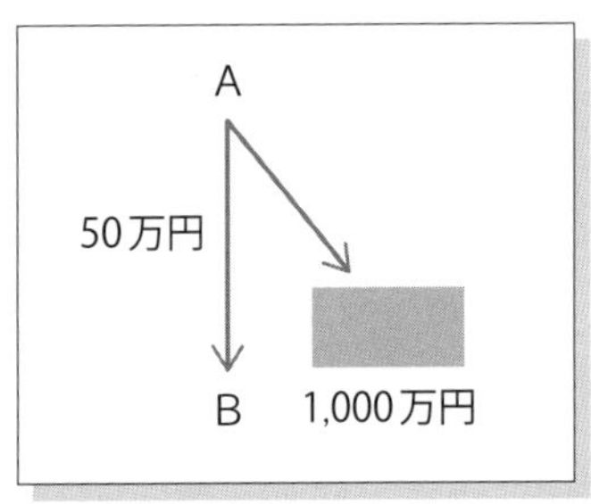

不可分性というのは、**担保の力は物全体に及んでいる**という性質です。

例えば上の図のように、50万円貸して土地（1,000万円）に抵当権を付けた場合、抵当権の支配力は土地のすべてに及びます。そのため、土地すべてを競売にかけられるのです。

ただ、その競売で回収できる金額は50万円までなのには注意してください。

担保物権の効力・性質
優先弁済的効力：優先配当を受ける効力

ここには、①競売をかけることができるという性質と共に、②優先的に配当がもらえるという性質が入っています。

以上が、抵当権の特質です。

こういった特質は担保権ごとに違い、それをまとめたのが次の表です。

◆ 物的担保の特質 ◆

	留置権	先取特権	質権	抵当権	根抵当権（確定前）	根抵当権（確定後）
法定・約定	法定	法定	約定	約定	約定	
附従性	○	○	○	○	×	○
随伴性	○	○	○	○	×	○
不可分性	○	○	○	○	○	○
物上代位性	×	○	○	○	○	○
優先弁済権	×	○	○	○	○	○
留置的効力	○	×	○	×	×	×

1つ、抵当権が持っていない性質があります。留置的効力です。

覚えましょう

担保物権の効力・性質

留置的効力：担保権者が物を占有する

「担保権者が、物を持っていられる」、これが留置的効力というものです。

先ほど見た質権にはありますが、抵当権にはこの性質はありません。

第2節 抵当権設定

どういった権利に抵当権が設定できて、どういった権利に設定できないのかを学習します。

特に賃借権の取扱いには注意をしてください。

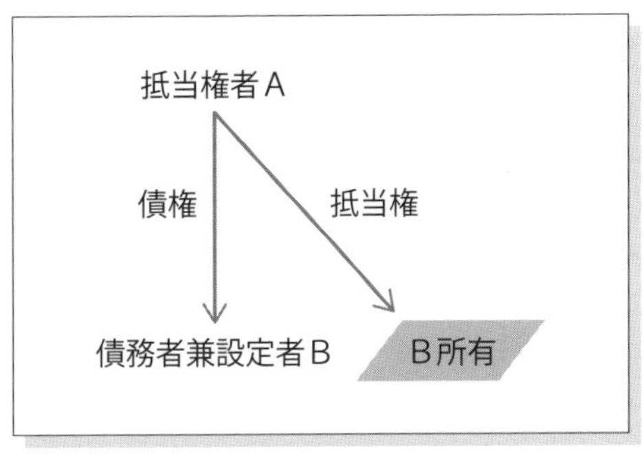

抵当権を設定する契約、これは抵当権者と土地の所有者でします。

上の図は、債務者兼設定者という状態です。

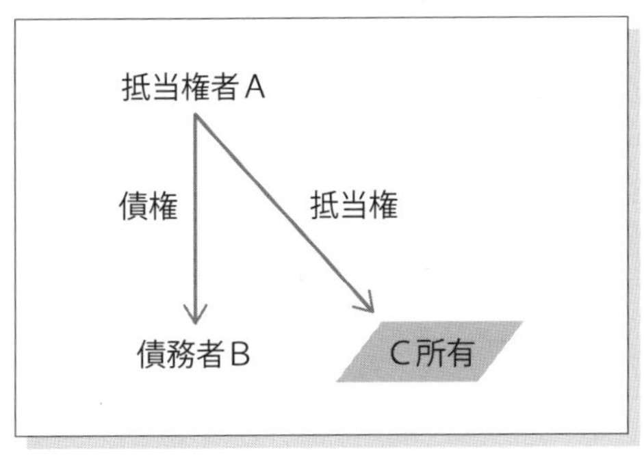

この場合に、抵当権の設定契約は、AとCで行います。

このCがいわゆる物上保証人というもので、債務はないけど責任は負うというタイプの人でした。

上の図は、抵当権を不動産に設定しています。抵当権は、所有権以外にも設定することができます。

369条（抵当権の内容）

1　抵当権者は、債務者又は第三者が占有を移転しないで債務の担保に供した不動産について、他の債権者に先立って自己の債権の弁済を受ける権利を有する。

2　地上権及び永小作権も、抵当権の目的とすることができる。この場合においては、この章の規定を準用する。

1項に「不動産」という言葉があります。ここから動産には設定できないということが分かります。

動産に担保権を設定するのであれば、基本的には質権か譲渡担保権という権利になります。

2項を見てください。地上権を持っていた場合、この地上権にも設定できると規定しています。

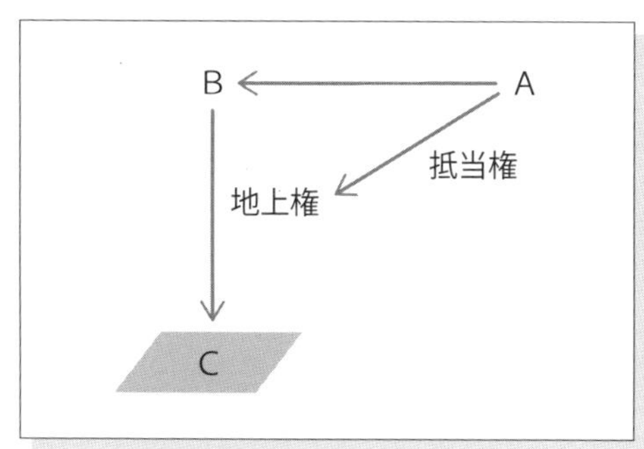

Cの土地に、Bが地上権を持っています。

Bは、この地上権に抵当権を設定することができます。

この場合、もしBが借金を返さなければ、地上権を競売にかけます。

「この土地が使える権利を誰か買いませんか」そういう形で競売にかけるわけです。

このBの権利が、永小作権だった場合も、抵当権は設定できます。

ただ、**Bが持っている権利が賃借権だと、抵当権の設定ができません。**

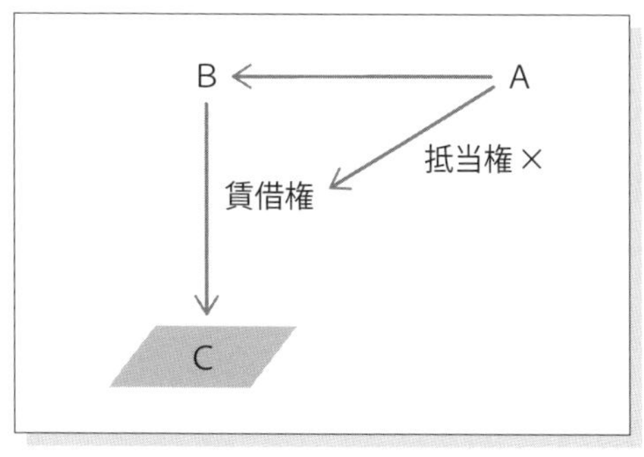

設定できる権利は所有権・地上権・永小作権までで、前記のように賃借権には付けられないのです。

第3節 抵当権の効力の及ぶ範囲

効力の及ぶ範囲、これは優先弁済が受けられる範囲と思ってください。

ここでは、価値が金銭債権に化けた時に、その債権を押さえるという物上代位が重要です。

370条(抵当権の効力の及ぶ範囲)
抵当権は、抵当地の上に存する建物を除き、その目的である不動産(以下「抵当不動産」という。)に付加して一体となっている物に及ぶ。

Point

付加一体物

○ 付合した物

× 従物

抵当権は動産に設定できませんが、動産に効力が及ぶことはあります。

例えば建物に抵当権を設定して、競売をかけた場合を考えてください。

もし動産に効力が及ばないとしたら、競売にかける時に、畳は全部剥がし、窓ガラスは全部取り、蛍光灯も全部外す、こんな状態で競売にかけることになります。

これでは売れませんよね。

抵当権は不動産にしか設定できませんが、動産にも効力が及びます。

では、どの動産にまで効力が及ぶかというと、条文が「付加して一体となっている物」という言葉を使っています。

これは、**付合した物のことを指しているというのが判例の立場**です。

付合した物、つまり不動産に合体した物です。

そのため、取外しができる従物は、付加一体物に当たらないことになります。
例えば、畳は取外しができるので付合物ではなく、従物です。
ただ、畳にも抵当権の効力が及ぶことがあるのです。

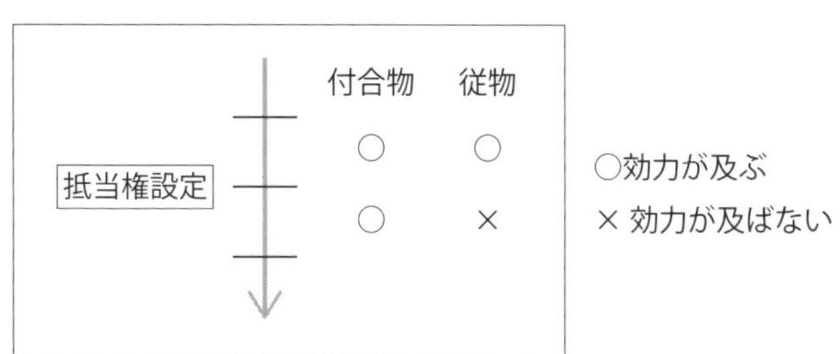

抵当権設定前からある付合物、その後に取り付けた付合物どちらにも抵当権の効力が及びます。

一方、抵当権設定前からあった従物には、抵当権の効力が及びます。これは、次の条文が根拠になります。

> **87条（主物及び従物）**
> 2　従物は、主物の処分に従う。

主物である家に抵当権を設定すると、その時家にある従物にも効力が及びます。だから**設定の時にあった畳には、抵当権の効力が及びます**。

一方、付合物、つまり合体したものについては、**いつ合体したものかを問いません**。合体したものにはもれなく効力が及びます（**370条の条文には、「いつ付加した物」という縛りがかかっていません**）。

本試験でも付合物と従物の区別を聞いてきます。

付合物と従物の区別
→　取り外しができるか、
　　取り外しができないかで分ける

以上のような観点で、判断するようにしましょう。

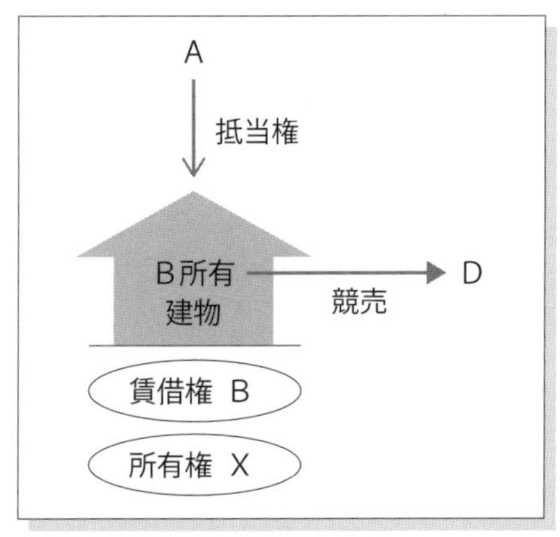

Xの土地に、Bが賃借権を設定し、家を建てています。
そして、建てた家にAが抵当権を設定しています。

主物である建物に抵当権を設定しているため、付属品の賃借権にもこの力は及びます。
そのため、この抵当権を実行して競売にかけた場合、**Dが買うものは建物所有権と土地の賃借権になります**。

建物を買ったDには、土地に対する権利があるので、不法占有とはなりません。

1	土地に設定された抵当権は、その設定前にその土地上にある石燈籠や取り外しのできる庭石には及ばない。〔5-12-イ〕	
2	賃借地上の建物に設定された抵当権は、賃貸人の承諾のない限り、当該土地賃借権には及ばない。〔オリジナル〕	×

ヒトコト解説

1 石灯籠や庭石は取り外しができるので従物です。

2 建物の従たる権利として、賃借権にも効力が及びます。

これで到達！ 合格ゾーン

☐ 抵当権者と抵当権設定者が合意すれば、抵当地の上の樹木に抵当権の効力が及ばないこととすることができる（370但書）。〔31-13-ア〕

★樹木は土地と合体する付合物です。付合物であれば、抵当権の効力が及ぶはずなのですが、融資額が低い場合には「立木には抵当権の効力は及ばない」という特約を結ぶことがあります。

371条
抵当権は、その担保する債権について不履行があったときは、その後に生じた抵当不動産の果実に及ぶ。

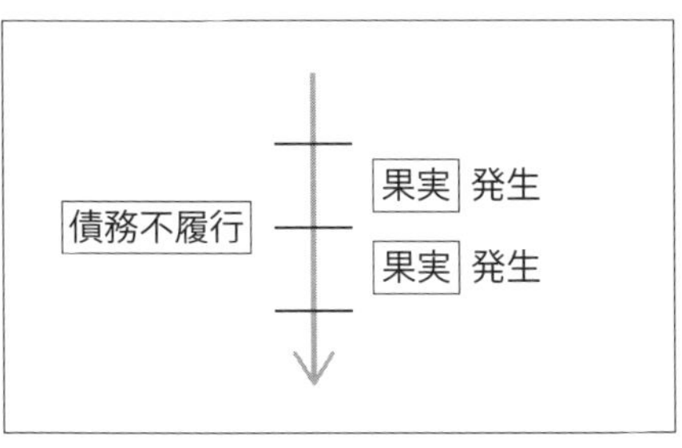

抵当権を設定した不動産に果実が生じた場合、原則として**抵当権の効力は及びません**。

抵当権者は占有をしない、つまり、**占有に口出しができないので、果実ができたとしても、取れない**のです。

ただ、債務者が債務不履行をした場合は別です。**支払いが滞れば、占有に口を出して、果実を取ることは可能**です。

372条（留置権等の規定の準用）
第296条、第304条及び第351条の規定は、抵当権について準用する。

304条（物上代位）
先取特権は、その目的物の売却、賃貸、滅失又は損傷によって債務者が受けるべき金銭その他の物に対しても、行使することができる。ただし、先取特権者は、その払渡し又は引渡しの前に差押えをしなければならない。

これが物上代位というもので、先取特権の条文を準用しています。

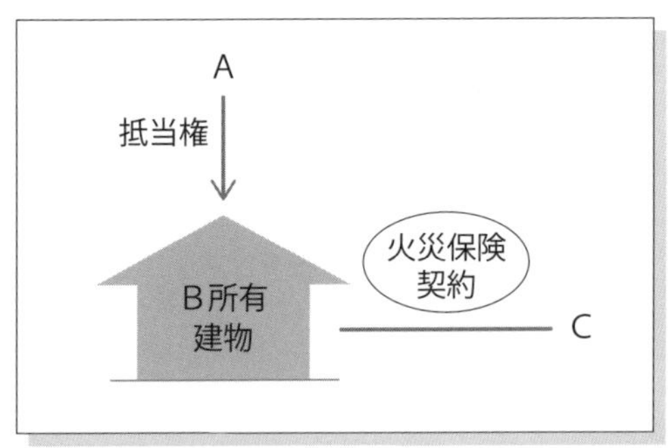

Aが建物に抵当権を設定しています。そして、その建物所有者Bは、建物について火災保険契約を結んでいました。

この後、この建物が焼失しました。

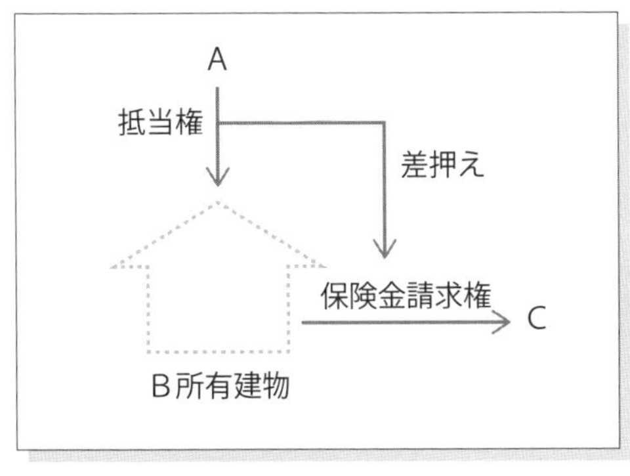

Bは家を失います。一方、Bは保険金請求権という金銭債権を持ちます。

Bのところに建物はなくなる
→ 一方、Bは金銭債権を持つ
→ **建物の価値が金銭債権に化けた**

このように考えて、抵当権の力をこの金銭債権に及ぼすことができます。
具体的には、差押えをします。
「対象にしているものが金銭債権に化けましたね。差し押さえますよ」というイメージです。
あとは、抵当権者が差し押えた保険金を請求して取ります。

抵当権者は、物理的には支配していません。
ただ、価値を支配しています。そのため、価値が金銭債権に化けたのであれば、その化けたものに対して抵当権の力を及ぼすことができるのです。
これを物上代位といいます。
価値が金銭債権に化けた場合、化けた金銭債権に効力を及ぼす法的手法です。

では、どんな金銭債権に化けた時に効力を及ぼせるのかを見ていきましょう。

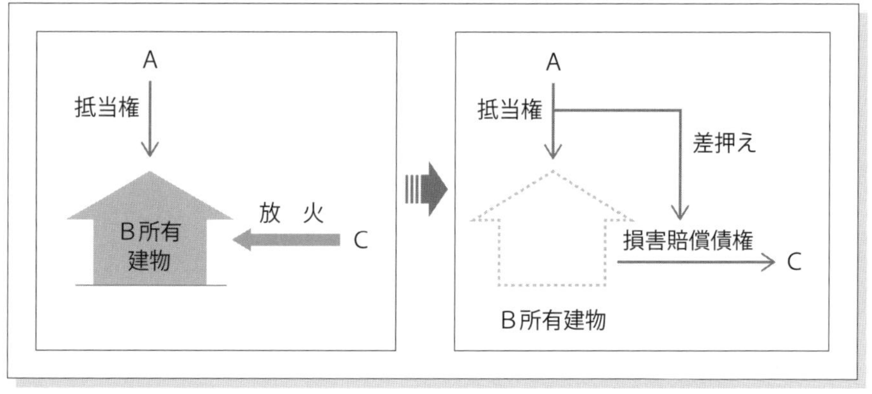

Cがこの建物を燃やしました。

これによりBのところから家がなくなります。

→　一方、BはCに対し損害賠償債権を持ちます。

→　**家の価値が化けたと考えて、差し押さえてぶんどることができます。**

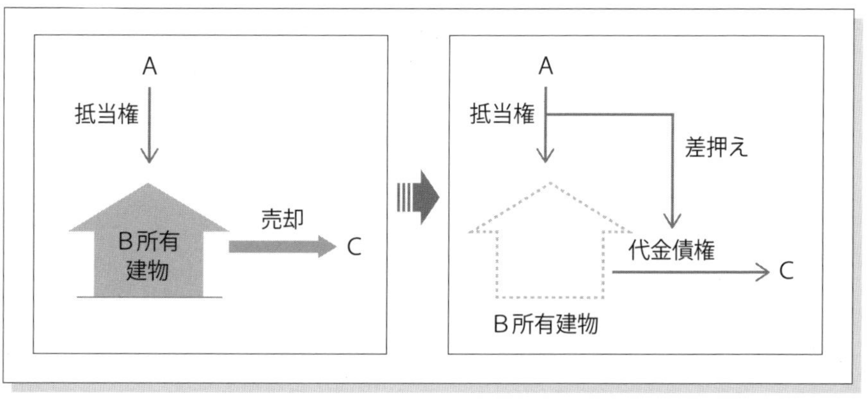

BがCに家を売りました。これによりBから家はなくなりますが、BはCに代金債権を持ちます。

ここで、**家の価値が代金債権に化けたと考えて、差し押さえてぶんどることができます。**

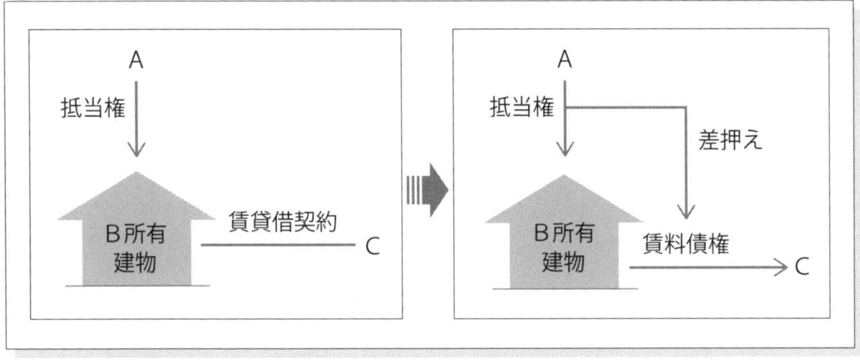

BがCに建物を貸し、Bは賃料債権を持ちます。これについても、差し押さえてぶんどることができます。

ただ、今までと違って家が残っているため、物上代位を認める理屈が難しいところです。ただ、304条には賃貸という言葉があるので、これはしょうがないと思ってください。

> **371条**
> 抵当権は、その担保する債権について不履行があったときは、その後に生じた抵当不動産の果実に及ぶ。

賃料は果実のため、物上代位をするには債務不履行後が要求されます。

抵当権者がこの賃料の物上代位をした場合、建物所有者のBは、賃料は取れないことになります。

でもしょうがありません。

借金を返さないことが悪いんですから…。

ＢがＣに賃貸し、ＣがＤに転貸しています。ここで、ＢＣの賃料債権をＡが差し押さえることができるのは間違いありません。

では、ＣＤの転貸賃料、これをＡは差し押さえることができるでしょうか。

つまり、ＡはＣに対し、「君がお金借りたでしょ、だから取られてもしょうがないんだよ」と言えるでしょうか。

言えませんよね（借りたのはＢです）。

金を借りたＢに対しては、物上代位だとは言えますが、Ｃについては言えません。そのため、**転貸賃料については、物上代位ができない**のです。

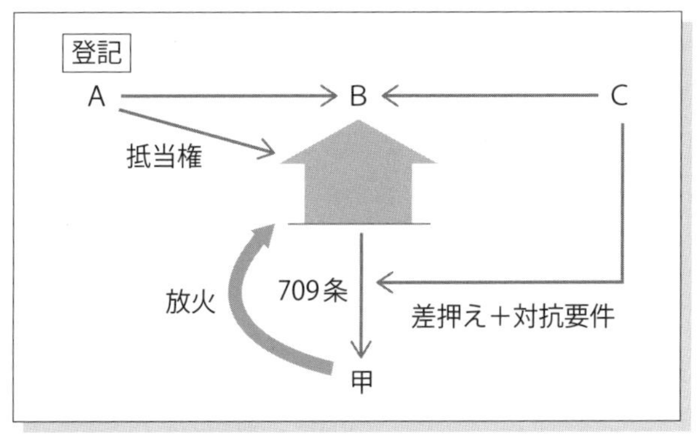

抵当権を設定した物を甲が燃やしたため、Ｂから甲に損害賠償債権が発生しています。

この損害賠償債権を、Ｂの他の債権者Ｃが見つけたのです。

そこで、このＣが損害賠償債権を差し押さえて、ぶんどろうとしています。片や、Ａは物上代位を狙っています。

この場合、**Ａが勝ち**ます。

Ａは家の価値を押さえているので、その価値が化けても、やはりこれはＡのモノです。

だから、「**損害賠償債権はＡのもの**」と思ってください。

ちなみに価値を押さえたといえるのは、契約の時ではなく、登記の時です。

登記をすることによって、
「自分は抵当権者だと主張できる」
→「自分が優先できると主張できる」
→「自分は価値を押さえた」という主張ができる状態になるので、その後であれば、化けたものは全部おれのものだと主張できます。

第三者との優劣決定	差押えの趣旨
抵当権登記を基準	第三債務者保護

Cとの優先関係は、**Cが対抗要件を備えるのが先か、Aが登記をするのが先かで決まります**。
抵当権の設定契約をしたらすぐ登記しますので、まず、Aが勝ちます。

そう考えると、このケースでは、もう差押えしなくていいんじゃないかと思うところです。
ただ、**差押えは必要**です。

これは、第三債務者の甲の保護のためです。
差押えが来ると、甲にも連絡がいくようになっています。それによって、**第三債務者は、どちらに払えばいいかわかるようになる**のです。

差押えの連絡があった場合

差押えの連絡がなかった場合

このように第三債務者甲がどっちに払えばいいかを分からせるために、物上代位をしたければ差押えをすることを要求しています。

問題を解いて確認しよう

1	A所有の建物についてBが抵当権を設定した後に、Aがその建物をCに賃貸して引き渡した場合、AのCに対する賃料請求権については、Bは、抵当権を行うことができない。〔8-15-3〕	×
2	Aが所有する建物について、Bが、Aに対して有する債権を被担保債権とする抵当権の設定を受けてその登記をした後、Cが当該建物を賃借した。さらにCが建物をEに転貸した場合、Cを建物の所有者と同視することができるようなときを除き、Bは、CのEに対する賃料債権について物上代位権を行使することはできない。〔23-13-ウ〕	○
3	第三者が抵当権の目的物である不動産を損傷させ、これが不法行為となるときは、抵当権者は、不動産所有者の有する損害賠償請求権に物上代位することができる。〔9-12-4〕	○
4	建物を目的とする抵当権の抵当権者は、その建物の賃料債権が譲渡され、第三者に対する対抗要件が備えられた後であっても、その賃料債権を差し押さえて物上代位権を行使することができる。〔17-14-ウ（23-13-エ、26-12-オ）〕	○
5	Aが所有する建物について、Bが、Aに対して有する債権を被担保債権とする抵当権の設定を受けてその登記をした後、Cが当該建物を賃借した。Bは、抵当権の被担保債権についてAに債務不履行があるか否かにかかわらず、AのCに対する賃料債権について物上代位権を行使することができる。〔23-13-オ（令3-13-ウ）〕	×

×肢のヒトコト解説

1 賃料債権に対しても、物上代位をすることは可能です。

5 賃料は果実なので、債務不履行にならないと抵当権の効力は及びません。

2周目はここまで押さえよう

＜買戻し前＞

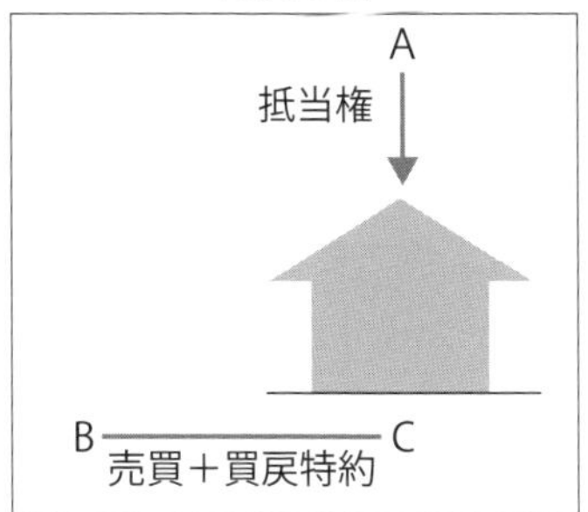

＜買戻権の行使後＞

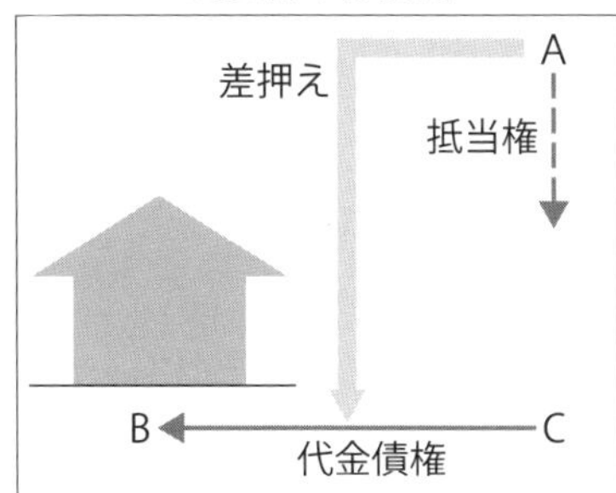

BがCに建物を売る際に、買戻しが出来る特約を付けました（買戻し特約の話です。本書のシリーズでは不動産登記法Ⅰで学習する内容です）。

買主のCは、Aからお金を借りて抵当権を設定したようです。

ここで、Bが買戻権を行使しました。すると、所有権はCからBに戻り、抵当権は消滅することになります。

これで終わりでは、Aは貸したお金が回収できません。

そこで、Aは「Cのところから家がなくなった　→　代金債権が生まれた　→　家の価値が代金債権に化けた」という理論構成のもと、物上代位をするのです。

☑ 1	買戻特約付売買の買主Aから目的不動産につき抵当権の設定を受けたBは、売主Cの買戻権の行使によってAが取得した買戻代金債権について、物上代位権を行使することができる。〔25-12-3〕	○

◆ 物上代位の比較 ◆

	抵当権の場合	動産に対する先取特権の場合
イメージ	A→B、抵当権、B→甲	A→B、先取特権、B→甲
一般債権者による差押えとの優劣関係	対抗関係 （最判平10.3.26）	物上代位○ （最判昭60.7.19）
債権譲渡との関係	対抗関係 （最判平10.1.30）	物上代位× （最判平17.2.22）

物の価値が、何らかの債権に化けました（上記の図でいうとB甲の債権です）。

この債権に対して、担保権者以外の方が差し押さえた場合、担保権者以外の方が債権譲渡を受けた場合、

担保権者　ＶＳ　差し押さえた債権者

担保権者　ＶＳ　債権譲渡の譲受人　の優劣はどうなるでしょう。

抵当権の場合は、抵当権を登記することによって「価値を押さえた」ことを公示できているので、「その価値が化けたものに、抵当権の力を及ぼし」ても問題ありません。先に登記していれば（通常、抵当権はすぐに登記します）一律、抵当権者の勝ちになります。

一方、動産に対する先取特権は、動産が対象であるため登記ができません。そのため、抵当権のような処理ではなく、

差押えの場合は、物上代位の勝ち

債権譲渡までした強い利害をもった人に対しては、物上代位の負け

という処理にしています。

☑ 1	AがBに甲動産を売り渡し、BがCに甲動産を転売した後、BがCに対する転売代金債権をDに譲渡し、その債権譲渡について、第三者に対する対抗要件が備えられた。この場合において、Aは、動産売買の先取特権に基づき、当該転売代金債権を差し押さえて、物上代位権を行使することができる。〔24-11-エ〕	×
2	動産売買の先取特権者Aは、物上代位の目的となる債権につき一般債権者Bが差押命令を取得したにとどまる場合には、当該債権を差し押さえて物上代位権を行使することを妨げられない。〔25-12-1〕	○

これで到達！ 合格ゾーン

□ 転付命令に係る金銭債権が、抵当権の物上代位の目的となり得る場合であっても、転付命令が第三債務者に送達される時までに抵当権者が被転付債権の差押えをしなかったときは、転付命令が優先され、抵当権者が被転付債権について抵当権の効力を主張することはできない（最判平14.3.12）。

★①抵当権の登記→②転付命令→③転付命令の送達→④物上代位の差押えという事実関係の流れです。③の後に、差押えがされているため、民事執行法159条3項により転付命令の勝ちになります。

□ 敷金が授受された賃貸借契約が終了し、目的物が明け渡されたときは、抵当権者が物上代位権を行使し差し押えた賃料債権は、敷金の充当によりその限度で当然に消滅する（622の2、最判平14.3.28）。

〔24-13-オ（28-12-オ、29-18-ウ）〕

★賃料債権は本来物上代位の対象になります。ただ、賃貸人が敷金という担保を取っている場合は、その担保が優先されます。

☐ Aが自己所有の不動産にCのために抵当権を設定し、その旨の登記をした後に、当該不動産をBに賃貸した場合において、Bは、抵当権者Cが物上代位権を行使して賃料債権の差押えをする前は、抵当権の設定の登記の後にAに対して取得した債権と賃料債権との相殺をもって、Cに対抗することができる（最判平13.3.13参照）。〔25-12-イ〕

★賃貸物件から発生した賃料債権に、物上代位権の行使としての差押えがされた場合、抵当権の効力は賃料債権に及びます。一方、差押えがされていない（物上代位がされていない）場合に、賃借人がその賃料債権を使って相殺することは可能です。

375条（抵当権の被担保債権の範囲）
抵当権者は、利息その他の定期金を請求する権利を有するときは、その満期となった最後の2年分についてのみ、その抵当権を行使することができる。

元本　1,000万円
利息　100万円・100万円・100万円・100万円

ある1番抵当権の今の債務額の状況です。元本が1,000万円で、利息が4年分溜まっていると思ってください。

①2番抵当権に優先できるのは？
→　1,200万円まで

2番抵当権に優先できるのは、元本は全額ですが、利息については2年分だけです。

2番、3番抵当権のために
資産価値は残しておきなさい

不動産は価値が高いので、2番、3番といくつも抵当権が付く可能性があります。

ここで1番抵当権が利息を満額持っていったら、2番、3番が取りっぱぐれます（例えば住宅ローンでは、35年ローンとかあります。35年分の利息を全部持っていったら、2番、3番の残りは非常に少なくなるでしょう）。

これでは**2番、3番で抵当権を設定する人がいなくなってしまいます。**

そこで、**利息は2年分までとして、2番、3番…と抵当権を設定しやすくしている**のです。

②債務額は？ →　1,400万円

ここで債務者が払わなくてはいけない債務額は1,400万円です。

一方、競売がされた時に他の債権者に優先できるのは1,200万円までです（つまり、200万円は無担保債権という扱いです）。

払うべき債務額と他の債権者に優先できる額が違うのです。

問題を解いて確認しよう

1	抵当権の被担保債権のうち利息の請求権が2年分を超えた場合には、特別の登記がされない限り、債務者が元本及び満期となった最後の2年分の利息を支払ったときに、当該抵当権は消滅する。〔18-16-エ〕	×

ヒトコト解説

1　債務額は元本及び利息全額となります。元本及び満期となった最後の2年分の利息を払っても、抵当権は消滅しません。

第4節 抵当権と利用権との調和を図る制度

法定地上権という制度がメインテーマです。

制度趣旨を押さえることはもちろんですが、それ以上に要件をしっかり覚えてあてはめるという作業が重要です。理屈は後回しにしてでも、要件を覚えることを最優先にしてください。

> **388条（法定地上権）**
> 土地及びその上に存する建物が同一の所有者に属する場合において、その土地又は建物につき抵当権が設定され、その実行により所有者を異にするに至ったときは、その建物について、地上権が設定されたものとみなす。この場合において、地代は、当事者の請求により、裁判所が定める。

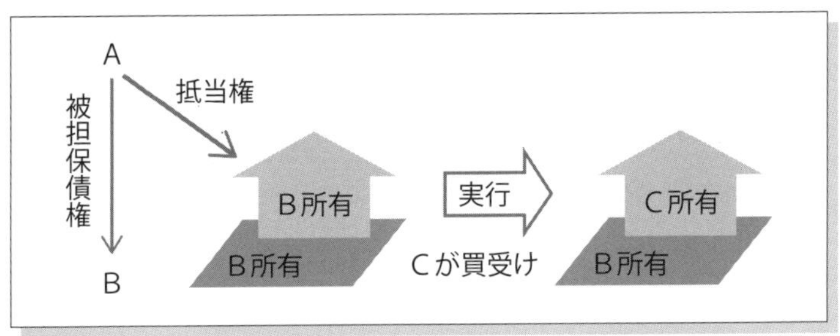

B所有の土地の上にB所有の建物があります。建物にAが抵当権を設定していました。ここで、建物について抵当権の実行がされ、Cが買いました。

気を付けて欲しいのは、建物の所有権を買っても、土地の所有権は、付属品で付いてこないということです。

賃借権などがあれば付属品としてくっ付いていきますが、土地の所有権は付属品でくっ付いていきません。

そのため、**Cは、土地の権利が全くない不法占拠状態になる**のです。

このままでは、土地所有者から物権的請求権を受け、**せっかく買っても、建物が取り壊しになります**。

そこで388条という条文を作りました。

競売によって、Cは、建物所有権を取得するだけでなく、
自動的に土地の権利、地上権を持つ、と扱うことにしたのです。

建物の取り壊しを防ぎたい
地上権を発生させて、不法占拠でなくしたい

これが法定地上権という制度趣旨です。
そして、この地上権が発生するには、要件が4つあります。

覚えましょう

法定地上権成立の要件
①抵当権設定当時、土地上に建物が存在すること
②抵当権設定当時、土地と建物が同一人所有であること
③土地・建物のいずれか一方又は双方に抵当権が設定されたこと
④競売により土地と建物が別人所有となったこと

この要件4つは、しっかり覚えてください。
出題の9割以上が、「法定地上権が発生するかどうか」になっていて、その問題のほとんどが上記の要件で判断できます。

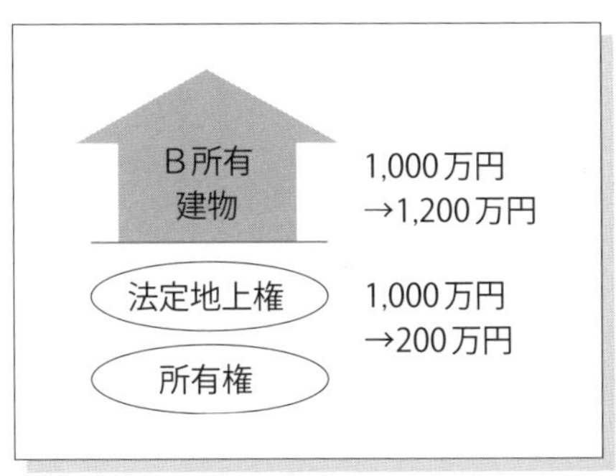

法定地上権が発生すると建物と土地の評価が変わってきます。
建物は強い権利を持つことになるので、**価値が上がります**。

一方、土地は、地上権という強い権利の負担を受けるので**大下落する**のです。

資産価値が大変わりしてしまう、ということから、予測ができないとみんなが迷惑します。判例は基本的にこの4つの要件をクリアした時だけ認める、クリアできなければ認めないという方向の解釈になっていると私は考えています。

だから要件をしっかりと（特に①②）覚えてください。

では、事例ごとに法定地上権が成立するかしないかを見ていきましょう。

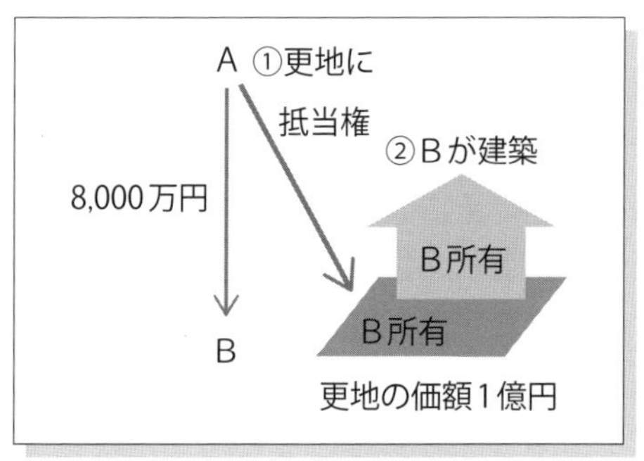

更地に抵当権を設定した後に、Bが家を建てています。

ここで抵当権を実行したら、法定地上権は成立するのでしょうか。

先ほどの要件をあてはめると、抵当権設定当時、土地の上に建物がないため、要件を満たしていません。そのため、**法定地上権は成立しない**ことになります。

では、なぜ成立しないのでしょう。

Aは、更地だと思って8,000万円貸しています。

ここで法定地上権が成立すれば、土地の価値は大下落することになります（例えば、2,000万円ほどに落ちることもあります）。

これでは、抵当権者は、自分の貸したお金が回収できなくなってしまいます。

抵当権者の債権回収のため、法定地上権を成立させないのです。

ただ、法定地上権が成立しないということは、建物が取り壊しになってしまうのではないかと思うところです。そこで、1つ条文が用意されています。

> **389条（抵当地の上の建物の競売）**
> 抵当権の設定後に抵当地に建物が築造されたときは、抵当権者は、土地とともにその建物を競売することができる。ただし、その優先権は、土地の代価についてのみ行使することができる。

今回のケース、抵当権は土地にしか付いていないのですが、競売自体は、土地建物、両方とも一気に競売にかけます。
一気に競売にかけて、両方とも買ってくれる人にしか売りません。

土地建物をAさんが買ったのであれば、土地建物の所有者が共にAになるので、建物の取り壊しをしないで済みます。

ちなみに、競売は土地建物の両方にできますが、**抵当権者が優先的に配当がもらえるのは、抵当権の付いている土地だけ**です。

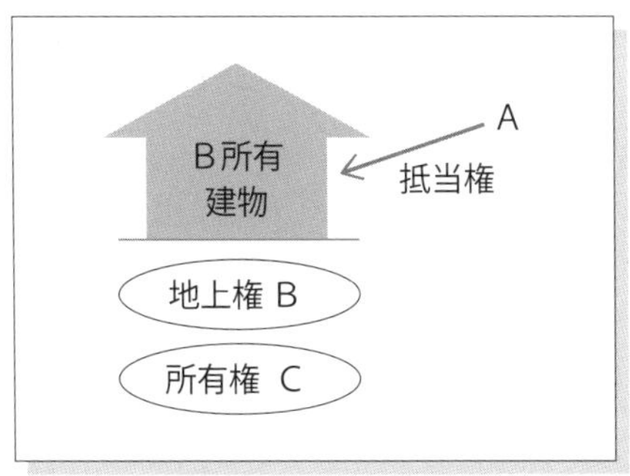

上記の状態も要件をクリアしていないので、**法定地上権は不成立となります。**

では不成立で問題がないのか、取り壊しにならないのでしょうか。
ここで、建物が競売されたらどうなるかを見てみましょう。

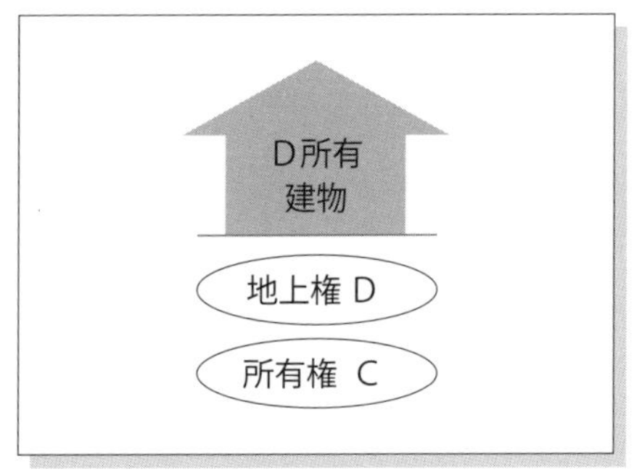

建物が競売されれば、付属品である地上権も一緒にくっ付いてきます。

そのため、建物所有者が付属品で地上権も持つことになります。

不法占拠にならないため、取り壊しにはなりません。そのため、法定地上権は不要ですね。

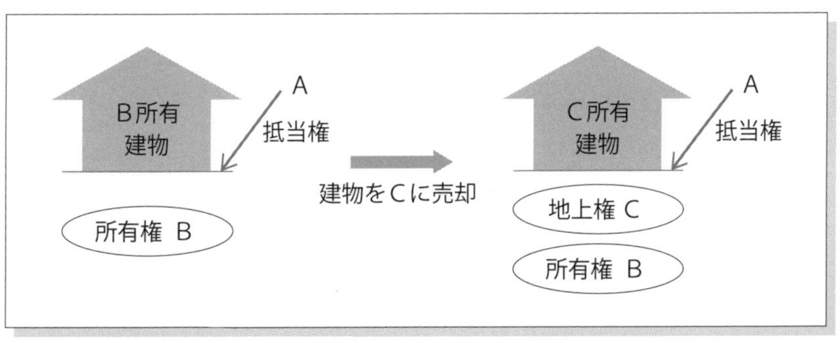

初めの状態は法定地上権の要件を満たしています。

そのあと、Bは建物をCに売っていますが、通常は、ここで地上権設定契約をします。そうしないと、Cは不法占有者になるからです。

ここで抵当権を実行されて、土地の競売がされたら、どういう権利関係になるのでしょうか。

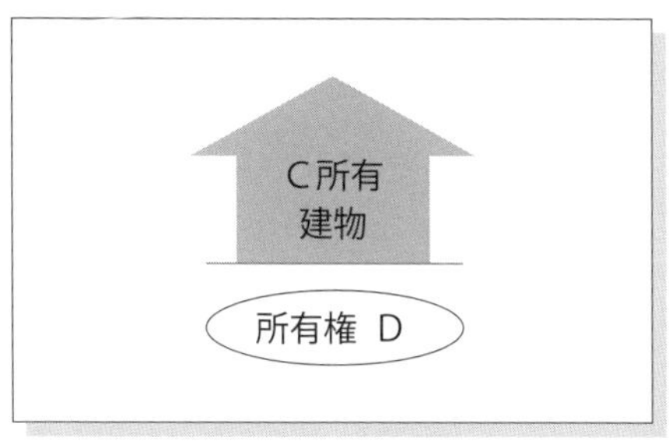

土地の所有者が競売によってDに変わります。そして、地上権自体が消えます。地上権は抵当権の後に入っているため、抵当権の後に入った権利は、抵当権実行によって消されてしまうのです。

このままでは、**土地所有者がDで、Cの建物が何の権利もなく建っている、不法占拠の状態になってしまいます**。

そこで、この場合、**法定地上権が成立する**という結論になるのです。

いろんなことを説明しましたが

抵当権設定当時は、法定地上権の要件をクリアしているのです。

だからその後にいかなる変動があったとしても、法定地上権は成立するのです。

ここからは要件だけでは切れない事例を説明します。これから出す**事例は覚えてください**。

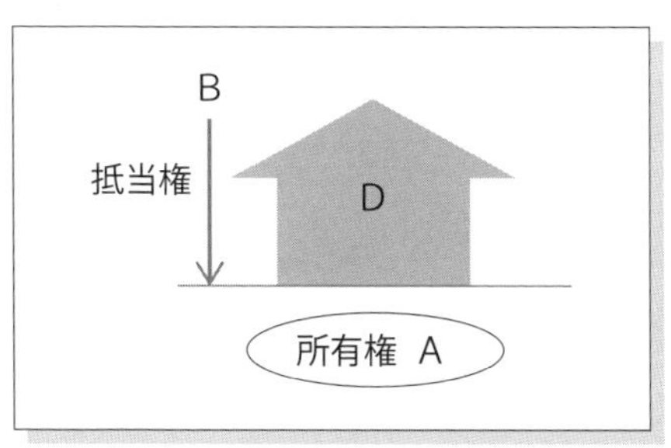

土地にBが抵当権を設定していますが、要件をクリアしていませんね。

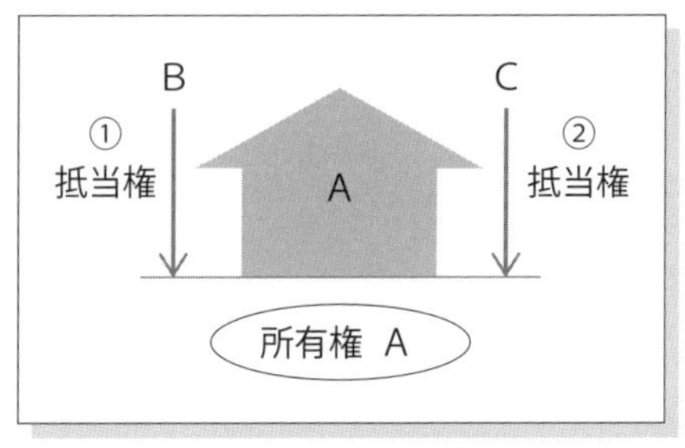

この後、建物をAに売って、Cが土地に抵当権を設定しました（Cが、2番抵当権者となります）。この2番抵当権だけで見ると、法定地上権の要件をクリアしています。

1番の抵当権設定時では要件をクリアしていませんが、2番の抵当権設定時には、要件をクリアしています。

こういった場合は、**1番抵当権者の利益で考えます**。法定地上権が成立することで、1番抵当権者が得するかどうかで考えるのです。

もし法定地上権が成立すれば、土地の価値は、大下落します。

すると1番抵当権者は、自分が抵当権を付けている土地の資産評価が下がるので、不利益を受けます。

だから、**法定地上権は不成立**という結論になります。

（こういった理由から、もしこのあと、**1番抵当権が消滅**し、順位が上昇した2番抵当権が実行されたときは、法定地上権が成立することになります）

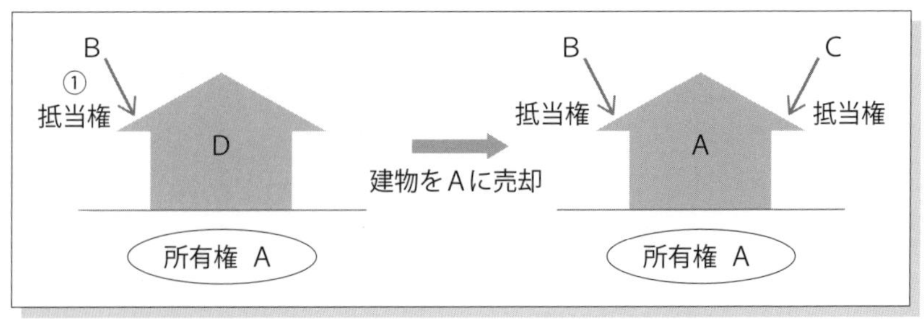

さっきとほぼ同じ流れで、Bの1番抵当権が、建物に付いていたという場合で

す。

この場合は、法定地上権が成立すると、建物の価値は上がります。

抵当権の対象の建物の**資産価値が上がるとなれば、１番抵当権者のＢは喜ぶ**ので、**法定地上権は成立という結論**になります。

次は土地建物が共有状態で、抵当権を設定した場合を見ます。

○がついているところに抵当権が設定されていると思って、見てください。

◆ 共有物件において、法定地上権が成立するか ◆

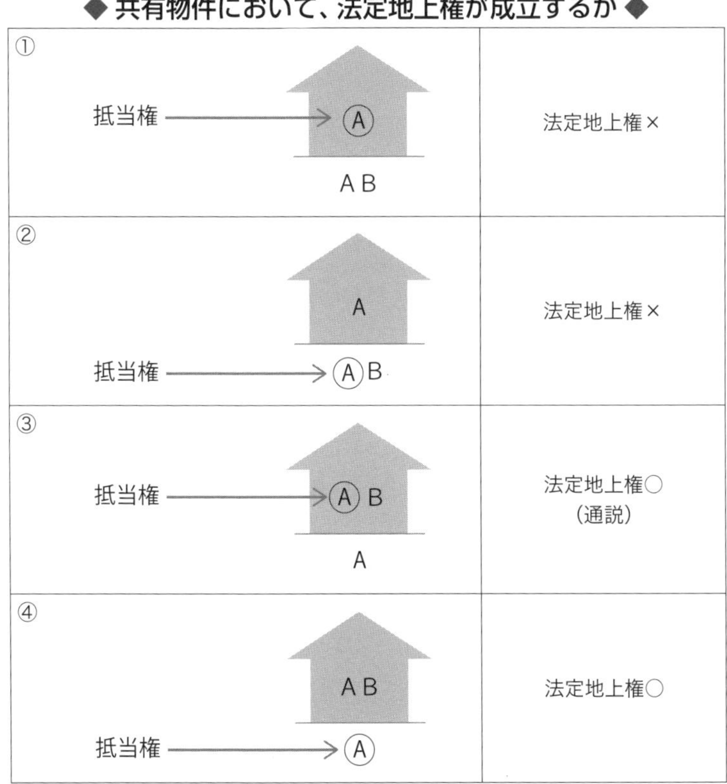

①②の事例について（土地共有の場合）

Ａだけで考えれば、法定地上権の成立要件を満たしています。

でもＢまで含めると、法定地上権の要件をクリアしているようには見えません。

ここは「**法定地上権が成立したら、抵当権を設定してないＢが迷惑を受ける**

か」という観点で見てください。

Bが土地所有者の場合は、Bは大迷惑を受けます。

法定地上権が成立すると、自分の土地の資産評価が下がるからです。この場合は、Bの迷惑を考えて、**不成立としています**。

③④の事例について（建物共有の場合）

法定地上権が成立することによって、資産評価が上がるため、建物所有者のBは喜びます。そのため、**法定地上権は成立という結論**になります。

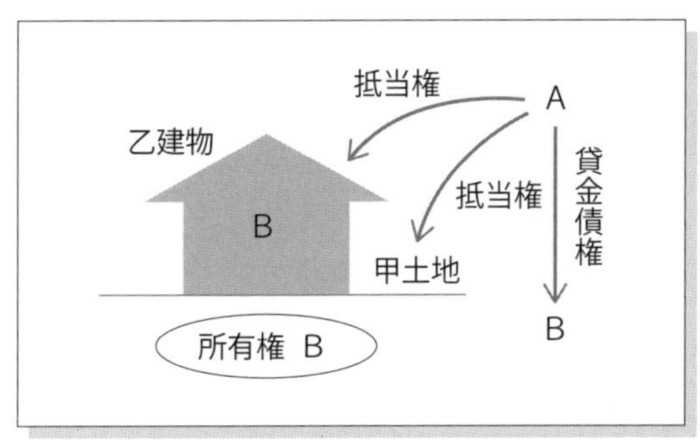

AがBにお金を貸して、土地と建物両方に抵当権を設定しました。

こういうのを共同抵当権といいます（抵当権が2つの不動産に付けられている場合を指します）。

このとき、土地建物、両方とも所有者がBだったので、Aは、法定地上権が成立するものとして資産評価をしました。

建物の価値が1,000万円、土地の価値が1,000万円

→　法定地上権が成立すれば、建物の価値が1,200万円、土地の価値が200万円まで下落する。

上記のように考え、AはBに1,000万円を融資しました。

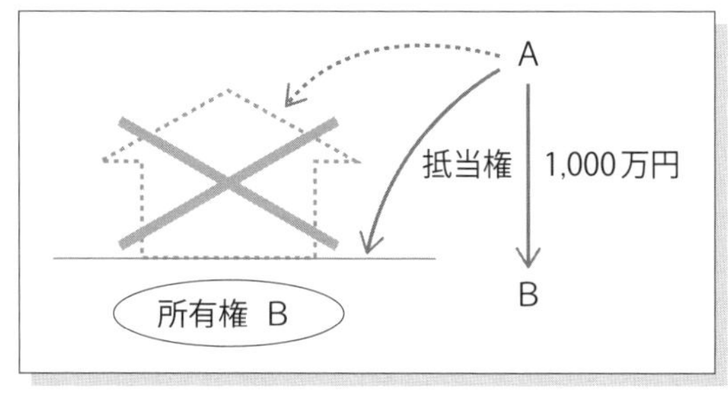

建物が壊れてなくなったようです。

すると抵当権者Aは、貸し付けた金額は1,000万円なので、**土地を更地として1,000万円の価値があるものとして評価したい**と考えます。

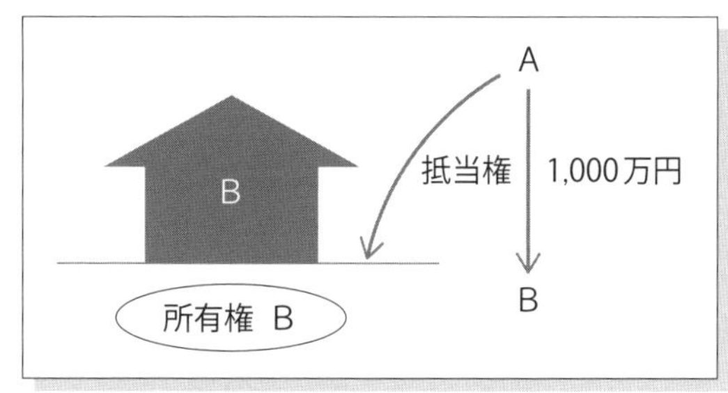

その後ですが、Bが新しい建物を建てました（ここにはAの抵当権は設定していません）。

ここで土地の抵当権を実行した場合、法定地上権が成立するのでしょうか。

法定地上権が成立すれば、土地の価値は200万円の評価になります。

貸し付けた金額は1,000万円なので、**法定地上権が成立すれば、Aはお金の回収ができなくなります**。

Aのお金が回収できなくなる、という不利益を考え、**法定地上権は、不成立としました**。

以上で、法定地上権は終了です。

下記の事例以外は、要件のあてはめだけをしましょう。
①2番抵当権設定時に要件を満たす場合
②土地建物共有の場合
③共同抵当権で再築事案の場合

基本的には要件で切れますが、要件だけで判断できないものが3つあります。

この3つは要件で切れませんが、他の事案が出たら要件だけで成立、不成立を判断するようにしてください。

問題を解いて確認しよう

1	Aは、甲土地及びその土地上に存在する乙建物を所有し、甲土地にBのための抵当権を設定した。この場合において、A及びBの間で、将来抵当権が実行されても、乙建物のための法定地上権を成立させない旨の特約をしたときであっても、法定地上権が成立する。〔17-15-オ（21-14-ア、令4-12-ア）〕	○
2	更地を所有している甲が、更地に抵当権を設定した後、抵当権者の承諾を得て更地の上に建物を建築した場合において、競売により乙が土地を買い受けたときは、法定地上権は成立しない。〔元-11-イ（12-16-4、17-15-ア、21-14-エ）〕	○
3	A所有の更地である甲土地に第1順位の抵当権が設定された後、甲土地上にA所有の乙建物が建築され、次に、甲土地に第2順位の抵当権が設定された。その後、第2順位の抵当権の実行によって、Bが甲土地を取得した場合、法定地上権が成立する。〔16-16-ア（23-14-ア）〕	×
4	Aが所有する土地及び同土地上の建物双方について、Bのために共同抵当権が設定された後、当該建物が取り壊され、建物が再築されたが、当該新築建物には抵当権は設定されなかった場合、土地のみについて抵当権が実行されてCが買受人となったとき、法定地上権が成立する。〔21-14-オ改題〕	×
5	Bが、借地上の自己所有の建物について、Aのために抵当権を設定した後、競売の申立て前に敷地の所有権を取得した。この場合に、抵当権者Aの申立てによる競売によって、土地と建物の所有者が異なるに至ったときは、法定地上権が成立する。〔6-13-イ（元-11-オ、4-19-オ、25-14-ア）〕	×

6	B単独所有の土地上にB・C共有の建物がある場合に、Bが土地についてAのために抵当権を設定した。この場合に、抵当権者Aの申立てによる競売によって、土地と建物の所有者が異なるに至ったときは、法定地上権が成立する。〔16-16-イ改題（6-13-ア、12-16-5）〕	○
7	A所有の甲土地上にB所有の乙建物があった場合において、AがCのために甲土地に第1順位の抵当権を設定した後、Aが乙建物の所有権を取得し、その後、AがDのために甲土地に第2順位の抵当権を設定したものの、Cの抵当権がその設定契約の解除により消滅したときは、Dの抵当権が実行され、Eが競落したとしても、乙建物について法定地上権は成立しない。〔25-14-イ〕	×

×肢のヒトコト解説

3　1番抵当権者が不利益を受けるため、法定地上権は認められません。

4　共同抵当権が設定され、建物が壊れた場合には、抵当権者は更地として土地を評価したいので法定地上権を認めません。

5　抵当権設定時に、土地と建物の所有者が異なっているので、法定地上権が認められません。

7　1番抵当権がいないため、2番抵当権だけで考えればよくなります。そのため、要件をクリアしているので法定地上権が成立します。

2周目はここまで押さえよう

◆土地及び建物の所有者と法定地上権の成否◆

○＝法定地上権が成立する　×＝成立しない

事例	成否
①　土地に抵当権を設定した当時、建物について**登記がなかった場合**	○
②　抵当権設定当時において土地と建物の所有者は**実体上同一人**であったが、建物について所有権移転登記がなされていなかった場合	○
③　同一所有者に属する土地及び建物がそれぞれ別の抵当権者のために抵当権が設定され、まず建物について抵当権が実行された後に土地について抵当権が実行された場合	○

法定地上権は、基本、要件を満たしているかどうかで判断します。その要件は

× 登記簿で判断する
○ 実体で判断する
ことになります。

前ページの図の①で説明します。

不動産を買う人は、登記簿をみるだけでなく、現地を見に行きます。

登記簿上に建物がなくても、現地に行ったら建物があるのが分かれば、「これは法定地上権が成立するぞ」と覚悟ができます。そのため、法定地上権を成立させても、不意打ちとはならないのです。

☑ 1	土地とその上の建物を所有している甲が土地のみに抵当権を設定したが、建物は未登記であった場合において、競売により乙が土地を買い受けたときは、法定地上権は成立しない。〔元-11-ア（14-6-ア、23-14-イ、26-13-ア）〕	×
2	甲が自己所有の土地上にある建物を所有者の乙から譲り受けた後、その土地のみについて抵当権を設定していたところ、その抵当権が実行されて丙がその土地を買い受けた場合においても、建物が乙の登記名義のままであるときには、甲は、丙に対して、法定地上権を主張することができない。〔59-18-2（12-16-3、17-15-ウ、21-14-ウ）〕	×

◆ 抵当権者の一括競売権 ◆

要件	① 更地に抵当権が設定された場合であること ② 抵当権設定後に、当該土地の所有者、又は第三者が新たに建物を築造・所有すること
効果	① 抵当権者は土地と建物を一括して競売することができる 　→ 一括競売する**義務はない**（大判大15.2.5） ② 優先弁済は**土地の代価**についてのみ受けられる

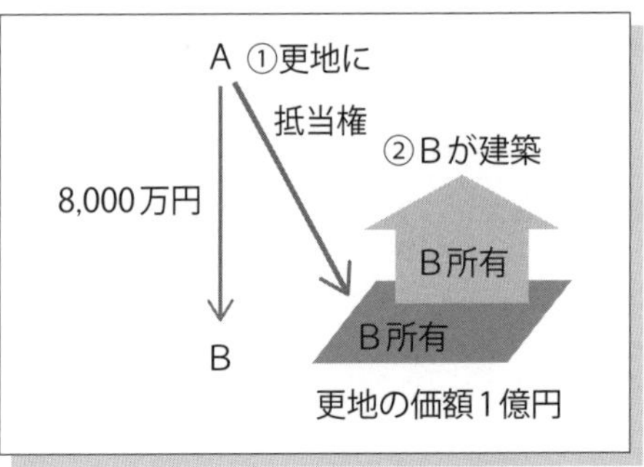

これはもったいないところです。
そこで、前記のような法定地上権が成立しない事例では
建物と土地を一括競売（同じ人へ売却する競売）するようにしています。

ただ、競売できるだけで配当が受けられるかどうかは話が別です。抵当権者が権利を持っているのは土地だけなので、抵当権者が優先配当を受けられるのは土地だけになります。

☑ 1	抵当権の設定後に抵当地に建物が築造された場合において、抵当権者が抵当権の実行としての競売を申し立てるときは、抵当権者は、土地と共にその建物の競売を申し立てなければならない。〔24-13-ア〕	×
2	更地の所有者が、その土地に抵当権を設定した後、その土地上に建物を建築したときは、抵当権者は、土地及び建物の一括競売を申し立て、その両方の代金から優先弁済を受けることができる。〔7-12-ア（令2-13-エ）〕	×

これで到達！  合格ゾーン

☐ A所有の甲土地が更地であった場合において、AがBのために甲土地に第1順位の抵当権を設定した後、Aが甲土地上に乙建物を建築し、Cのために甲土地に第2順位の抵当権を設定すると同時に、Bの抵当権とCの抵当権の順位を変更し、その後、Cの抵当権が実行され、Dが競落したとしても、乙建物について法定地上権は成立しない。〔26-13-エ〕

★1番抵当権設定当時は更地であったが、2番抵当権設定時までに土地所有者によって建物が建築された後、1番抵当権と2番抵当権の順位を変更し、2番抵当権が1番抵当権に優先することになった場合において、土地と建物が別個に売却されたときであっても、法定地上権の成立は認められない（最判平4.4.7)。順位変更は優先配当の順番を変えるだけであって、設定された順位を変えることにはならないためです。

☐ A所有の甲土地上にA所有の乙建物がある場合において、AがBのために乙建物に抵当権を設定し、更にCのために甲土地に抵当権を設定した後、まずBの抵当権が実行されてDが乙建物を競落し、その後、Cの抵当権が実行されてEが甲土地を競落したときは、甲土地の当該競落により、乙建物について法定地上権は成立する。〔26-13-ウ〕

★同一所有者に属する土地及び建物がそれぞれ別の抵当権者のために抵当権が設定され、まず建物について抵当権が実行された後に土地について抵当権が実行された場合には、土地についての競売により、地上建物のために法定地上権が成立する（最判平11.4.23）。両方に抵当権が設定されていても、法定地上権が成立することが明言した判例です。

☐ A・B共有の甲土地上にA・B共有の乙建物が存在する場合において、甲土地のA持分について抵当権が設定され実行されたときは、法定地上権は成立しない（強制執行の場合につき最判平6.4.7）。〔16-16-オ〕

★法定地上権が成立すると、建物の価格は上昇しますが、それ以上に、土地の価格は下落します。ここで法定地上権が成立するとBに不利益になるので、法定地上権を不成立にしたと思われます。

☐ 法定地上権の地代は、当事者の請求により裁判所が定めなければならないものではなく、当事者間の合意で定めることもできる。〔29-13-ウ〕

★388条には、「地代は、当事者の請求により、裁判所が定める旨を規定する」を規定していますが、当事者の協議により地代を定めることを禁止する意図ではなく、まずは、当事者の協議で地代を決め、それが協議が調わなかったときには当事者の請求により裁判所が地代を定める趣旨とされています（大判明43.3.23）。

☐ 建物の競売によって建物の所有権及び法定地上権を取得した者は、その建物の登記を備えていれば、その後にその土地を譲り受けた者に対し、法定地上権の取得を対抗することができる。〔29-13-エ〕

★法定地上権も建物所有を目的とする地上権の一種だから、借地借家法10条1項の適用がされます。そのため、地上建物について所有権の登記があれば、地上権の登記がなくても対抗力が認められます（大判昭8.12.23）。

抵当権者に対抗することができない賃借権に基づき、抵当権の目的である建物を、競売手続の開始前から使用または収益をする者等（395 Ⅰ①②）
→　買受人の買受けの時から6か月を経過するまでは、その建物を買受人に引き渡さなくてもよい。

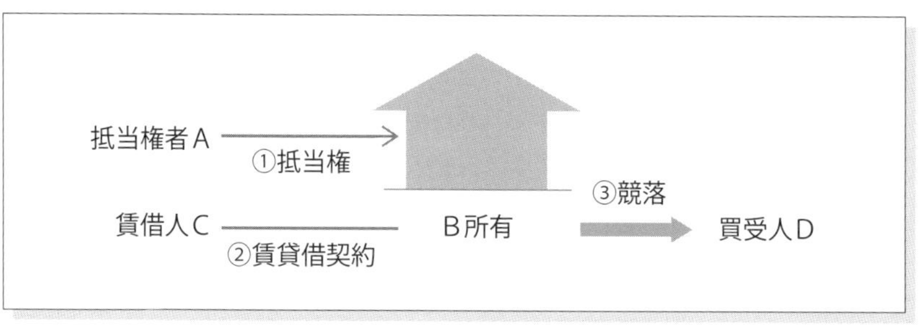

抵当権が設定された後に、この家を貸しました。

この後に抵当権が実行されて、Dが競落しています。

抵当権の後に賃貸借を付けているため、抵当権の実行によって、賃借権は消滅することになります。

今住んでいるのはCですが、抵当権の実行によって賃借権がない、不法占拠の状態になります。

そのため、DはCに対し、「私が競落で落札した。あなたの賃借権は消滅しているから、今すぐ出て行け」と追い出せるはずです。

そうはいっても、いままでそこで生活しているCはどう思うでしょう。

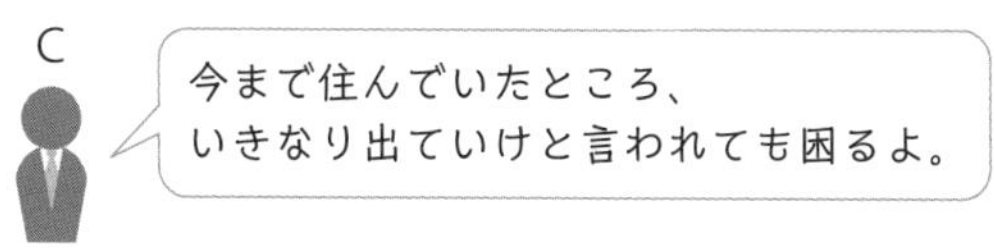

いきなり生活の場を奪うのは酷なので、**不法占拠だけどすぐには出ていかなくてもいいよというルールを設けた**のです。

Point

賃借権は買受けによって消滅する。占有者に与えられる6か月の猶予期間は、賃貸借期間の終了後、特に法によって認められた猶予期間であり、買受人と占有者の間に賃貸借関係が成立することはない。

→ 買受人は占有者に対して貸す義務を負わないため、修繕義務（606）を負担しない。

賃貸借契約はなくなっているので、Dが新しい大家になったわけではありません。そのため、この家が壊れたとしても、Dは修繕義務を負うことになりません。

繰り返しますが、**不法占拠だけど出ていかなくていいというだけで、賃貸借契約が成立しているわけではありません。**

Point

猶予期間中は建物の使用利益は占有者に帰属する。したがって、占有者はその間の使用利益を一種の不当利得として、賃料相当額を買受人に支払わなければならない。

この不当利得分につき買受人が相当の期間を定めて、1か月分以上の支払いを催告したにもかかわらず、その相当の期間内に支払いをしない場合には、明渡猶予制度は適用されない（395Ⅱ）。

出て行かなくていいというだけで、タダで住めるわけではありません。

住んでいる対価を、不当利得として払う必要があり、これで払わなければ、今すぐ出て行けと言われます。

かつて本試験で、下記のような問題が出たことがあります。

「Cは賃料を払う必要がある」→　×

賃貸借契約はないので、賃料とは呼べないことに注意をしてください。

問題を解いて確認しよう

1	引渡し猶予の制度が適用される場合、建物の賃貸人の地位が買受人に承継され、抵当建物使用者は、従前の賃貸借契約に基づく賃料支払義務を買受人に対して負うことになる。〔19-16-エ改題〕	×
2	建物使用の対価について、買受人が抵当建物使用者に対し相当の期間を定めてその1か月分以上の支払の催告をし、その相当の期間内に履行がない場合には、買受人は直ちに建物の引渡しを請求できる。〔19-16-オ改題〕	○

×肢のヒトコト解説

1 賃貸借契約はないので、「賃料」支払い義務はありません。

これで到達！ 合格ゾーン

☐ 抵当権者に対抗することができない賃貸借により抵当権の目的である土地を競売手続の開始前から使用する者は、引き渡しの猶予を受けることはできない。〔24-13-エ〕

★「今まで住んでいたところから、いきなり出て行けといわれても困る」ということから認めた制度です。そのため、この制度は「建物」の賃貸借に認められます。

順位番号	登記の目的	受付年月日	権利者その他の事項
1（5）	抵当権設定	（略）	（登記事項一部省略） 抵当権者　（住所省略）　A
付記1号	1番抵当権転抵当	（略）	（登記事項一部省略） 転抵当権者（住所省略）　甲
2（5）	抵当権設定	（略）	（登記事項一部省略） 抵当権者　（住所省略）　B
3（5）	根抵当権設定	（略）	（登記事項一部省略） 根抵当権者（住所省略）　C
4（5）	賃借権設定	（略）	（登記事項一部省略） 賃借権者　（住所省略）　D
5	4番賃借権の1番抵当権・2番抵当権・3番根抵当権に優先する同意	（略）	原因　令和5年8月30日同意

1番2番3番が実行されれば、4番賃借権は消滅する状態になっていて、この賃借権は不安定な立場にあります。そのため、賃借権者が賃貸借契約更新時に、更新しないで別の物件に移る可能性があります。

もし、この賃借権者が多額の賃料を払っていた場合、1番2番3番が、「彼にはここを出ていってほしくないな（賃料の物上代位が狙える）」と思うこともあるでしょう。

こういった場合、「抵当権の実行があっても、賃借権を消さないことにしよう」という合意ができます。

これに基づいた登記がされると（上記の5番になります）、その後、抵当権が実行されたとしても、賃借権は、存続することになります。

◆抵当権者の同意・建物使用者の引渡し猶予◆

	抵当権者の同意（387）	建物使用者の引渡し猶予（395）
客体	土地・建物	建物に限る
要件	①　賃借権の登記があること ②　賃借権よりも先順位の登記を有するすべての抵当権者が同意すること ③　抵当権を目的とする権利を有する者（例えば転抵当権者）その他同意によって不利益を受けるべき者の承諾を得ること ④　同意の登記をすること	抵当権者に対抗できない賃貸借により、競売手続の開始前から、建物を使用又は収益する者
効果	同意をした抵当権者に対抗することができる賃貸借となる ↓ 抵当権実行としての競売によって賃貸人の地位は買受人に承継される	賃貸借は買受けの時に終了する ↓ 競売における買受人の買受けの時から6か月を経過するまでは、その建物を買受人に引き渡すことを要しない

要件の②④を意識して覚えましょう（①③は、不動産登記法まで終わってからの方がイメージがしやすいでしょう）。

要件②　抵当権者が数人いた場合には、すべての抵当権者から同意をもらう必要があります。すべての抵当権が賃借権に負けることになるためです。

要件④　単に同意だけではなく、登記簿に「この賃借権は抵当権に勝てます」という内容の登記までする必要があります。

問題を解いて確認しよう

1	建物につき登記をした賃貸借がある場合において、その賃貸借の登記前に当該建物につき登記をした抵当権を有する者のうち一部の者が同意をし、かつ、その同意の登記をしたときは、その同意をした抵当権者との関係では、その賃貸借を対抗することができる。〔24-13-ウ〕	×
2	抵当権の目的である建物について、登記した賃借権に基づき競売手続開始前から賃借して居住している者は、その賃借権が抵当権者に対抗することができないものであっても、すべての抵当権者がその賃借権に対抗力を与えることについて同意したときは、同意の登記がなくても、抵当権者に対し、その賃借権を対抗することができる。〔17-14-エ〕	×

ヒトコト解説

1　一部の者との同意では足りません。

2　同意の登記がなければ対抗することはできません。

第5節　抵当不動産の第三取得者の地位

ここでは、抵当権が付いた不動産を買ってしまった第三取得者を保護するルールを見ていきます。

その中でも抵当権消滅請求の出題が多いです。

ここは**手続の流れを頭に入れないと細かい知識が入らない**ので、全体像を重視してください。

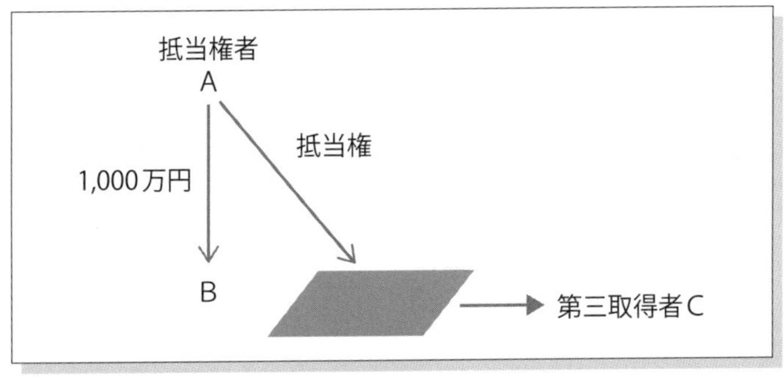

抵当権が付いている物件をCが買っています。

Cは不安定な権利状態になっています（いつ抵当権が実行されて、自分の所有権を失うか分かりません）。

そこで、こういった**不安定な状況にあるCを保護する制度を民法は作りました。**

Cが抵当権を消せるようにしています。しかも、Aの有する債権額1,000万円を払っていなくても抵当権を消せるという制度です。

これには、抵当権者からアクションをかける制度と、

第三取得者の方からアクションをかける制度の2つがあります。

まずは、抵当権者からアクションをかける制度、代価弁済の制度からいきましょう。

378条（代価弁済）
抵当不動産について所有権又は地上権を買い受けた第三者が、抵当権者の請求に応じてその抵当権者にその代価を弁済したときは、抵当権は、その第三者のために消滅する。

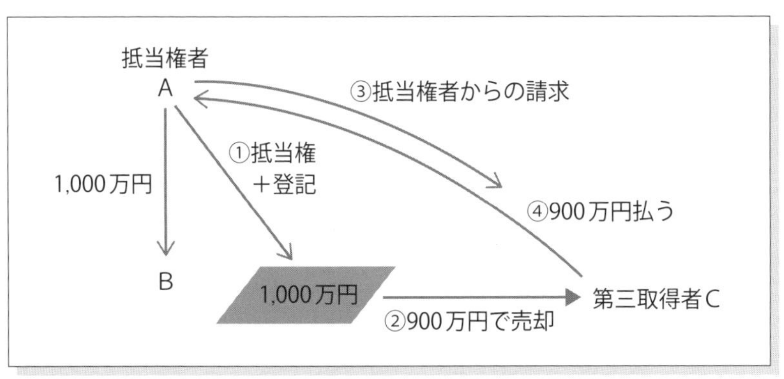

抵当不動産をCが買ったようです。

ここで抵当権者AがCに言います。

A：900万円で買ったんだって？　だったら900万円を自分に払ってよ。900万円払ってくれたら、抵当権消してあげるから…。

C：それでいいの？

A：競売で時間をかけて1,000万円手に入れるより、今、即金で900万円が手に入る方がいいよ。

これに応じて、CがAに900万円払います。

すると、抵当権が全部消滅するのです（残る100万円は無担保債権として、

ＡはＢに持ち続けます)。

これが代価弁済という制度です。

代価弁済の要件
①抵当不動産につき第三者が所有権又は地上権を買い受けたこと
②抵当権者の請求に応じ、代価を支払うこと

地上権を買い受けた場合でも、この代価弁済ができます。下記の事例を見てください。

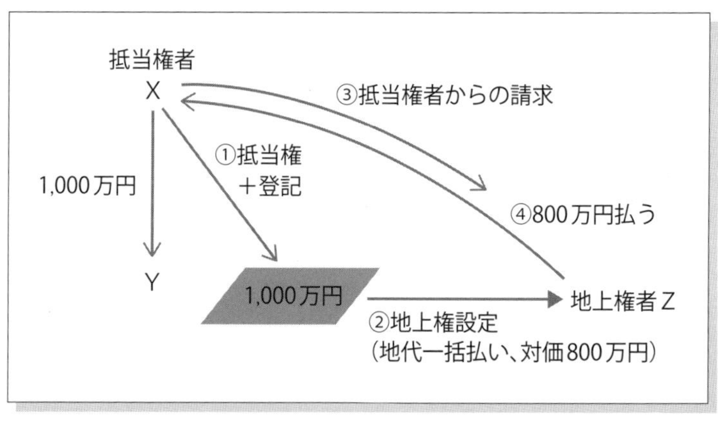

上のＺは地上権を設定しています。
地上権を設定する時に、「50年分地上権を設定する。地代は全部払っておく。」こういう合意をしていました。
抵当権者が、この地上権設定に目をつけて、「その地代を全部私に払ってくれ」と請求しました。

ここでＺがＸに800万円払います。
この場合は、**地上権者Ｚにとっては抵当権はなくなりますが、他の人にとっては抵当権は残っているという状態**になります。

そのため、抵当権を実行することはできますが、抵当権の実行があっても地上権は残ることになります。

379条（抵当権消滅請求）
抵当不動産の第三取得者は、第383条の定めるところにより、抵当権消滅請求をすることができる。

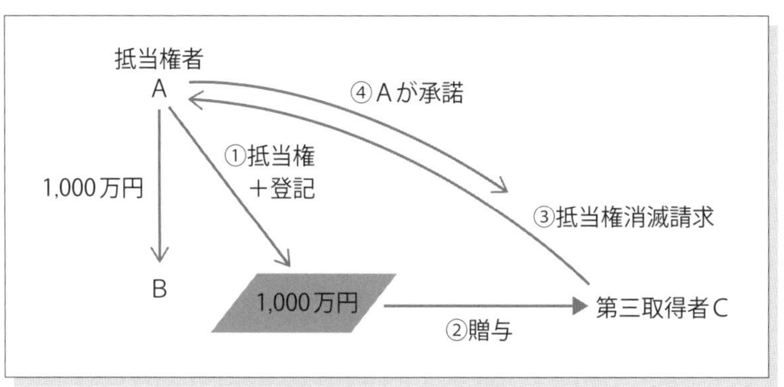

先ほどは抵当権者からアクションをかけましたが、今回は、**第三取得者Cからアクションをかける制度**です。

この不動産どうせ競売かけたって800万円だよ。
だったら自分が800万円払うから。抵当権消してくれ。
（抵当権を実行したって１年２年かかるでしょ。
だったら今自分が現金で払った方が早いでしょ…）

ここで担保権者が全員「800万円でいいだろう」とＯＫをすれば、抵当権は、消せます。

これが抵当権消滅請求という制度です。

◆ 抵当権消滅請求の手続の流れ ◆

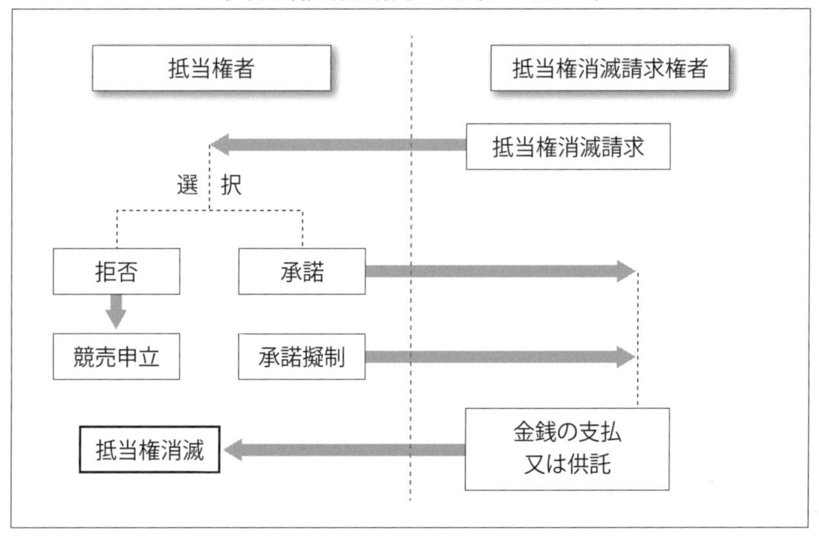

左が抵当権者の行動、右が抵当権消滅請求権者（所有者）の行動です。

まず所有者側が消滅請求をします。

ここは、先ほどの「この不動産どうせ競売かけたって800万円だよ。だったら自分が800万円払うから。抵当権消してくれ」という申し出のことです。

それに対し、担保権者側が、ＯＫかＮＯかを伝えます。

ＯＫを出した場合は、その後、抵当権消滅請求権者（所有者）側に払ってもらい、それによって抵当権が消えます。

一方、抵当権者が拒否をすることもあるでしょう。

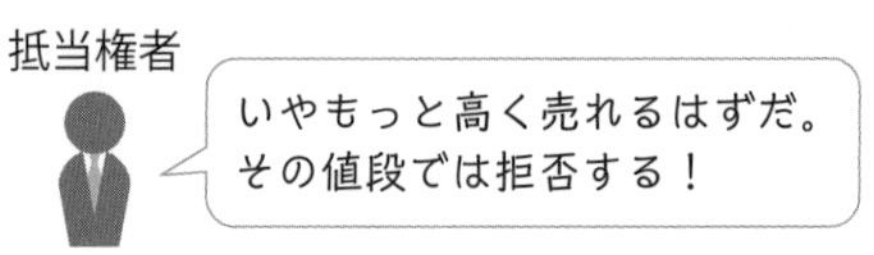

この場合、抵当権者は競売をすることになります（**選択することのできる期間が2か月と決まっていて、その期間内に競売をしないと承諾したものとみなされ**

ます)。

これが抵当権消滅請求の制度です。

では、ここからは消滅請求の論点をいくつか見ていきます。

覚えましょう

抵当権消滅請求の要件

①抵当不動産につき、所有権を取得した者からの請求

②停止条件付第三取得者は、条件成就未定の間は消滅請求不可(381)

抵当権消滅請求がされると、最終的には抵当権は消滅します。「消滅請求を認めて、お金をもらって消滅させる」、「消滅請求を認めず、競売をかけ、抵当権がなくなる」と、最終的には抵当権は絶対的になくなってしまうのです。

だから、**これができる人を限定的にしました**。

具体的には、

所有権を全部、確定的に取得した人しかできないとして、

地上権者、持分を買った人、停止条件付所有者はできない、

と消滅請求できる人をしぼっているのです。

覚えましょう

③被担保債権の主債務者・保証人・それらの承継人は消滅請求不可(380)

→ 自ら債務を負担する者なので、たとえ第三取得者の地位を承継しても消滅請求できない

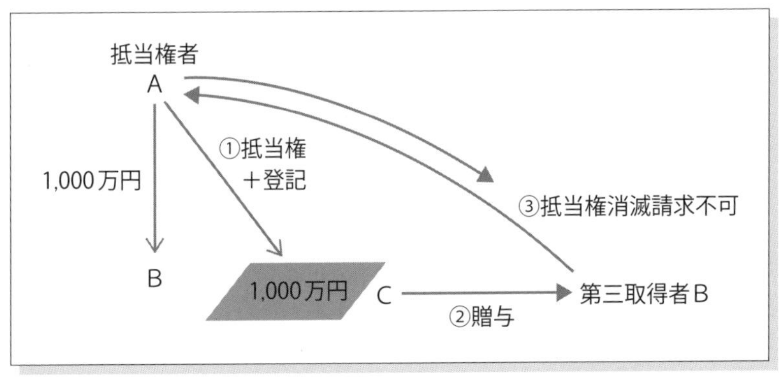

債務者のBが抵当不動産を取得したようです。ここでBが消滅請求することを認めていいのでしょうか。

このように、**全額支払いをする義務がある人たちは、不動産の所有権を取得しても消滅請求という制度は使えません**。

これは認めてはいけませんね。

覚えましょう

④消滅請求できるのは、抵当権実行としての競売による差押えの効力発生前まで（382）

抵当権者が、抵当権を実行して競売を始めていたら、もう抵当権消滅請求はできません。

競売を始めていたら、そちらの手続を優先すべきです。

ちなみに、「競売を始めていたら」といいましたが、正確には「差押えの効力発生まで」となっていて、その時期を過ぎると抵当権消滅請求ができなくなります。

問題を解いて確認しよう

1	抵当不動産について所有権又は地上権を買い受けた第三者が、抵当権者の請求に応じてその抵当権者にその代価を弁済したときは、抵当権は、その第三者のために消滅する。〔24-13-イ〕	○
2	抵当不動産の共有持分を取得した者であっても、消滅請求権を行使することができる。〔11-11-オ（12-10-ウ、15-16-1）〕	×
3	抵当不動産につき地上権を取得した者は、消滅請求権を行使することができるが、抵当不動産につき賃借権を取得した者は、消滅請求権を行使することができない。〔6-15-エ（2-20-オ）〕	×
4	AのBに対する貸金債権を担保するために、AがC所有の甲建物に抵当権の設定を受けた場合において、Bは、Cから甲建物を買い受けた場合には、抵当不動産の第三取得者として、抵当権消滅請求をすることができる。〔26-12-ウ〕	×
5	抵当不動産の第三取得者は、抵当権消滅請求をするときは、抵当権の実行としての競売による差押えの効力が発生する前に、その請求をしなければならない。〔25-13-イ〕	○
6	抵当不動産について停止条件付所有権を取得した者は、その条件の成否が未定の間であっても、消滅請求権を行使することができる。〔6-15-オ（25-13-ア、31-14-エ）〕	×
7	抵当不動産について競売が申し立てられた後にその不動産の所有権を取得した者であっても、消滅請求権を行使することができる。〔11-11-エ（2-20-イ）〕	○
8	抵当権者が抵当権消滅請求を拒むには、第三取得者から抵当権消滅請求の書面の送付を受けた後２か月以内に抵当権を実行して競売の申立てをしなければならない。〔19-14-イ〕	○

×肢のヒトコト解説

2 所有権をすべて取得した者だけが、抵当権消滅請求権を行使できます。

3 所有権をすべて取得した者だけが、抵当権消滅請求権を行使できます。地上権を取得したり、賃借権を取得しても、抵当権消滅請求をすることはできません。

4 所有権を取得しても、債務者は抵当権消滅請求を行使することはできません。

6 確定的な所有者ではないので、抵当権消滅請求は認められません。

これで到達！ 合格ゾーン

□ 譲渡担保権者は、担保権を実行して確定的に抵当不動産を取得しない限り、抵当権消滅請求権の行使は認められない（最判平7.11.10参照）。〔11-11-ウ〕

★抵当権消滅請求権は、抵当権を必ず消滅させる強い権利のため、できる人は限定的です。所有権をもつかどうかまだわからない人はこの権利を行使できません。

□ 抵当不動産の第三取得者が、登記をした抵当権者のうち一部の者について抵当権消滅請求をした場合には、当該一部の者の抵当権のみが消滅するのではなく、抵当権消滅請求権の効力は全く生じない。〔19-14-オ（2-20-エ）〕

★「抵当不動産の第三取得者は、抵当権消滅請求をするときは、登記をした各債権者に対し、抵当権消滅請求手続の書面を送付しなければならない（383柱書）。」とされているため、すべての抵当権者に対して送付しなければ、消滅請求権の効力は生じません。

□ 抵当権者は、抵当不動産の第三取得者がいる場合において、抵当権を実行しようとするときであっても、あらかじめ第三取得者に対してその旨を通知する必要はない。〔19-14-ウ〕

★昔の民法では、抵当権を実行する際に第三取得者がいた場合には「第三取得者さん、消滅請求する気はありませんか」と問い合わせをしたのですが、それにより抵当権実行が第三取得者にバレ、競売妨害が横行したために改正でそのルールを廃止しました。

第6節 抵当権侵害

ここでは、抵当権を設定している不動産に対して、誰かが価値を落とすようなことをしている場合、抵当権者は何ができるのかを学びます。

深いところまで出題されるところではないので、どういう時に、どういうことができるかがざっくり言えれば問題ないでしょう。

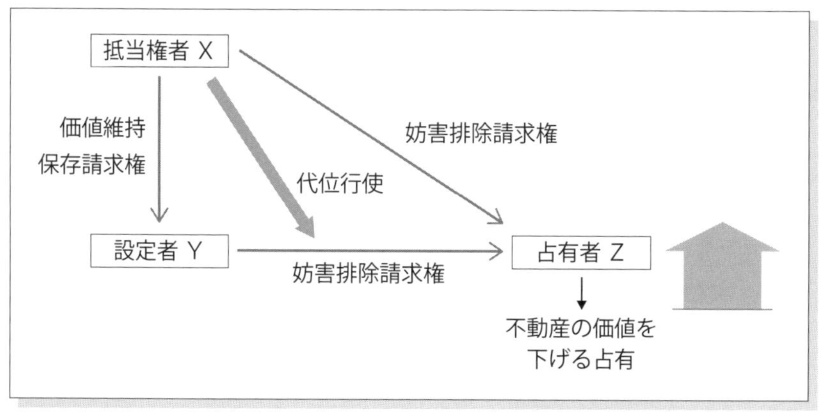

Point
第三者が不動産の価値を下げているかを見ること

抵当権を付けている物件に不法占拠者がいたとしても、抵当権者は基本的には何もできません。

抵当権者は、**物を支配しているのではなく、価値を支配しているため、物の状況には口出しができない**からです。

ただ、この占有によって、**不動産の価値が下がっているのであれば話は別です。** 価値が下げられていれば、それは抵当権に対する侵害といえるため、抵当権者も口出しが可能です。

具体的には、債権者代位ができます。

ＹはＺに対し妨害排除請求権、出て行けという権利を持っているので、これを

Xが債権者代位で使うのです。

この時の被保全債権は被担保債権ではなく、価値維持保存請求権という権利です。

抵当権者が設定者に対し、「抵当不動産の価値を維持しなさい」と請求する権利です。**これは金銭債権ではないので、無資力要件がなくても債権者代位が可能**です。

その後、判例は、債権者代位という制度とは別に**抵当権の権利に基づいて妨害排除請求をする**、ここまで認めるようになりました。

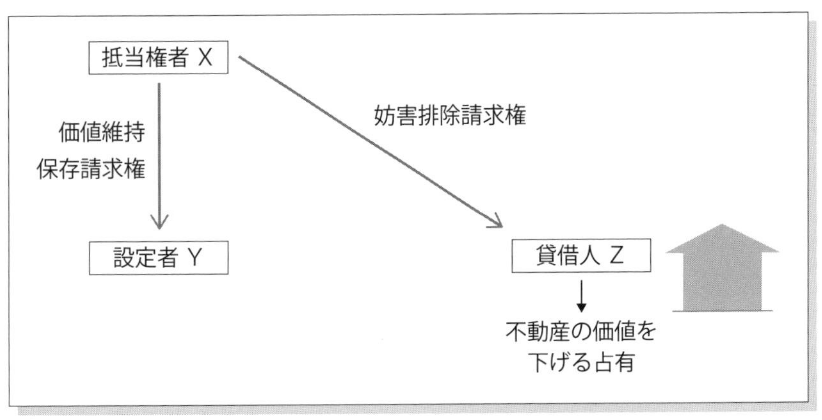

所有者YがZに貸しているのですが、このZが占有屋といわれている怖いお兄さんでした。

こういう人が住み付けば、建物の価値は大下落します。

昔は、抵当権者は口出しができなかったので、この怖いお兄さんは、「○○万円くれるんなら、出て行ってやるよ」とゴネていたようです。

では、ここで、抵当権者が「私に渡せ」と言えるでしょうか。

基本的にはＮＧです。

抵当権者は、物を占有するわけではないので、「私に渡せ」とは言えないはずです。

占有権限の設定を受けて占有する者に対する抵当権に基づく明渡請求が認められる場合（判例）

抵当不動産の占有者に対する抵当権に基づく妨害排除請求権の行使に当たり、抵当不動産の所有者において抵当権に対する侵害が生じないように抵当不動産を適切に維持管理することが期待できない場合

ただ、**非常に例外的な事例では認めています**。

「Yに渡したとしても、またYが変な人に貸しそうだ」「Yがちゃんと管理ができない」このような場合だったら、抵当権者が持っていっていいとしています。

問題を解いて確認しよう

1	抵当権者は、抵当不動産の交換価値の実現が妨げられ抵当権者の優先弁済権の行使が困難になるような状態のときは、抵当不動産の所有者に対して抵当不動産を適切に維持又は保存するよう求める請求権を保全するため、民法第423条の法意に従い、所有者の不法占有者に対する妨害排除請求権を代位行使して抵当不動産の明渡しを請求することができる。〔20-14-ア改題〕	○
2	抵当権者は、抵当不動産の交換価値の実現が妨げられ抵当権者の優先弁済権の行使が困難になるような状態のときであっても、抵当権は、抵当不動産につき抵当権者が他の債権者に優先して自己の債権の弁済を受ける担保権であって、抵当不動産を占有する権原を包含するものではないため、抵当権に基づく妨害排除請求権を行使することはできない。〔20-14-イ改題〕	×
3	抵当権は抵当不動産の所有者の使用収益を排除することができない権利であるため、抵当不動産の所有者に由来する占有権原を有する占有者に対し、抵当権者は、抵当不動産の明渡しを請求することはできない。〔20-14-オ改題〕	×
4	Aがその所有する甲建物についてBを抵当権者とする抵当権の設定の登記をした後、Cが抵当権の実行としての競売手続を妨害する目的で甲建物を賃借した場合において、Cの占有により甲建物の交換価値の実現が妨げられており、かつ、Aにおいて甲建物を適切に維持管理することを期待することができないときは、Bは、Cに対し、直接自己への甲建物の明渡しを求めることができる。〔24-8-2〕	○

×肢のヒトコト解説

2 価値が下げられているので、妨害排除請求が可能です。

3 要件をクリアすれば、抵当権者が返還請求をすることもできます。

2周目はここまで押さえよう

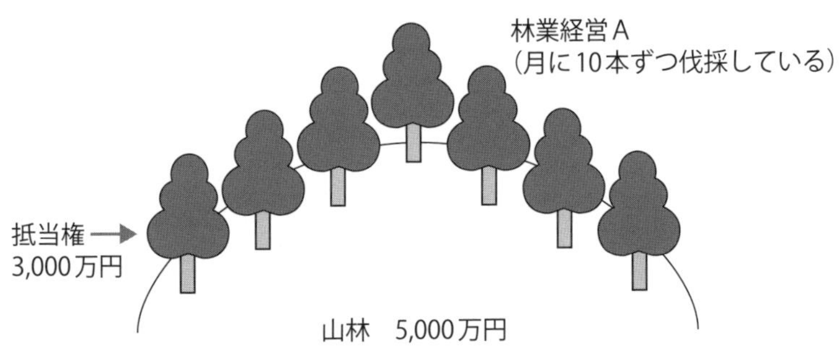

山林に抵当権を設定した事案で考えましょう（山林の場合、山の部分にはあまり価値がなく、価値のほとんどは、そこに生えている木にあります）。

ここで、山林の所有者が不当に木を伐採して運ぶことがあれば、抵当権者としては止めたいところです。

また、伐採して運ばれた結果、抵当権で回収できなくなるほど価値が下がれば、損害賠償をしたいでしょう。

その際の要件を下にまとめました。

損害賠償請求（709）の要件	物権的請求の要件 ＝伐採木材の搬出禁止（妨害排除請求）、伐採の禁止（妨害予防請求）
①目的物の交換価値を減少させること ②目的物の経済的用途に従った正当な利用の範囲を逸脱すること ③残余価格が被担保債権を満足し得ないこと ④侵害者に故意又は過失があること	①目的物の交換価値を減少させること ②目的物の経済的用途に従った正当な利用の範囲を逸脱すること

損害賠償を請求するには、損害が必要です。ここでいう損害とは、回収できないことを指します。

そのため、木を数本持っていったとしても、まだ山林の価値で抵当権の被担保債権（前ページの事例だと3,000万円）が回収できる状態であれば、損害がないので、損害賠償請求はできないことになります。

また、もともとの抵当権設定契約において「月に10本ずつ伐採しているので、それは認めるように」という内容がされていて、そのとおりの伐採であった場合は、抵当権者は何もできません。

損害賠償も、物権的請求も、通常の用法を超えたときにはじめてできるものだということを意識しておいてください。

☑ 1	抵当権の目的物である山林上の立木が、通常の用法を超えて、抵当権者に無断で伐採された場合でも、山林の抵当権者は、立木の搬出の禁止を請求することができない。〔9-12-2（13-12-イ）〕	×
2	AのBに対する金銭債権を担保するために、Cの所有する甲建物を目的とする抵当権が設定された場合、Cの行為により甲建物の価格が減少しても、甲建物の残存価値がAのBに対する金銭債権の弁済のために十分である場合には、Aは、Cに対して不法行為に基づく損害賠償請求をすることができない。〔28-12-ア（9-12-5）〕	○

これで到達！  合格ゾーン

☐ 抵当権者が抵当不動産の占有者に対し抵当不動産の明渡請求をしたにもかかわらず、その占有者が理由なくこれに応じないで違法に占有を継続する場合、抵当権者は、抵当不動産を自ら使用することはできないから、抵当権者は抵当不動産の占有者に対し賃料額相当の損害賠償金の支払を請求することができない（最判平17.3.10）。〔20-14-エ〕

★抵当権者は抵当不動産に対する第三者の占有があったとしても、それによって賃料相当額の損害を被ったとはいえません（もともと抵当権は占有できない権利です）。

☐ 抵当権の侵害による不法行為に基づく損害賠償は、抵当権の実行により損害額が確定した場合に限らず、抵当権の実行前でも請求することができる（大判昭7.5.27）。〔13-12-ウ〕

★抵当権者が回収できないことが損害になりますが、それは抵当権を実行して「回収できないことが分かるまで請求できない」ではなく、侵害がされ「およそ回収できないだろう」という見込みが立てば請求できます。

第7節 抵当権の処分

転抵当権は、概要のイメージがつかめるようにしましょう（民法での出題というより不動産登記法での事例で多く出ます）。

一方、抵当権の譲渡・放棄はとにかく計算できるようにすること、これに尽きます。頑張ってください。

376条（抵当権の処分）
抵当権者は、その抵当権を他の債権の担保とし、又は同一の債務者に対する他の債権者の利益のためにその抵当権若しくはその順位を譲渡し、若しくは放棄することができる。

抵当権の処分と書いていますが、これは**優先弁済権の処分**と思ってください。
抵当権を持っていれば、優先弁済権という権利を持ちます。
これ自体に価値があるので、**売ったり担保に付けたりすることができる**のです。

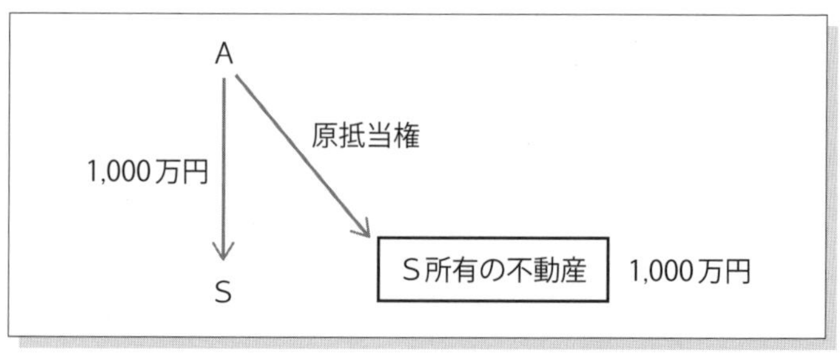

AがSに1,000万円貸し付けて、Sの不動産に抵当権を設定しました。

その後、このAの資金繰りが厳しくなり、Bからお金を600万円借りました。

ただ、Aは、担保に出せる物がなかったので、この抵当権を担保に付けることにしました。

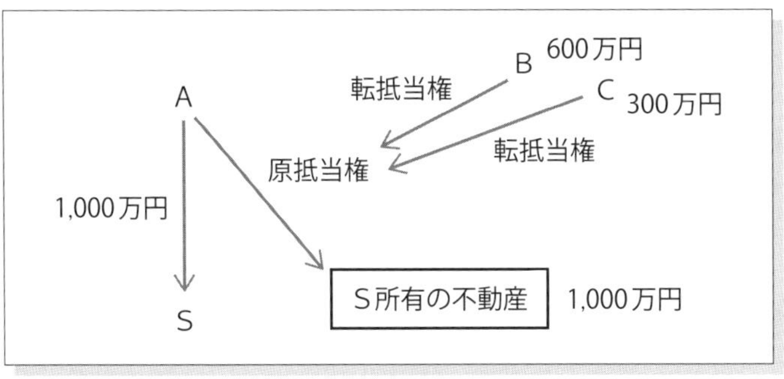

抵当権に抵当権を設定する、これを転抵当といいます。

ちなみに、このAは、Cにも転抵当を付けています。

1	抵当権設定　債権額　1,000万円　A
付記1号	転抵当権　債権額　600万円　B
付記2号	転抵当権　債権額　300万円　C

登記簿を見てください。

1番抵当権はAが持っていて、優先弁済権は1,000万円です。そして、転抵当権を2人が付けていることがわかります。

この登記簿が公示していることは、

「**1番抵当権は1,000万円の配当を受けるが、その配当を受ける順番がB→C→Aとなっている**」ということです。

376条（抵当権の処分）

抵当権者は、その抵当権を他の債権の担保とし、又は同一の債務者に対する他の債権者の利益のためにその抵当権若しくはその順位を譲渡し、若しくは放棄することができる。

先ほどと同じ条文ですが、この中の譲渡・放棄という部分を説明します。
これは**優先弁済権をあげたり、放棄したりするということ**です。

ここで出題されるのは、譲渡・放棄をした後の配当される金額です。

（状況）			→	（このまま配当したら）		
目的物の価値		5,000万円				
1番抵当権	A	1,000万円		1番抵当権	A	1,000万円
2番抵当権	B	2,000万円		2番抵当権	B	2,000万円
3番抵当権	C	3,000万円		3番抵当権	C	2,000万円
無担保債権者D		4,000万円		無担保債権者D		0円

この状況で、AがDに、抵当権の譲渡をしました。
これは、抵当権をあげるのではなく、**優先弁済権だけをあげる**という行為です。「**配当はお先にどうぞ**」という感覚です。

抵当権のみの譲渡の計算方法
①ADの原則的配当額の合計を出す
A　1,000万円
D　　　　0円
②譲受人が優先
Aは0円、Dは1,000万円

まず、2人の元々の配当額の合計額を出します。
そして、AがDに「どうぞ、先に持っていってください」として、先にDが配当をもらい、残りをAがもらいます。

次は、抵当権の放棄の計算方法を見ます。

抵当権のみの放棄の計算方法
①ＡＤの原則的配当額の合計を出す
　Ａ　1,000万円
　Ｄ　　　　0円
②債権額の割合で配当
　Ａは200万円、Ｄは800万円

放棄というのは、抵当権自体を捨てるというのではなく、**優先弁済権を主張しない**という意味です。

つまり、**債権者平等でいいよ、一緒に分けよう**というイメージです。

計算の仕方は、２人の合計額を出した上で、債権者平等原則での配当処理をします。

ＡがＣに順位譲渡した場合

抵当権の順位譲渡
①ＡＣの原則的配当額の合計を出す
　Ａ　1,000万円
　Ｃ　2,000万円
②譲受人が優先
　Ａ　0円　　　Ｃ　3,000万円

ＡがＣに順位放棄した場合

抵当権の順位放棄
①ＡＣの原則的配当額の合計を出す
　Ａ　1,000万円
　Ｃ　2,000万円
②債権額の割合で配当
　Ａ　750万円、Ｃ　2,250万円

あげる相手が無担保債権者ではなく、後順位の担保権者だった場合、順位譲渡・順位放棄と呼ばれます。名前が違うだけであって、処理は全く同じです。

問題を解いて確認しよう

1	債務者Eに対する債権者として、E所有の不動産の1番抵当権者A（債権額1,000万円）、2番抵当権者B（債権額1,200万円）及び3番抵当権者C（債権額1,400万円）がおり、また、無担保の債権者D（債権額1,600万円）がいる。これらの債権者の間で次のアからエまでの行為がされた場合につき、当該不動産の競売に基づく売却により3,000万円を配当するものとして各債権者に対する配当額を算出し、Aに対する配当額が多い順にアからエまでを並べ替えよ。〔14-9〕 ア　AがDの利益のために抵当権を譲渡した。 イ　AがCの利益のために抵当権の順位を譲渡した。 ウ　AがDの利益のために抵当権を放棄した。 エ　AがCの利益のために抵当権の順位を放棄した。	エイウア

ヒトコト解説

ア　0円　　イ　400万円　　ウ　約385万円　　エ　750万円
という計算結果になります。

第8節　共同抵当

初めて学習する方（そして計算が苦手な方）にとって、一番の難所です。ここの理解がきつくても、その後の学習に影響はしません。無理そうだと思ったら、後回しにして次の節に行きましょう。

ただ、この分野はそこそこの頻度で出題がされるので、最終的には完璧に計算できるようにしましょう。

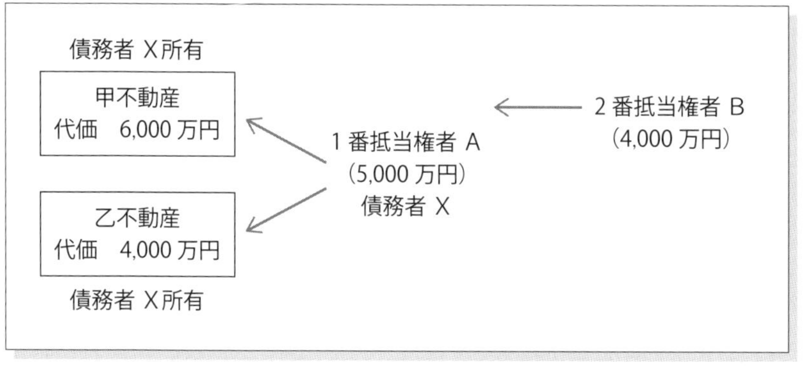

AがXに5,000万円貸し、Xの持っている不動産2つに抵当権を設定しました。2つ以上に設定する、こういうのを共同抵当権と呼びます。

この時の配当計算が試験で問われます。

まっ先に確認すべきことが、**誰の不動産に抵当権を付けているか**という点です。今回は両方とも債務者所有の不動産に抵当権を付けています。

5,000万円の**担保を2つの不動産に付けている場合、負担が分散**します。

具体的には、値段の割合で分散するのです。

不動産が6,000万円と4,000万円なので、6,000：4,000、3：2で5,000万円を振り分けるのです。

そのため、それぞれ負担部分は、甲不動産が3,000万円、乙不動産が2,000万円となります。

同時配当の場合

	1番抵当権者A (5,000万円)	2番抵当権者B (4,000万円)
甲不動産 6,000万円	3,000万円	3,000万円
乙不動産 4,000万円	2,000万円	

同時配当、これは2つの不動産をまとめて競売にかけることをいいます。
この場合は、負担部分通りに配当を受けます。

だから1番抵当権者は甲不動産から3,000万円、乙不動産から2,000万円取ります。甲不動産には残り3,000万円あるので、甲不動産の2番抵当権者は、そこから3,000万円が取れます。

異時配当により甲不動産が先に実行された場合

	1番抵当権者A (5,000万円)	2番抵当権者B (4,000万円)
甲不動産 6,000万円	5,000万円	1,000万円
乙不動産 4,000万円		2,000万円

抵当権を実行する時はバラバラに実行することもでき、競売しやすい方から競売にかけて構いません。
今回は先に、甲不動産から実行しました。

その場合、**甲不動産から全額取って構いません**。負担部分の割合だけ取る、ではありません。
これが共同抵当権を設定したメリットで、競売しやすい物件があれば、それだけ競売して全部取っていいのです。

その結果、Aは甲不動産から5,000万円取って回収を完了し、Bは、1,000万円しか取れない状態になっています。

Bの保護を考えていきましょう。

1番抵当権者のAは、乙不動産の抵当権はもう要りません。一方、Bは回収できていませんよね。

ここで、乙不動産の抵当権をBが代わりに使ってよいことにしました（ただし使えるのは、**負担部分2,000万円だけ**です）。

これを392条2項による代位といいます。

「回収できていない自分に使わせてくれ」というイメージです。

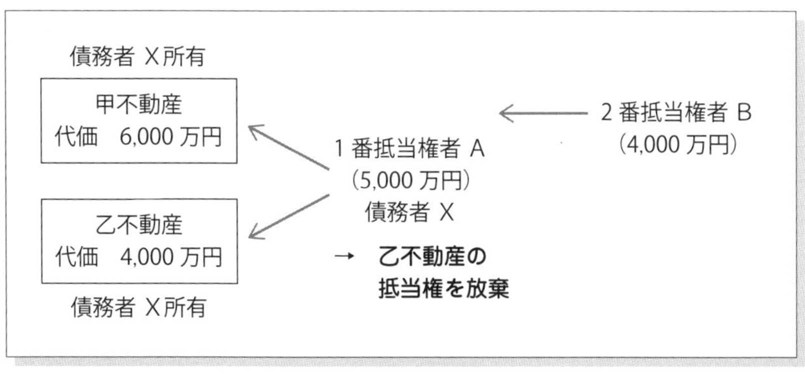

ほぼ同じ事例ですが、1番抵当権者が乙不動産の抵当権を捨てていました。抵当権が登記簿上からなくなっていると思ってください。

この状態で、甲不動産から先に実行したらどういう配当になるのでしょう。

異時配当により甲不動産が先に実行された場合

	1番抵当権者A (5,000万円)	2番抵当権者B (4,000万円)
甲不動産 6,000万円	5,000万円 − 2,000万円	1,000万円 + 2,000万円
乙不動産 4,000万円		

Bは、乙不動産に対して2,000万円の抵当権が使えたはずですが、Aの意思によってその抵当権が捨てられたため、Bが使えません。

2,000 万円期待していたのに、なんで捨てるんだ。
Aよ、責任取りなさい。

共同抵当を設定した時点で、2番のBは、乙不動産に対する代位を期待しています（Aが2つの不動産に抵当権を持っていることは登記簿から判明します。そのため、もう1つの不動産に代位できると期待しているのです）。

その期待を裏切った以上、Aには責任を取らせるのです。

具体的には、甲不動産の実行の際に、Bが代位で取れた2,000万円を、Aに配当せずBに渡すのです。

今までの処理は不動産が両方とも債務者所有でした。

もし、この**不動産の所有者が、両方とも物上保証人Yだった場合も同じ処理になります**。

ただ、次のような事例だと、処理ががらっと変わります。

片や債務者所有で、片や物上保証人所有という場合です。

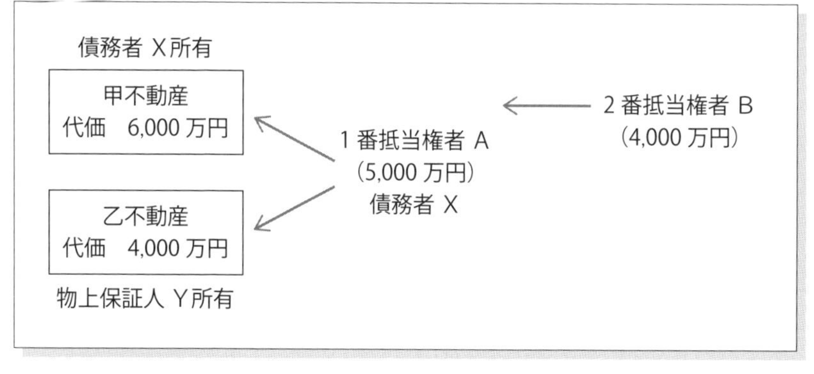

このような場合、負担部分が完全に変わります。

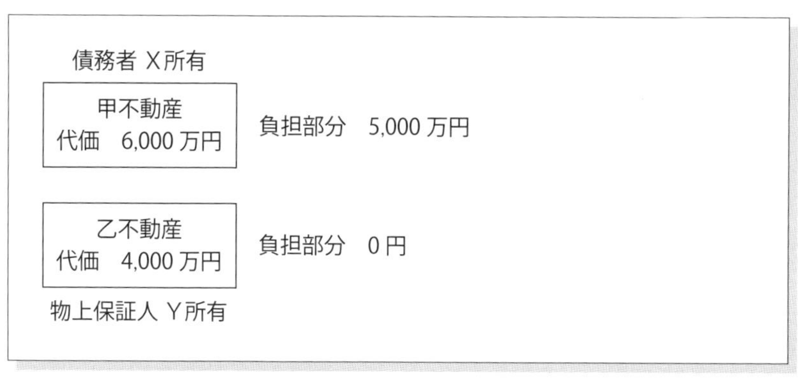

お金を借りた人が全額の負担を負います。そのため、負担割付は、5,000万円と0円という数字になるのです。

同時配当の場合

	1番抵当権者A (5,000万円)	2番抵当権者B (4,000万円)
甲不動産 6,000万円	5,000万円	1,000万円
乙不動産 4,000万円		

同時配当だった場合は、今の負担部分の割合通りにもらいます。

異時配当により甲不動産が先に実行された場合

	1番抵当権者A (5,000万円)	2番抵当権者B (4,000万円)
甲不動産 6,000万円	5,000万円	1,000万円
乙不動産 4,000万円		

異時配当だった場合で、甲不動産を先に実行した場合、甲不動産からAが5,000万円、Bが1,000万円取ります。

先ほど、Bは、乙不動産に代位ができたのですが、代位ができる金額って、どのくらいでしたか？

それは負担部分の分だけでした。

今回**乙不動産の負担部分は0なので、代位ができません**。結局、Bは一銭も取ることができないのです。

債務者所有の物件に後順位の担保権を持つというのは、それだけリスクが高いのです（Bは2番抵当権を設定する前に、1番抵当権の共同抵当権の状態を調べて「債務者所有の物件と、物上保証の物件である」ことを把握しています。わかってやっているので、この結果は、Bに酷ではありません）。

問題を解いて確認しよう

AがCに対する2,500万円の債権を担保するために甲土地（時価3,000万円）と乙土地（時価2,000万円）について共同抵当権を有し、BがCに対する2,000万円の債権を担保するために甲土地について後順位の抵当権を有している。

1	債務者Cが甲土地及び乙土地を所有する場合において、Aが甲土地の抵当権を実行して債権全部の弁済を受けたときは、Bは、1,500万円の限度で乙土地についてAの抵当権を代位行使することができる。〔13-13-ア〕	×

2	債務者Cが甲土地及び乙土地を所有する場合において、Aが乙土地の抵当権を放棄して甲土地の抵当権を実行したときは、Bは、Aによる抵当権の放棄がなければ乙土地についてAの抵当権を代位行使することができた限度で、Aに優先して配当を受けることができる。〔13-13-ウ〕	○
3	債務者Cが甲土地を、物上保証人であるDが乙土地を所有する場合において、Aが甲土地の抵当権を実行したときは、Bは、乙土地についてAの抵当権を代位行使することができない。〔13-13-エ〕	○
4	物上保証人であるDが甲土地及び乙土地を所有する場合において、Aが甲土地の抵当権を実行したときは、Bは、乙土地についてAの抵当権を代位行使することができない。〔13-13-オ〕	×

×肢のヒトコト解説

1 Bは、1,500万円ではなく、1,000万円の限度で乙土地についてAの抵当権を代位行使することになります。

4 両不動産とも同一の物上保証人の事例は、両不動産ともに債務者所有と同じになります。そのため、負担割付けがおきるので、割付け分の代位ができることになります。

2周目はここまで押さえよう

債務者 X所有

甲不動産
代価　6,000万円

乙不動産
代価　4,000万円

物上保証人 Y所有

1番抵当権者 A
(5,000万円)
債務者 X

2番抵当権者 B
(4,000万円)

2番抵当権者 C
(3,000万円)

この状況で、異時配当により乙不動産が先に実行された場合の配当がどうなるでしょうか。

乙不動産が実行されることによって、Aが4,000万円回収し、第三者弁済したYは、Aの地位を弁済による代位で取得します。

これにより、甲不動産に対する抵当権は「1,000万円A・4,000万円Y」という状態になります。

ここで、甲不動産の抵当権を実行すると、Aは1,000万円回収しますが、Yは4,000万円の回収ができるわけではありません。

乙不動産の所有者Yと、もともと乙不動産にいた２番抵当権者に注目します。

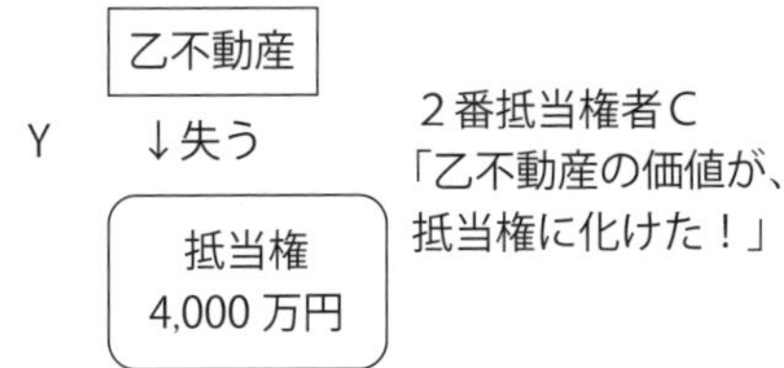

上記のような理論構成で、２番抵当権者は物上代位で抵当権を取得するのです。

そのため、抵当権（4,000万円）のうち、２番抵当権者が3,000万円を先に回収し、Yには残り1,000万円しか配当されなくなるのです。

上をまとめると、下の図のようになります。

	１番抵当権者A（5,000万円）	２番抵当権者B（4,000万円）	２番抵当権者C（3,000万円）	乙の所有者Y
甲不動産 6,000万円	1,000万円	1,000万円	3,000万円	1,000万円
乙不動産 4,000万円	4,000万円			

今回の計算の流れは、考えずにスラスラ出てくるように繰り返し学習をしましょう。

これで到達！　合格ゾーン

☐ 債務者所有の不動産と物上保証人所有の不動産について、共同抵当権を有する債権者が、物上保証人と抵当権設定契約を締結するに当たり、「物上保証人は代位弁済をしない」旨の特約をしていても、その特約は、後順位抵当権者が物上保証人の取得した抵当権から優先弁済を受ける権利を左右するものではない（最判昭60.5.23）。〔28-14-エ〕

★不代位特約と言われるものですが、この特約は登記簿に公示されない以上、後順位者に対して主張できません。

☐ E所有の甲土地、B所有の乙土地についてAのBに対する債権を担保するために第1順位の共同抵当権が設定されている場合において、物上保証人Eが、抵当権者Aとの間に504条に規定する担保保存義務を免除する旨の特約（抵当権者が担保権を放棄しても、それによる免責を主張しない）をしていたため、Aが、債務者Bから設定を受けた共同担保を喪失したが、504条の免責は生じなかった。その後Eから当該不動産の譲渡を受けたFであっても、Aに対し、504条の免責の効果を主張することはできない（最判平7.6.23）。〔28-14-オ〕

★Fが購入する前に登記簿を調査すると、Bに対する抵当権が消滅しているのに、Eに対する抵当権が残っていることが分かります。これにより、免責特約があることに気づけるため、上記のような結論になっても不意打ちにはなりません。

第2章 質権

令和７年本試験は
ここが狙われる！

質権は、３タイプあるということ、そして３タイプごとに結論に微妙な違いがあるのでそこを意識しながら学習するのが重要です。
そして、条文問題が多く出ますので、テキストに載っている条文はじっくりと読むようにしてください。

342条（質権の内容）
質権者は、その債権の担保として債務者又は第三者から受け取った物を占有し、かつ、その物について他の債権者に先立って自己の債権の弁済を受ける権利を有する。

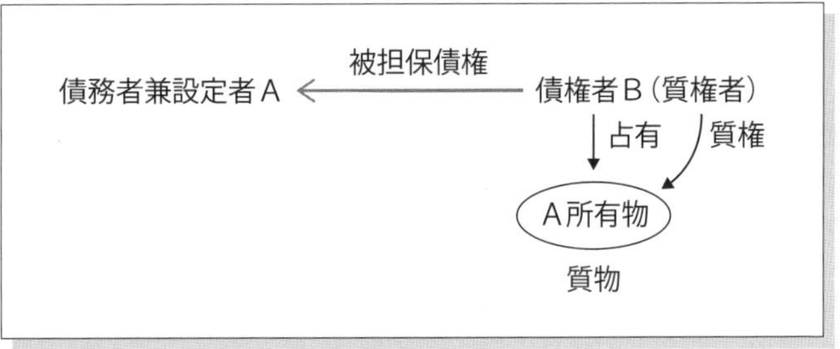

ＢがＡにお金を貸し、Ａの物に質権を設定しようとしています。

この場合、ＢはＡからその物をぶんどって、占有をします。そしてＢは、占有している物に質権を付けることになります。

Point

質権の性質・効力

①約定担保物権

②優先弁済的効力

③留置的効力

④附従性・不可分性・物上代位性あり（350･296･304）

①約定担保物権

「契約で設定する」ということです。

②優先弁済的効力

質権は価値を支配しています。

だから競売にかけた場合、優先的に配当がもらえます。

③留置的効力

担保権者が物を持っていられるという性質です。物を持つことによって「返して欲しければ、借金返せ」と圧迫をかけます。

④附従性：債権なければ担保なし。

不可分性：すべてに質権の効力が及ぶ。

物上代位性：価値が金銭債権に化けたら、差し押えることができる。

Point

質権の種類

①動産質

②不動産質

③債権質

この質権には3タイプあります。

質権をどこに刺しているかで、タイプが違ってきます。

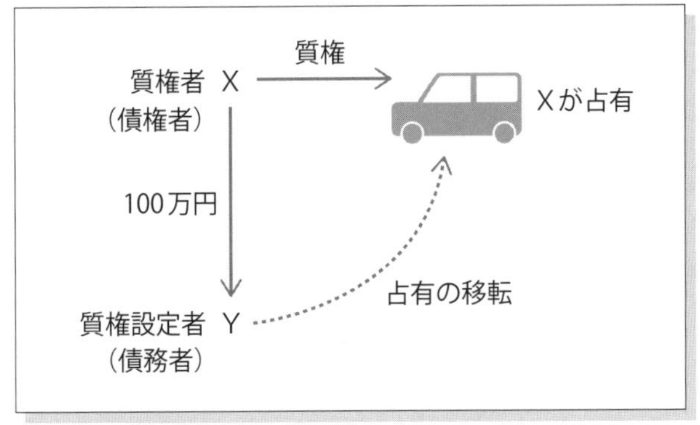

これは、動産に質権を刺したという場合で、**動産質**と呼ばれます。

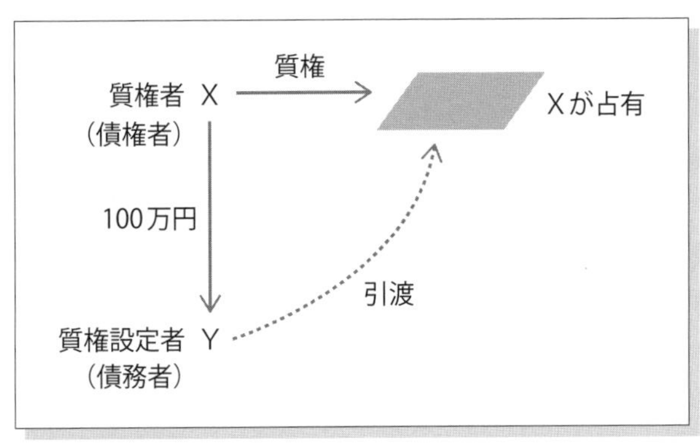

これは、不動産をぶんどって質権を刺したという場合で、**不動産質**と呼ばれます。

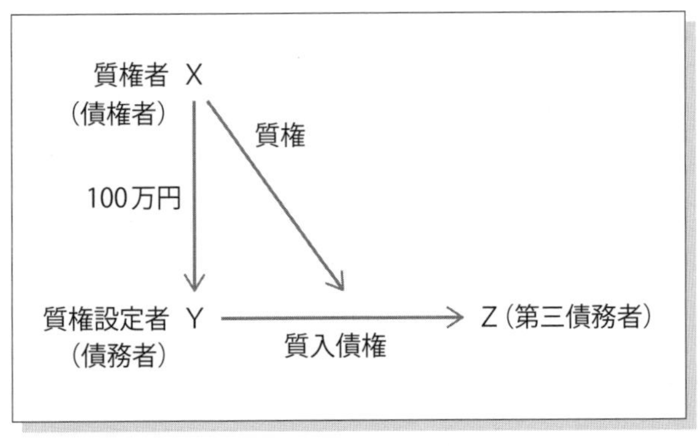

Ｙから Ｚに向かっている債権、そこに質権を刺す、これを**債権質**と呼びます。

Point

要物契約（344）

→　引渡しが必要、占有改定は含まない

質権設定契約は要物契約です。物を持って、圧迫をかけるためです。

そのため、**占有改定という引渡し方法ではダメ**です。

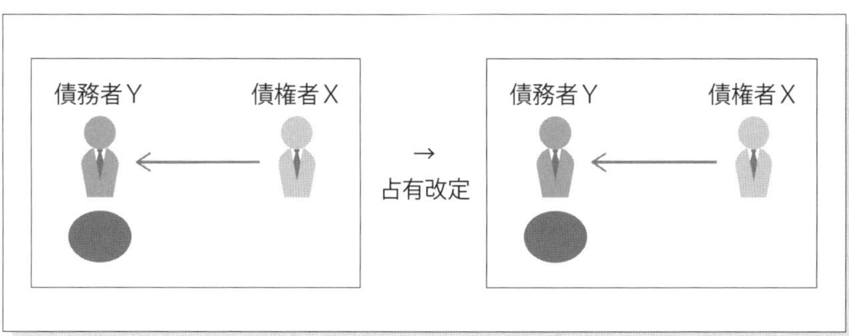

占有改定ではＹからＸに物がいきません。Ｘが「物を返して欲しければ金返せ」と言っても、**Ｙは「自分持っているよ」となって圧迫になりません**ね。

◆ 質権設定の要件を満たすか ◆

現実の引渡し	簡易の引渡し	指図による占有移転	占有改定
○	○	○	×

引渡しには４種類ありますが、質権設定の要件である引渡しとしては、**「占有改定以外は大丈夫」と覚えればいいでしょう（即時取得の処理と同じです）**。

ちなみに、**債権質では、要物契約の処理は不可能**です。

債権というのは、目で見えるものではないので、**債権を引き渡してもらって占有することができない**からです。

質権の対抗要件
① 動産質は占有継続（352･353）
② 不動産質は登記（177）
③ 債権質は第三債務者への通知又は第三債務者の承諾（364･467）

対抗要件、どうすれば自分が質権者だと主張できるかということです。
動産質の場合、設定契約で物の引渡しを受け、それを続けないと「自分が質権者だ」と主張できません。

不動産質の場合、設定契約で物の引渡しを受け、登記さえしていれば、「自分が質権者だ」と主張できます。占有を続けていなくても主張できるのです。

この違いは、よく具体例で出題されます。

質権者が占有を失うと、第三者への対抗力を失うため、第三者に対しては質権に基づく返還請求権は行使できない。
ただ、占有回収の訴え（200）によってのみ質物を回収しうるにとどまる（353）。

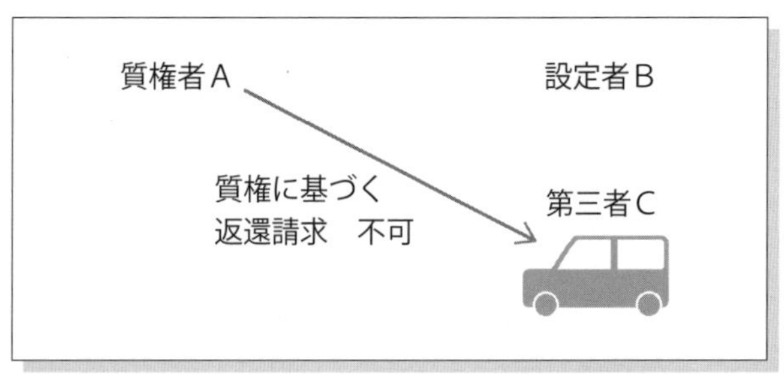

Aが動産に質権を持っていたところ、質物をCに取られました。
この場合に、**AがCに対し、「私が質権者だ、よこせ」ということはできません**。

動産質は、占有をすることによって、私が質権者だと言えます。

今回のAは、**占有をしていない以上、自分が質権者と言えない**ため、「私が質権者だ。私に渡せ」と言えないのです。

物権的請求権で取り返すことはできませんが、この事例が「奪われた」場合であれば打つ手はあります。

奪われたのであれば、占有回収の訴えという手法で取り返すことが可能です。

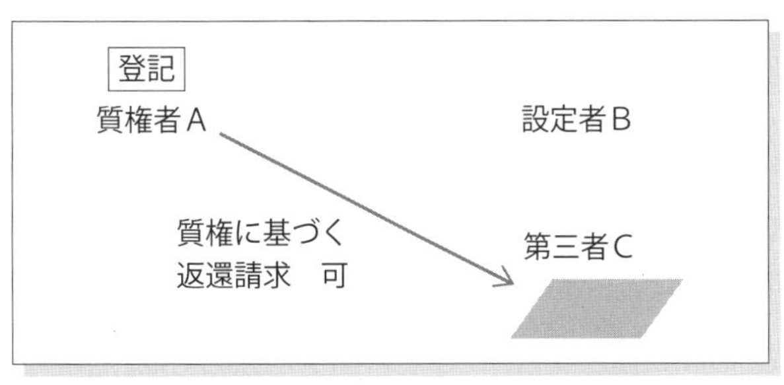

これは、不動産に質権を設定し、登記までしている土地が取られている事例です。

不動産質権の場合は、登記をしていれば私が質権者だと言えます。

今回、Aは登記をしているので、Cに対し、私が質権者だと主張でき、質権に基づく返還請求が可能です。

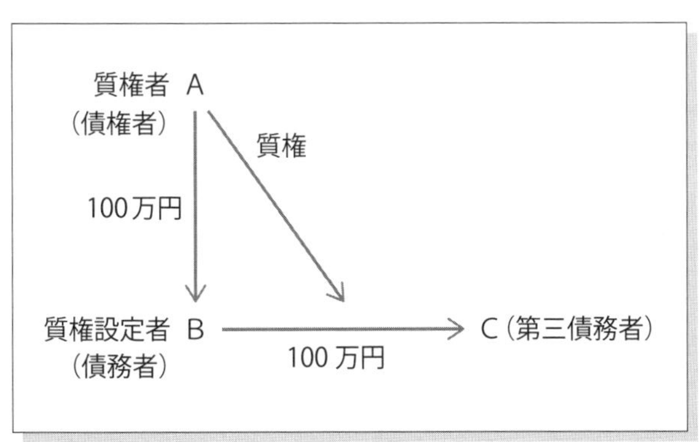

債権に質権を設定しました。

この質権者AはCのところに行って、「ＢＣ債権を私に払え」と言えます。

債権に質権を設定すれば、取り立てることができるのです。

これは、**あたかもＢＣ債権がＡに債権譲渡されたようなもの**です（ＡがＣに請求できるという点では同じです）。

そのため、**債権質の対抗要件は、債権譲渡の対抗要件のルールを使います**。

ＢからＡに債権譲渡がされたと考え、対抗要件は、「ＢからＣへの通知、もしくはＣからの承諾」になります。

問題を解いて確認しよう

1	動産に対する質権の設定は、当事者間の合意によってその効力を生ずる。〔元-10-2（11-14-ア）〕	×
2	不動産質権が成立するには、原則として不動産の引渡しが必要であるが、不動産質権設定の登記をすれば、引渡しは不要である。〔2-8-2（元-4-4、7-17-1、20-13-イ）〕	×
3	動産質の設定は、債権者に対する目的物の引渡しによりその効力を生ずるが、不動産質の設定は、質権設定の合意によりその効力を生じ、質権の設定登記は、その対抗要件である。〔15-14-ア〕	×
4	ＡはＢに対する債務の担保として、カメラを質入れしようとしている。Ｂが占有改定によるカメラの引渡しを受けただけでは、質権設定の効力は生じない。〔5-14-ア（2-8-4、11-14-イ、24-12-イ）〕	○
5	不動産質権の設定は、指図による占有移転の方法によって債権者にその目的物を引き渡すことによっても、その効力を生ずる。〔令2-12-イ（21-12-オ）〕	○
6	不動産質権は、登記をしなければ第三者に対抗することができない。〔20-13-オ改題〕	○
7	動産の質権者は、その占有を不法に奪われた場合であっても、占有の侵奪者に対し、質権に基づき返還請求をすることはできない。〔14-8-ウ（24-8-3）〕	○
8	動産質権者が目的物を他人に奪われた場合、動産質権者は、質権に基づいて当該他人にその返還を請求することはできず、占有回収の訴えによってのみ、その返還を請求することができる。〔21-12-ウ〕	○

9 債権をもって質権の目的としたときは、その設定を第三債務者に通知し、又は第三債務者が承諾しなければ、その設定を第三債務者に対抗することができない。〔62-14-1改題〕 ○

×肢のヒトコト解説

1 要物契約なので、物の交付が必要です。

2 要物契約なので、物を渡さないと質権は発生しません。

3 動産質、不動産質権の両方とも要物契約なので、物を渡さないと質権は発生しません。

これで到達！ 合格ゾーン

□ 質権は、元本、利息、違約金、質権の実行の費用、質物の保存の費用及び債務の不履行又は質物の隠れた瑕疵によって生じた損害の賠償を担保し、設定行為においてこれと異なる別段の定めをすることもできる。

〔24-12-ウ（27-13-ア）〕

★質権者は物を占有することが多く、後順位者が登場しにくいです。そのため、もっている債権は何でもかんでも優先弁済の対象にできやすいです。ポイントになるのは、「違約金（債務不履行の罰金）」「質物の隠れた瑕疵による損害（例　質物の機械が壊れて、油まみれになった）」、「別段の定め（担保しないという特約）ができる」の3点です。

343条（質権の目的）
質権は、譲り渡すことができない物をその目的とすることができない。

債務者が持っている麻薬に質権を設定できるでしょうか。もし、債務者が支払

わなかった場合、質権を設定した物を競売することになりますが、裁判所が「麻薬の競売」をやってくれるでしょうか。

やってくれるはずはありません。

343条は、「譲り渡すことができない物をその目的とすることができない」と規定して、こういった行為を規制しています。

	質権の設定
禁制物（麻薬等）・扶養請求権・恩給受給権等	×
差押え禁止財産（民執131等） ex. 生活に欠くことのできない衣服・寝具・台所用具・仏像・位牌	○
譲渡制限の意思表示がされている債権	○

差押えが禁止されている動産があります。例えば、動産執行の場合には、執行官が債務者の家などに家宅捜索しますが、その場合でも、「服・寝具・台所用具・仏像・位牌」のようなものは、差し押さえて持って帰ってはいけないとしています。

では、そういった物に質権を設定していいのでしょうか。

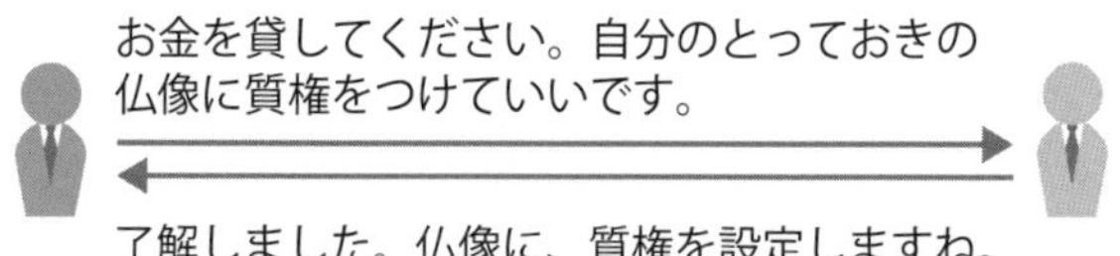

差押え禁止動産とは、執行官が勝手に差し押さえるのを禁止するルールです。そういった物を、債務者が自分の意思で、質権を設定することは許されます。

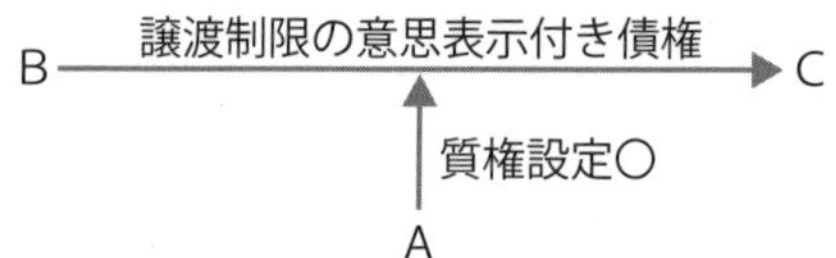

譲渡制限の意思表示が付いている債権は、譲渡できるのでしょうか。

譲渡はできますが、譲受人が悪意等の場合、支払いを拒まれることになっています。

譲渡ができ、343条の記載にかからないことになるため、譲渡制限の意思表示が付いている債権に質権を設定することは許されるのです。

問題を解いて確認しよう

1	動産質権は、所有権の客体になり得る物であれば、法律上譲渡が禁止された物であっても、その目的とすることができる。〔31-12-イ〕	×
2	Aは、Bに対して100万円を貸し付け、その貸金債権を担保するために、BがCに対して有する50万円の貸金債権に質権を設定した。BC間の貸金債権に譲渡制限の意思表示がされていた場合、Aは、質権を取得することはできない。〔14-7-ウ〕	×
3	特約により譲渡が制限されている債権を目的とする質権の設定は、その特約について質権者が悪意であるときは、無効である。〔24-12-オ（令3-12-エ）〕	×
4	民事執行法の規定によって差押えが禁止されている動産を動産質権の目的とすることはできない。〔17-13-イ〕	×

ヒトコト解説

1　譲渡できないものに質権を設定することはできません。

2,3　譲渡制限をかけた債権であっても、質権を設定できます。

4　質権設定は可能です。

356条（不動産質権者による使用及び収益）
不動産質権者は、質権の目的である不動産の用法に従い、その使用及び収益をすることができる。

357条（不動産質権者による管理の費用等の負担）
不動産質権者は、管理の費用を支払い、その他不動産に関する負担を負う。

358条（不動産質権者による利息の請求の禁止）
不動産質権者は、その債権の利息を請求することができない。

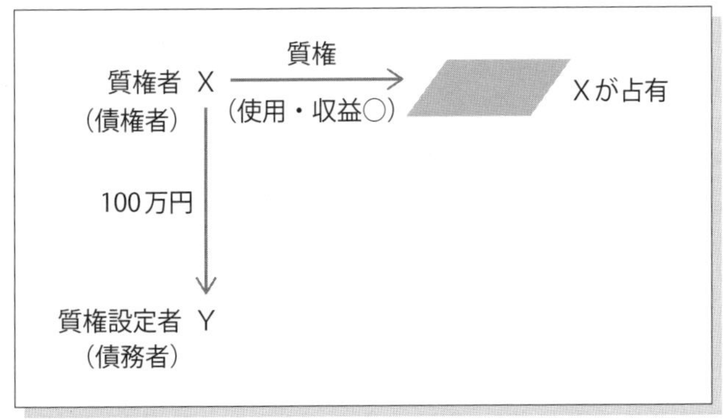

不動産質権を設定すると、質権者Xがこの物を使用収益できます。
使えるだけではありません。人に貸して賃料を取る、ここまでできるのです。

その代わり、毎年の税金（主に固定資産税）を払うのは質権者になります。
また、XからYにお金を貸していますが、その利息は請求できません。
使用収益できる代わりに管理費用の負担をする、利息が取れない、このようにしてバランスをとっているのです。

360条（不動産質権の存続期間）
不動産質権の存続期間は、10年を超えることができない。設定行為でこれより長い期間を定めたときであっても、その期間は、10年とする。

不動産質権だけ期間制限があり、10年を超えることができないとしています。
他人が不動産を使用収益している期間が長いのはよくない、短くした方がいいということから10年と縛っています。そして、10年経ってしまえば、質権がなくなってしまい、その人の債権は無担保になります。

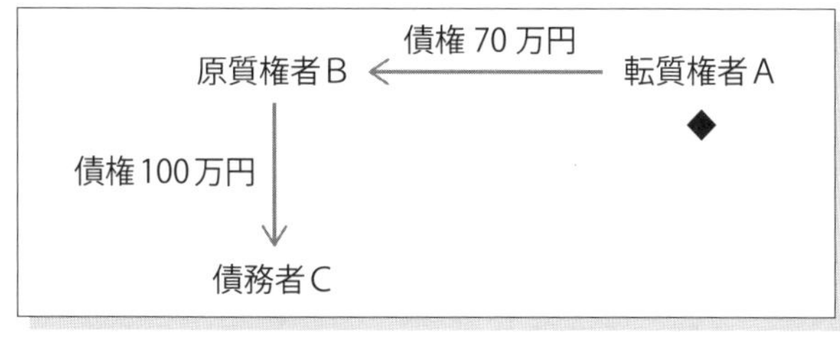

ＢがＣにお金を貸し、Ｃの物にＢが質権を設定しました。

このＢがＡからお金を借りました。

Ｂには担保にできる物がなかったので、Ｃから預かっていた質物を、Ａに質権を設定して、渡したのです。

賃貸借の分野で、転貸というのをやりました（又貸しというやつです）。

それと似ていて、質権を設定した後、もう１回質権を設定する、こういう質権のことを転質といいます。

この転質については、２つのパターンがあります。

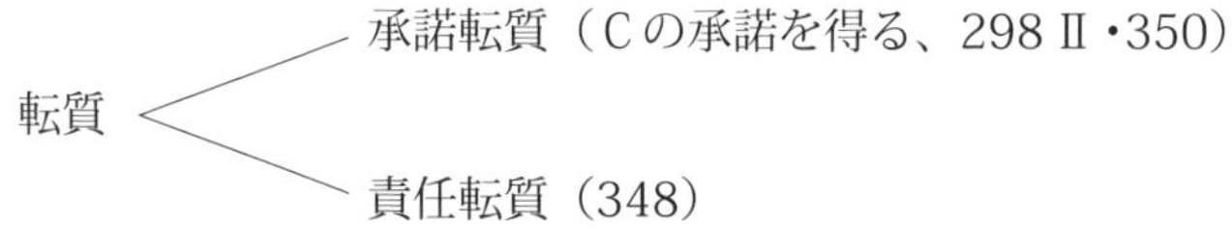

債務者のＯＫをもらって行う転質だけでなく、

債務者のＯＫなくして転質することもできるのです。

それを責任転質といいます。

348条（転質）

質権者は、その権利の存続期間内において、自己の責任で、質物について、転質をすることができる。この場合において、転質をしたことによって生じた損失については、不可抗力によるものであっても、その責任を負う。

Ａの所で地震があり、動産が壊れたとしましょう。

この転質が責任転質だった場合、**Bに落ち度はありませんが、Bは責任を取るハメになります**。

不可抗力であろうが何だろうが、**勝手に転質をした以上は責任を取れ**としているのです。

問題を解いて確認しよう

1	不動産質権は、10年を超える存続期間を定めることはできず、これより長い期間を定めたときは10年に短縮される。〔20-13-エ改題〕	○
2	土地を担保として金銭を貸し付ける場合に、抵当権の場合には、その存続期間について制限がないが、質権の場合には、その存続期間は10年を超えることができない。〔7-17-イ〕	○
3	AはBに対する500万円の債権を担保するために、Bとの間でB所有の不動産に質権を設定する契約を締結した。AとBが、質権の存続期間を15年と定めた場合においては、10年を超えた時点で、被担保債権がまだ存続しているときであっても、AB間で更新の合意をしない限り、Aの質権は、当然に消滅する。〔8-12-ウ〕	○
4	不動産質権者は特約がない限り、被担保債権の利息を請求することができない。〔2-8-5（15-14-ウ、20-13-ウ）〕	○
5	不動産質権者は、質権設定者の承諾を得なければ、目的不動産を他人に賃貸することができない。〔2-8-1（15-14-イ）〕	×
6	不動産質権者は、目的物について必要費を支出した場合には、所有者にその償還を請求することができる。〔令2-12-ウ〕	×
7	動産質権者が質物について転質をした場合には、質権者は、転質をしたことによって生じた損失について、不可抗力によるものを除き、その責任を負う。〔24-12-ア〕	×

×肢のヒトコト解説

5　不動産質権には、収益権があるので、無断で賃貸することもできます。

6　不動産質権者が、管理の費用、不動産に関する負担を負います。

7　不可抗力であっても責任を負います。

☐ 不動産根質権については極度額の定めが必要であるが、動産根質権については極度額の定めは必要ではない。〔22-11-ウ〕

★多くの債権を発生させるときに一括担保する場合には、根抵当権・根質・根保証が使われます。根質を設定する場合でも、不動産に設定する場合、不動産質権においては抵当権の規定が準用されるため（361）、極度額の定めが必要となってしまいます（398の2Ⅰ）。動産については、条文の規制がないため、極度額を定めることは不要です。

◆債権質権の優先弁済権◆

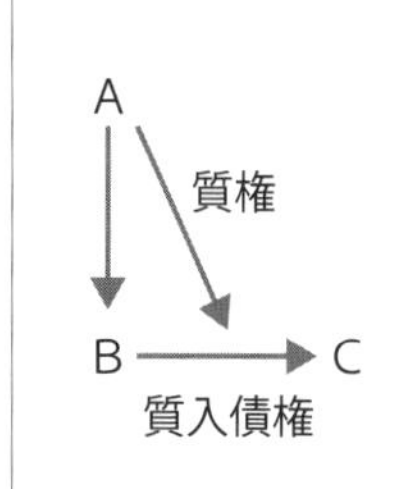	①　質入債権が金銭債権である場合 →　被担保債権・質入債権双方の弁済期が到来している場合 →　質権者は**自己の債権額に対する部分に限り**取り立てることができる（366Ⅱ）
	②　質入債権が非金銭債権である場合 →　質権者が受領した**目的物の上に動産質権、不動産質権等を取得**する（366Ⅳ）

例えば、ＡＢ債権が100万円、ＢＣ債権が300万円の場合で、ＡＢ・ＢＣ両方の弁済期が到来すると、ＡはＣに直接支払いを請求できます。

ただ、ＡがＣに請求できるのは100万円までです。
100万円回収できれば、ＡＢ債権は満足するためです。

また、ＡＢ債権が100万円、ＢＣ債権がダイヤの引渡債権の場合にはＡはＣに直接ダイヤを私に渡せと請求できます。
Ａは受け取ったダイヤに質権を刺すことになります（債権質から、動産質へチェンジしているのです）。

受け取ったダイヤに質権を設定するのであって、受け取ったダイヤの所有権を得るわけではないことに注意をしてください。

問題を解いて確認しよう

1	金銭債権の質権者は、被担保債権の弁済期が到来したときは、第三債務者からその金銭債権を取り立て、その金銭を自己の所有とすることにより、被担保債権の弁済に充てることができる。〔61-6-1（元-10-4）〕	○
2	Ａは、Ｂに対して100万円を貸し付け、その貸金債権を担保するために、ＢがＣに対して有する50万円の貸金債権に質権を設定した。Ｃが質権の設定を承諾していた場合において、Ｂが弁済期日までにＡに対する弁済をせず、かつ、ＢＣ間の貸金債権の弁済期が到来しているときは、Ａは、Ｃに対し、自分に50万円を支払うよう請求することができる。〔14-7-ア〕	○
3	質権者は、質権の目的が金銭債権ではないときは、これを直接に取り立てることができない。〔オリジナル〕	×
4	債権の目的物が金銭でないときは、その債権を目的とする質権を有する質権者は、弁済として受けた物について質権を有する。〔令3-12-ウ〕	○

×肢のヒトコト解説

3　目的物が動産、不動産の場合にはそれを質権者が取立てて、質権を設定することになります。

これで到達！ 合格ゾーン

□ 質入債権の目的物が金銭である場合、質入債権の弁済期が到来しても、質権の被担保債権の弁済期が到来するまでは、質権者は第三債務者に対して自己への弁済を求めることはできないが、その弁済をすべき金額を供託させることができる（366Ⅲ前段）。〔令3-12-ア〕

★前頁の例でいえば、ＡＢ債権の弁済期は到来していないのですが、ＢＣ債権が到来している場合です。この場合、Ａは権利行使できませんが、Ｃは払うべき時期に来ているため、「Ｃさん、払うべきものを供託してください」と請求することができます。

□ 現に発生していない債権であっても、質権の目的とすることができる（364括弧書参照）。〔令4-14-オ〕

★たとえば、まだ発生していない医院の診療報酬債権に対して質権設定をすることができます（将来債権は譲渡できるので、質権設定することも可能です）。

□ 同一の債権について数個の質権を設定することができる（362Ⅱ・355準用）。〔令4-14-エ〕

★債権に限らず、1つの物に複数の担保権を設定することは可能です。

◆質権の比較◆

	動産質	不動産質	権利質
設定契約の要件	・合意＋引渡し(344、要物契約) ・引渡し→占有改定は含まない(345)		設定の合意のみで可
対抗要件（第三者）	占有の継続(352)	登記(177)	通知・承諾(364Ⅰ)
目的物(343)	譲渡可能な動産	土地、建物	不動産物権、無体財産権、債権、株式 等 →譲渡可能な権利に限られる
優先弁済権(342)	⑴ 弁済方法 →競売した代金から弁済を受ける →簡易な換価方法あり(354) ⑵ 流質契約の禁止(349)	⑴ 弁済方法 →抵当権の規定を準用(361) 代価弁済(378) →簡易換価不可 ⑵ 流質契約の禁止(349)	⑴ 債権の直接取立てが可能(366) ⑵ 流質契約の禁止(349)

ここまでの論点＋αをまとめたものを、前記に記載しています。

流質契約の禁止

ある男が、お金を借りに行きました。

ある男　「5万円、お金を貸してください。この物に質権を設定していいです。」
相　手　「分かりました。ただ、払えなかったらこの物をもらうという約束をしてもらいますよ」
ある男　「それはひどい。この物は30万はしますよ。ぼったくりじゃないですか」
相　手　「嫌ならいいんですよ。こちらはお貸ししなくても困りませんから…」
ある男　「分かりました。」

債務者の窮状に付け込んで暴利を取ろうとすることは防ぐべきです。そこで、**設定契約（弁済期前の契約）で、「払えなかったら所有権を取る」という特約を禁じました**。これを流質契約の禁止といいます。

一方、質権設定した後に

ある男　「先日は5万円、ありがとうございます。払えなそうなので、物はもらっていいですよ」
相　手　「いいんですか、こんな高価なもの」
ある男　「どうぞ、どうぞ、持って行ってください」

これは単なる代物弁済にすぎず、問題ありません。このように**弁済期後にこういった特約をすることは禁じられていません**。

簡易な換価方法

動産に対して質権をつけた場合、裁判所に請求することによって、質権者が質物の所有権を取得することができます。

本来、質権を実行した場合には競売をかけることになりますが、**競売の手続費用による費用倒れになる恐れ**があります。

そこで、裁判所のチェックのもと、流質みたいなことを認めているのです。

ただ、これは**競売代金が安くなりがちな動産に対する質権に限定されている**のに注意をしてください。

問題を解いて確認しよう

1	動産質権の被担保債権の弁済期が経過したにもかかわらず動産質権者が弁済を受けなかった場合において、正当な理由があるときは、動産質権者は、裁判所に対し、鑑定人の評価に従って質物をもって直ちに弁済に充てることを請求することができる。〔31-12-ウ〕	○
2	動産質権の被担保債権の弁済期が経過したにもかかわらず動産質権者が弁済を受けなかったときは、その後、動産質権者と質権設定者は、動産質権者が質物を第三者に売却してその代価をもって弁済に充てることができる旨を約することができる。〔31-12-エ〕	○

第3章 留置権

今までとは、だいぶ感じが違う担保物権です。
その理由としては
① 設定契約をしないで、自動的に発生する点
② 優先弁済権がない点
にあります。
初めのうちは、違和感を感じるのは覚悟して、読んでいってください。

客Aが修理工場Bに車の修理を頼み、修理工場が修理を終えました。

客は修理工場に対し、車を返せという債権を持ち、修理工場は客に対し、修理代金の債権を持ちます。

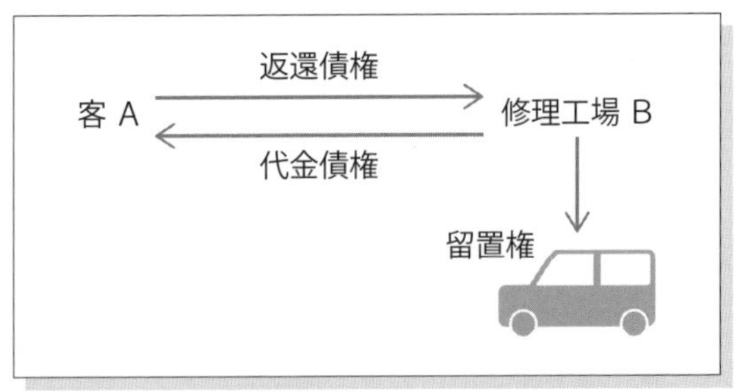

修理代金の債権が発生すると、**自動的に担保権が発生します**。

これが留置権で、**「払わないと返さないぞ」と言える権利**です。

Bが車を人質にして、「払わないと返さないぞ」と脅すことによって回収する、これが留置権の特徴です。

この留置権、最大の特徴は、留置的効力はあっても、優先弁済権はないという点です。

今まで見た担保権には優先弁済権がありましたが、今回は物を持ち続ける力しかありません。

留置権は価値を支配しておらず、物自体を支配しています。

Point

留置権の性質・効力

①附従性　随伴性

②不可分性（296）

③留置的効力

×物上代位性

×優先弁済を受ける権利

留置権の特色を並べました。

物上代位性×というところに注目してください。

留置権者は価値を支配していません。

だからこの価値が代金債権等に化けたとしても、これを押さえることができません。ここは、抵当権や質権とは違うところです。

Point

④競売権

⑤追及効

留置権者には優先弁済権がありません。ただし、競売にかける権利を持っています。

ただ単にずっと持っていなさい（しかも、注意義務があります）、**では酷**なので、競売にかけるところまでは認めます。

債権者平等原則には従いますが、競売にかけることは可能です。

また、留置権者には、追及効があります。

「物権は、売り払われても追いかける」これが追及効でした。先ほどの客が誰かに車の所有権を売っても、修理業者は、その人に対して留置権を主張できます。

留置権が発生するための要件
①「その物に関して生じた債権」であること(牽連性、295Ⅰ本文)
②「他人の物の占有者」が「債権」を有すること(295Ⅰ本文)
③債権が弁済期にあること(295Ⅰ但書)
④占有が「不法行為によって始まった場合」でないこと(295Ⅱ)

留置権が発生するための要件です。この留置権は、一定の債権が発生すると自動的に生まれる担保権(法定担保物権)です(だから、設定契約などをすることはありません)。

ただ実際には債権が発生するだけでなく、他にも要件が必要です。

1つずつ確認していきましょう。

Point

① 「その物に関して生じた債権」であること(牽連性、295Ⅰ本文)

債権が生まれたら自動的に発生する担保権ですが、どんな債権でもいいわけではありません。その物に関係した債権の必要があります。

例えば先ほどのケースは、修理代金債権という、物に関係した債権を持っていたのでこの要件をクリアします。

この留置権、大抵は2つのどちらかのパターンになります。

直した　→　代金債権等が発生　→　留置権発生
売却した　→　代金債権が発生　→　留置権発生

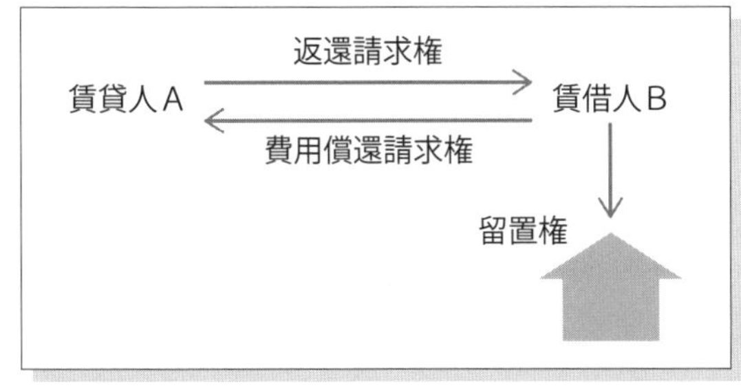

借りているBが家の修理をしました。

すると必要費に関して、費用償還請求権が発生し、その瞬間に留置権が発生します。

その結果、借り手Bは、「修理費用を払わないと、家は渡さないよ」と言えるのです。

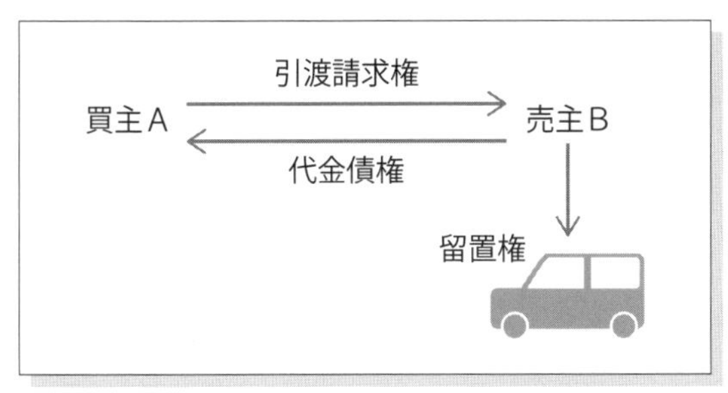

BがAに車を売りました。

売ることによって代金債権が発生し、この瞬間、留置権が発生します。

その結果、売主Bは「代金を払わないと車を渡さないぞ」と言えることになります。

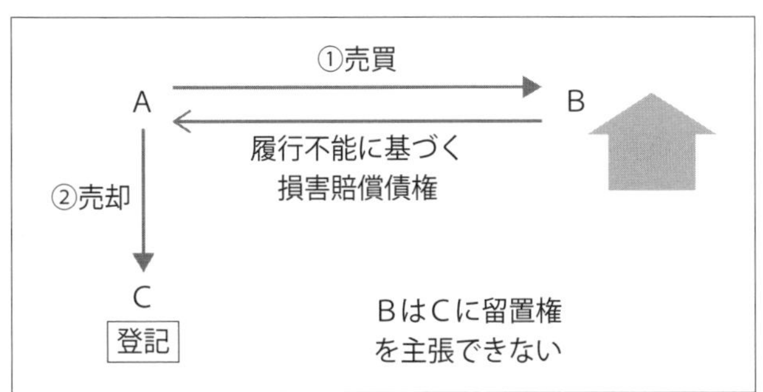

AがBに売り、今Bが家を占有しています。ここで、Bが登記をしないでいた

ら、AがCに売り、Cが登記をしました。

二重譲渡でCの勝ちになり、ここでBはAに対し損害賠償請求権を持つことになります（履行不能による損害賠償です）。

ここでBは、留置権を持つでしょうか。つまり、「Aが損害賠償を払わない限り、Cに家は渡さないぞ」という権利が発生しているのでしょうか。

結論は、発生しません。

先ほど言ったように基本的には、直した場合、売った場合に自動的に生まれる権利であって、**損害賠償請求権が発生しても、留置権は生まれません。**

ここの理屈は難しいので、はまる必要はありません。択一問題では「損害賠償ときたら、留置権は×」と切ってしまいましょう。

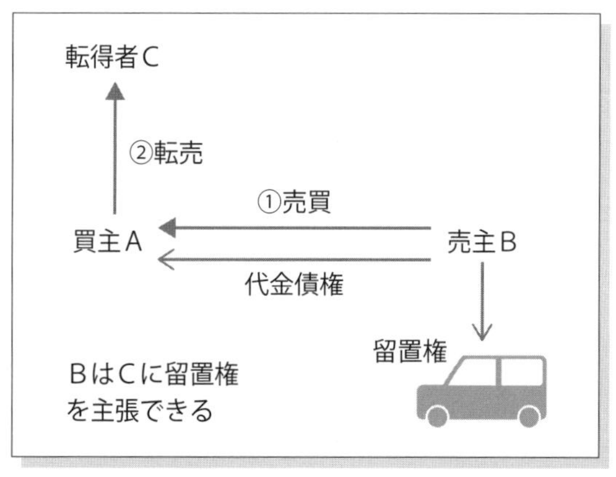

BがAに車を売り、代金債権が発生します。この瞬間、留置権が生まれます。

その後、Aは、この車が手元にないのに、Cに売っていますが、**BはCに対して留置権を主張できます。**

Aは留置権が刺さった所有権を持っています。

それをCに売っているのですから、Cにだって、留置権が主張できるのは当然です。

ちなみにこのBは、同時履行も主張できます。

ただ、同時履行の抗弁権は、契約相手にしか言えません。
また、同時履行というのは、履行を拒むということしかできません。
一方、留置権は履行を拒めるだけでなくいろんなことができます。

同時履行は債権で、弱い権利。
留置権は物権で、強い権利。

そんなイメージでいいと思います。

では、他の要件を見ていきましょう。

Point

② 「他人の物の占有者」が「債権」を有すること

占有がなければ留置権はありません。
「払わんと渡さんぞ」と言うのですから、持っていなければ言えないわけです。

Point

③ 債権が弁済期にあること（295 Ⅰ但書）

「払わんと渡さないぞ」という権利のため、弁済期の到来が要件となります。

Point

④ 占有が「不法行為によって始まった場合」でないこと（295 Ⅱ）

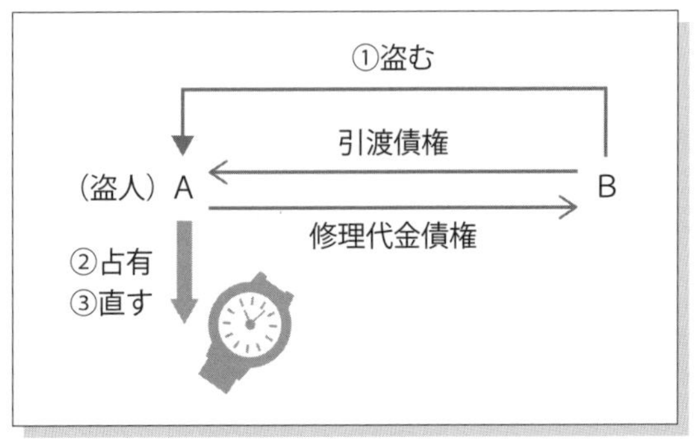

Ａが B から時計を盗みました。

盗んだところ、この時計が壊れていることが分かり、Ａはお金をかけて時計を直しました。

ここで、Ａがこの時計の修理代金債権を持つことによって留置権を持つ、これでいいでしょうか。

つまり、次の状態を認めてよいのでしょうか。

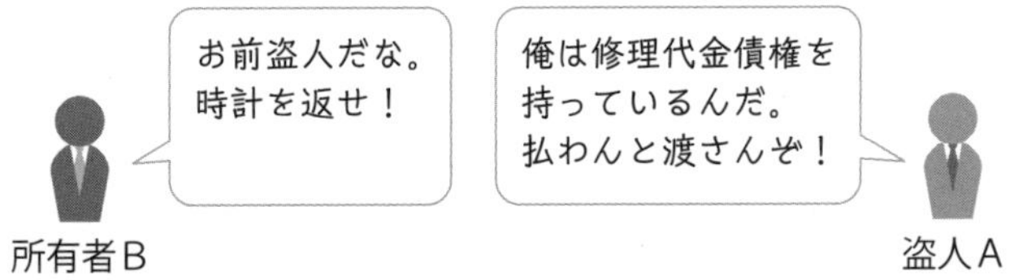

自分で盗んでおいて、この言い分はないでしょう。もちろん、留置権は発生しません。

これが④に載っている**不法行為によって始まった場合でない、という要件**です。

ただこの④の要件、少々射程範囲が広いのです。

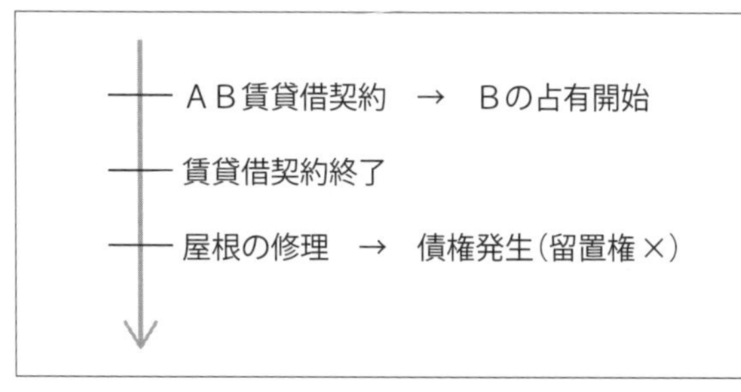

この事例は、賃貸借契約が終わって不法占有になり、その後、家を直しています。

この場合、留置権を認めません。

条文の表現は「不法行為によって始まった場合でないこと」となっていますが、現実は次のように考えましょう。

④　占有が「不法行為~~によって始まった場合~~」でないこと（295 Ⅱ）

賃貸借契約が終了して、占有者は不法占有になっています。**不法占有の状態で債権を取得しても、留置権は生まれない**のです。

次の事例はどうでしょう。

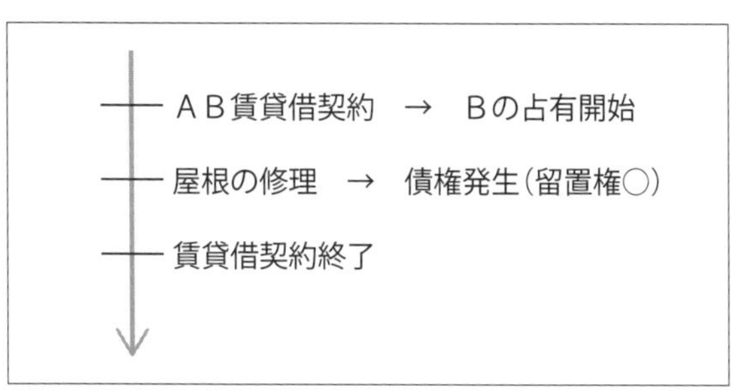

債権が生まれた時点では、占有者に賃借権があるので、不法占有ではありません。そのため、留置権が発生します。

適法占有状態で債権が生まれているのか、
不法占有状態で債権が生まれているのか、そこを見極めてください。

問題を解いて確認しよう

1	Aが所有者Bから借りていた自動車について、AがCに対して有償で修理を依頼し、これを引き渡した場合において、BがCに対して当該自動車の引渡しを要求したときは、Cは、Aに対する修理代金債権に基づいて、当該自動車について留置権を主張することができない。〔22-12-イ〕	×
2	建物の賃借人が、賃料不払のために契約を解除された後に、権原がないことを知りながら有益費を支出した場合、占有が不法行為によって始まった場合と同様の状況にあるので、賃借人は、その建物について留置権を行使することができない。〔13-9-オ改題（17-12-ア）〕	○
3	AがBに対して甲建物を賃貸している場合に、Aは、Bの債務不履行を理由に賃貸借契約を解除したが、Bは、解除前に支出した有益費の償還請求権に基づく留置権を行使して、甲建物を占有していた。この場合において、Bが解除後に更に修繕費を支出したときは、Bは、この修繕費の償還請求権のためにも甲建物を留置することができる。〔17-12-イ〕	○
4	動産留置権は被担保債権の弁済期が到来する前は成立しない。〔14-10-イ改題〕	○
5	土地が二重譲渡され、第2の買主へ所有権移転登記がされた場合、第1の買主は、第2の買主からの土地明渡請求に対して、自己への所有権移転が履行不能となったことを理由として得た損害賠償債権をもって当該土地につき留置権を主張することができる。〔10-11-イ（22-12-ア、23-11-4）〕	×
6	乙所有の建物を丙から買い受けた甲は、乙の明渡請求に対し、丙に対する履行不能による損害賠償請求権に基づいて、その建物を留置することはできない。〔63-12-4（22-12-ウ）〕	○
7	建物の買主が売買代金を支払わないまま当該建物を第三者に譲渡した場合、売主は、当該転得者からの建物引渡請求に対して、未払代金請求権をもって当該建物につき留置権を主張することができる。〔10-11-ウ（53-8-1、58-9-2、元-3-3）〕	○

×肢のヒトコト解説

1 AがCに修理を依頼して、修理債権が発生した瞬間に留置権が生まれています。留置権は物権のため、第三者Bにも主張できます。

5 損害賠償債権について留置権は発生しません。

2周目はここまで押さえよう

「その物に関して生じた債権」と認められる例 （留置権が成立する例）	「その物に関して生じた債権」ではないとされる例 （留置権が成立しない例）
①建物買取請求権（借地借家13）の行使によって生じた建物代金債権 ※建物だけでなく敷地についても留置権の成立を認めている（大判昭18.2.18）	①借地借家法33条による造作買取代金請求権と家屋との関係 ∵造作代金債権は家屋に関して生じたものではない（最判昭29.1.14） ②借家人の敷金返還請求権 ∵敷金返還請求権の発生時期は明渡時（622の２Ⅰ①）

上記の結論は、本書Ⅲにて「同時履行の抗弁権が成立するか」という点で説明している結論と同じになっています。（その部分の復習をしてください）

同時履行の抗弁権が成立　→　留置権も成立する
と考えて問題ありません。

1	ＡがＢに対して甲建物を賃貸している場合に、Ａ及びＢは、賃貸借契約を合意解除した。この場合において、Ｂが解除前にＡの承諾を得た上で甲建物に造作を施していたときは、Ｂは、造作の買取請求権に基づき甲建物を留置することができる。〔17-12-オ（10-11-オ、22-12-エ）〕	×
2	賃貸借契約の目的物である土地が譲渡された場合、借地人は、土地の譲受人に対し借地権を対抗することができないときであっても、借地権は土地に関して生じた債権であるので、留置権を行使して土地の明渡しを拒絶することができる。〔13-9-エ改題〕	×
3	ＡがＢに対して甲建物を賃貸している場合に、Ｂは、賃貸借契約締結の際に、Ａに対して敷金を交付していたが、賃貸借の終了後の敷金返還時期に関する特別の約定はなかった。この場合において、Ｂは、敷金返還請求権に基づき甲建物を留置することはできない。〔17-12-ウ〕	○

ここまでは「留置権が成立するかどうか」という論点でした。ここからは「留置権の効力」を見ていきます。

> **298条（留置権者による留置物の保管等）**
> 1　留置権者は、善良な管理者の注意をもって、留置物を占有しなければならない。
> 2　留置権者は、債務者の承諾を得なければ、留置物を使用し、賃貸し、又は担保に供することができない。ただし、その物の保存に必要な使用をすることは、この限りでない。
> 3　留置権者が前2項の規定に違反したときは、債務者は、留置権の消滅を請求することができる。

1項は、留置権者は他人の物を持っているため、注意義務を課している条文です。

この**1項を具体化したものが2項**です。

人のものなんだから、「勝手に使うな・貸すな・担保に出すな」と規定しています。

3項は制裁です。

1項、2項のルールを破って、

- 変な管理をしていたり
- 無断で使ったり、貸したり、担保に出した場合、債務者は消滅請求ができます。

この場合、留置権は消されて、物を持っていることができなくなります。

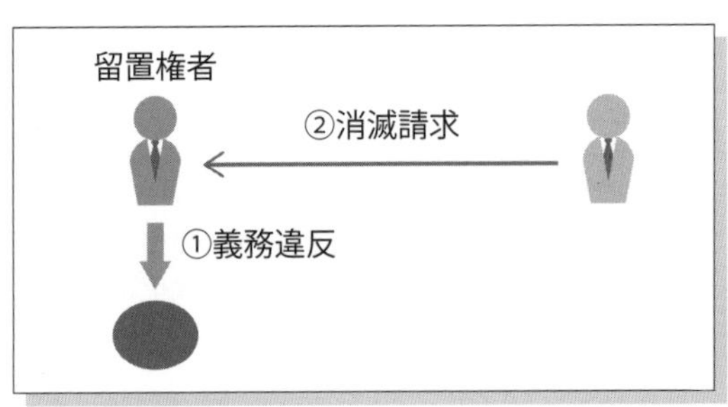

気を付けて欲しいのは、**義務違反をしていても、自動的に消えるわけではないということ**です。

債務者が消滅請求という意思表示をした時に、消えるのです（**制裁を課すかどうかを、債務者の意思に委ねています**）。

300条（留置権の行使と債権の消滅時効）
留置権の行使は、債権の消滅時効の進行を妨げない。

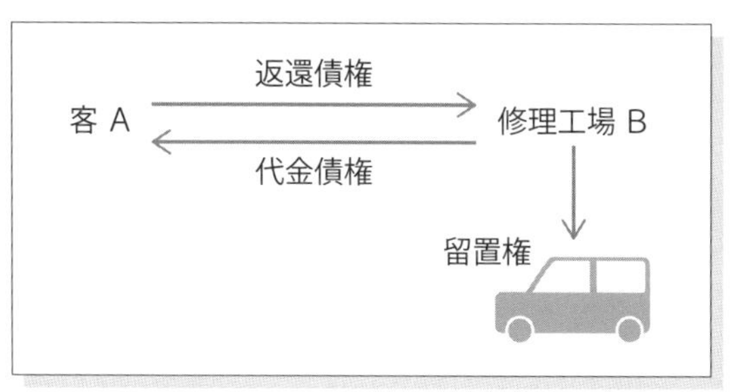

今、留置権があり、「払わんと渡さんぞ」と言っている状態です。

この状態でも代金債権の時効カウントは進みます。

留置権があったとしても、代金債権の権利行使とは扱われず、時効のカウントはどんどん進んでいくことを規定しています。

350条（留置権及び先取特権の規定の準用）
第296条から第300条まで及び第304条の規定は、質権について準用する。

留置権者と質権者には「担保権者が他人の物を持っているという状態」という点は同じであるため、**質権は留置権の条文を数多く準用します**。

特に重要な準用は、298条と300条です。

298条が準用されるので、以下のようになります。

・質権者は、善良な管理者の注意をもって、質物を占有しなければならない。
・質権者は、債務者の承諾を得なければ、質物を使用し、賃貸し、又は担保に供することができない。ただし、その物の保存に必要な使用をすることは、この限りでない。

・**質権者が前２項の規定に違反したときは、債務者は、質権の消滅を請求することができる。**

また、300条が準用されるため、
質権の行使は、債権の消滅時効の進行を妨げないことになります。

ただ、いくつか準用しない条文があるので、その条文は覚えるようにしてください。これから、質権が準用していない条文を紹介していきます。

301条（担保の供与による留置権の消滅）
債務者は、相当の担保を供して、留置権の消滅を請求することができる。

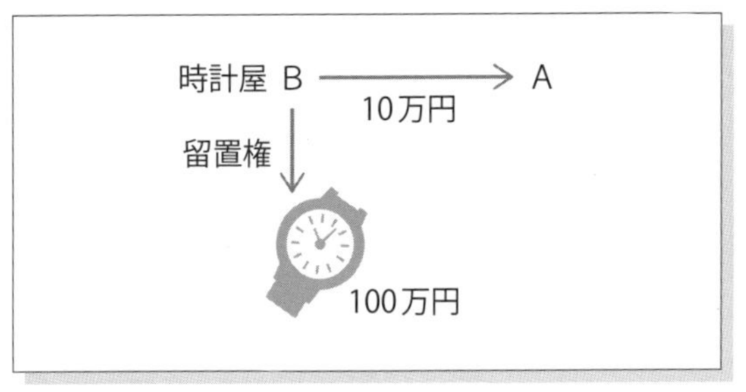

Aが非常に高価な時計をBに修理に出し、修理代金債権（10万円）が発生しました。ここで自動的にこの時計に対し、留置権という担保権が生まれます。

ただ、修理代金が10万円なのに、100万円の時計に担保権が発生しています。
金額のバランスが非常に悪いのです。
Aが払えればいいですが、払えなければ、別の物を担保に出すのです。

これが、留置権の消滅請求という権利です。ただ、この権利行使は単独行為で

はなく、**Bの承諾が必要**です。

何の価値もないものを持っていって、「これで代えてくれ」と言われても、Bとしても困るため、Bの承諾を要件にしているのです。

この権利ですが、**留置権では認められますが、質権では認められていません。**

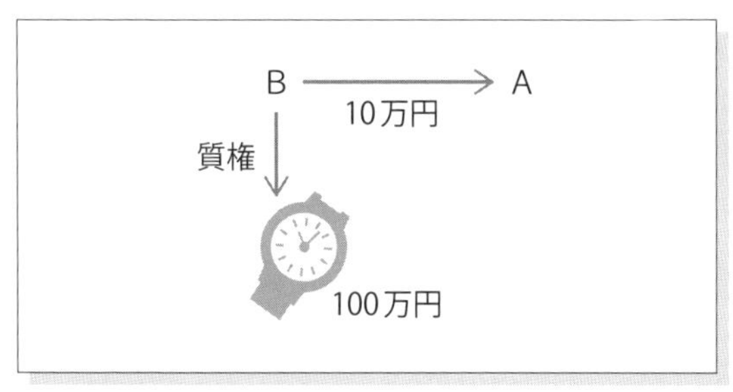

質権が発生するには契約が必要です。

「10万円借りたい。担保は100万円の時計でいいよ」と言って、AがBに時計を渡しています。**バランスの悪いことを自分で分かっていて、100万円の時計を差し出している**のです。

この場合、Aは、他の担保を出すから返してくれということは言えません。

留置権と違って、**質権の場合には自分で契約しているため、消滅請求権という権利を認める必要がない**のです。

302条（占有の喪失による留置権の消滅）
留置権は、留置権者が留置物の占有を失うことによって、消滅する。

留置権者は物の占有を失えば、「払わんと渡さないぞ」なんてことはもう言えません。占有がなければ留置権は発生しないし、占有がなくなれば留置権は消滅するのです。

一方、質権の場合はどうでしょう。

動産質では、物の占有を失った場合、対抗できないだけであって、質権自体は残ります。

また、**不動産質の場合は、登記があれば、対抗力だって失いません。**
そのため、この302条という条文は質権には準用されていないのです。

問題を解いて確認しよう

1	留置権者が留置物の占有を継続している間は、被担保債権の消滅時効は、進行しない。〔61-2-5（25-11-イ）〕	×
2	債務者の承諾なくして留置権者が勝手に留置物を賃貸した場合、留置権は消滅する。〔2-4-3（16-12-エ）〕	×
3	債務者は、相当の担保を提供して留置権の消滅を請求することができる。〔4-9-2（22-11-ア）〕	○
4	留置権は、目的物を占有していなければ成立せず、目的物の占有を失うと消滅する。〔19-11-ア〕	○
5	留置権者が留置物の一部をその過失により壊したとしても、債務者は、債務の全額を弁済しない限り、留置権の消滅を請求することはできない。〔25-11-ア〕	×
6	留置権者が留置物の所有者である債務者の承諾を得ないで留置物に質権を設定した場合には、債務者は、留置権者に対し、留置権の消滅を請求することができる。〔30-13-イ〕	○
7	Aは、Bからその所有する時計の修理を依頼され、その修理をしたが、Bは、時計の修理代金を支払っていない。Aが時計の占有に当たって善良な管理者の注意義務を尽くさなかったときは、それによって損害が発生しなくとも、Aの留置権は、Bの請求によって消滅する。〔16-12-イ〕	○
8	動産質権者は、設定者の承諾がなければ、質物を第三者に賃貸することができない。〔11-14-オ〕	○
9	動産質権者が、質権設定者の承諾なく質物を他人に賃貸した場合、債務者は、質権の消滅を請求することができる。〔21-12-ア〕	○
10	動産質権者が質権の目的である動産の占有を継続していても、これによって質権の被担保債権の消滅時効の進行は、妨げられない。〔17-13-エ〕	○
11	動産質権の債務者は、相当の担保を供して質権の消滅を請求することができる。〔57-12-3（22-11-ア）〕	×

×肢のヒトコト解説

1 留置権を使っていても、消滅時効のカウントは進行します。

2 消滅請求の意思表示をしない限りは、留置権は消滅しません。

5 過失により壊しているため、善管注意義務違反といえます。そのため、消滅請求をすることが可能です。

11 消滅請求権の留置権の規定を質権は準用していません。

2周目はここまで押さえよう

留置物を使用・賃貸し又は担保に供する場合	
原則	債務者の承諾を要する(注1)
例外	保存に必要な使用は承諾不要(注2)

(注1) 承諾の後に第三者に転売された場合
→ 新所有者は留置権の消滅を請求することはできない(最判平9.7.3)。

(注2) 保存に必要な使用に該当するか

事例	保存行為
① 修理費の償還請求権を被担保債権として留置権を行使している船舶で**遠距離を航海**し貨物の運送業務に当たること(最判昭30.3.4)	×
② 家屋の賃借人が有益費償還請求権(608 Ⅱ)を被担保債権として契約終了後に留置権を行使し当該家屋に居住し続けること	○※

※ **居住の利益**につき賃貸人に対して不当利得返還義務を負う(大判昭13.12.17)。

所有者の承諾がなければ、留置権者は、物を使用することはできません。

そして、留置権者Aが所有者Bから「使っていいよ」と承諾をもらっていた場合には、所有者がBからCに代わったとしても、問題なく使い続けられます(Cは、消滅請求することはできません)。

上記のように承諾がなければ使用できないのが基本ですが、無断で使用できる場合もあります。

それは、価値を維持する行為の場合です。

例えば、家を留置しているときに、家を使用することです。空き家の状態にしておくより、人が中にいる方が家の価値は維持できます。

これは所有者の承諾がなくても、行えるのです。

(ただし、ただで使えるわけではありません。使用した分については、お金を払う義務が生じます)。

一方、船を留置しているときに「**遠距離を航海**し貨物の運送業務に当たること」は価値を維持する行為とは扱われません。

遠距離走行していれば、むしろ船の価値を下げる可能性が高いからです。

1	A所有の甲建物について留置権を有するBがAの承諾を得て甲建物を使用している場合、その後にAから甲建物を買い受けて所有権の移転の登記を受けたCは、Bが甲建物を使用していることを理由として留置権の消滅請求をすることはできない。〔27-12-オ〕	○
2	甲から船舶を買い受けた乙が、売買契約解除後、修繕費用償還請求権に基づき船舶を留置した場合において、乙が甲の承諾を得ることなく、その船舶を遠方に航行させたときは、甲は、乙に対し、留置権の消滅を請求することができる。〔60-22-3〕	○
3	留置権者が留置物の保存に必要であるとして留置物を使用する場合、当該使用によって得た利益を不当利得として返還する義務を負わない。〔オリジナル〕	×
4	賃貸借終了後、借家人が修繕費を担保するために家屋を留置している場合、保存行為として当該家屋を使用したことの対価は不当利得として所有者たる債務者に返還することを要しない。〔3-3-2(17-12-エ)〕	×

297条(留置権者による果実の収取)

1　留置権者は、留置物から生ずる果実を収取し、他の債権者に先立って、これを自己の債権の弁済に充当することができる。

2　前項の果実は、まず債権の利息に充当し、なお残余があるときは元本に充当しなければならない。

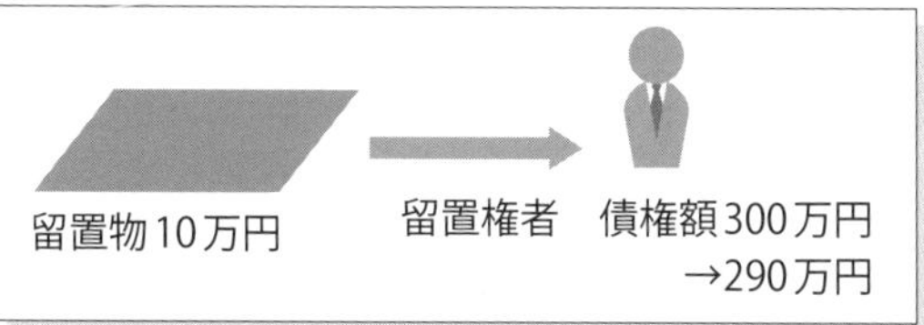

留置物から果実が生まれました。これは、本来、所有者のものですが、

・　金額が少額
・　本人に返すのは面倒

ということから、留置権者がもらっていいことにしています。

（果実には、天然果実だけでなく、貸して得られる賃料のような法定果実もあります）

そして、留置権者はもらった分だけ、他の債権者に先立って、被担保債権の弁済を受けたことになります。

これは、「留置権には優先弁済権がない」ことの数少ない例外になります。

1	留置権者は、留置物から生ずる果実を収取し、他の債権者に先立って、これを自己の債権の弁済に充当することができる。〔19-11-ウ（3-10-1、14-10-エ）〕	○
2	留置権者が債務者の承認を得ずに留置物を第三者に賃貸した場合、その賃料は弁済に充当できず、不当利得として返還することを要する。〔3-3-1〕	○
3	留置権者は、債務者の承諾を得て留置物を第三者に賃貸することができ、賃貸によって得られた賃料を他の債権者に先立って被担保債権の弁済に充当することができる。〔25-11-ウ（30-13-ア）〕	○

◆留置権の特有の消滅原因◆

消滅原因	要件・論点
消滅請求（298 Ⅲ）	①　留置権者の管理義務違反が必要 ②　損害が発生したことは不要 ③　債務者（又は所有者）が留置権者に対して留置権消滅請求の意思表示をすることが必要
代担保の提供（301）	留置権者の承諾は必要 →債務者が応じないときには、**留置権者の承諾に代わる裁判**を得て、留置権の消滅を請求することができる。

代担保の提供(301)	**留置権者の承諾は必要** →債務者が応じないときには、**留置権者の承諾に代わる裁判**を得て、留置権の消滅を請求することができる。
占有の喪失(302)	①　留置権者が占有回収の訴えで勝訴し現実に占有を回復したときは留置権も消滅しなかったことになる(203但書) ②　債務者（又は所有者）の承諾を得て賃貸・質権の目的とした場合には消滅しない(302但書)

留置権の消滅原因を上記にまとめました。

代担保の提供についてですが、提供という言葉にはなっていますが、相手の承諾が必要です。

そのため、いくら代わりの物を持っていっても、「これじゃ、今の物の値段に見合わないよ」と拒否されてしまえば、留置権は消滅しません。

（ちなみに、ちゃんとした金額の物をもっていっているのに、相手が応じなければ、裁判で承諾に代わる意思表示をもらうことになります）

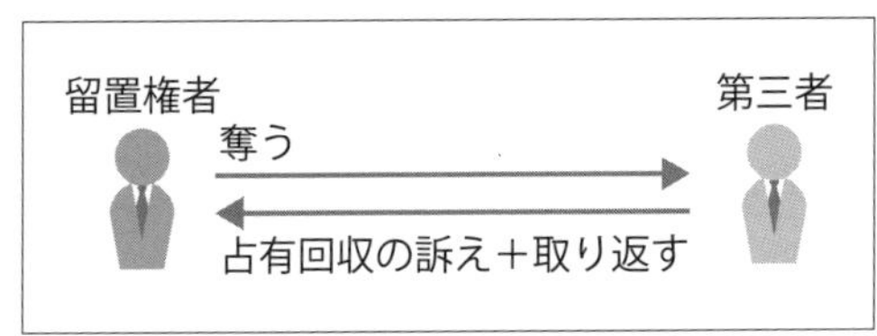

また留置権者が物を持たなくなれば、留置権は消滅しますが、奪われた物を占有回収の訴えで取り返した場合には、占有は消滅していなかったことになるため、留置権は残ります。

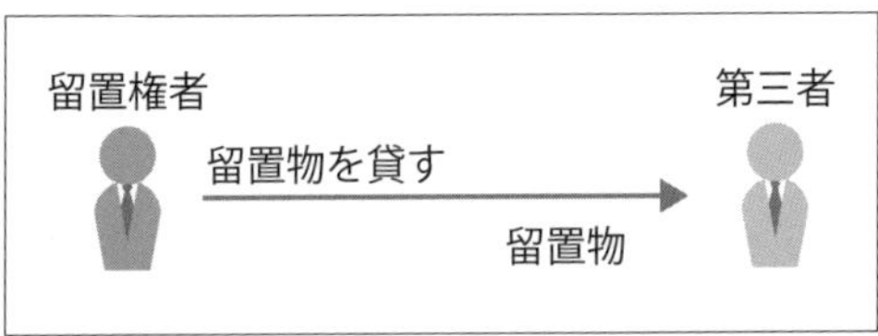

留置権者が、物を適法に第三者に貸し、引き渡しました。この場合、第三者が物をもっていますが、留置権者にも占有が残ります。

他人に物を貸しても占有権は消滅しない、という代理占有の理屈です。

そのため、留置権者が物を貸しても、占有は残るため、留置権は消滅しないことになります。

☑ 1	Aは、Bからその所有する時計の修理を依頼され、その修理をしたが、Bは、時計の修理代金を支払っていない。Aが修理代金債権の額に相当する担保の提供に応じないときは、Bは、Aの承諾に代わる裁判を得てAの留置権の消滅を請求することができる。〔16-12-ウ〕	○
2	甲は乙からその所有にかかる自動車の修理を請け負い、これを完成したが、乙が支払期日の経過後も修理代金を支払わないので、自動車の占有を継続した。甲のために自動車を保管していた者が、乙に自動車を返還しても、甲が返還を承諾していないときは、甲の留置権は消滅しない。〔53-8-4〕	×
3	Aは、Bからその所有する時計の修理を依頼され、その修理をしたが、Bは、時計の修理代金を支払っていない。AがCによって時計を強取されたときは、Cに対する占有回収の訴えによって占有を回復しても、Aは、留置権を主張することができない。〔16-12-ア〕	×
4	留置権者以外の者が留置物を占有している場合には、留置権者は、占有者に対し、留置権に基づき、目的物の占有を自己に移転するよう請求することができる。〔30-13-ウ〕	×

これで到達！ 合格ゾーン

☐ A所有の甲建物について留置権を有するBがAの承諾を得て甲建物を使用している場合、その後にAから甲建物を買い受けて所有権の移転の登記を受けたCは、Bが甲建物を使用していることを理由として留置権の消滅請求をすることはできない。(最判平9.7.3)。〔27-12-オ〕

★使用収益につき、先に承諾をもらっていれば新所有者に対して「前主から使っていい旨の承諾をもらっています」と主張できます。

□ 物の引渡しを求める訴訟において、被告が留置権を行使して引渡しを拒絶した場合、裁判所は、請求棄却の判決をするのではなく、引換給付の判決をすべきである（最判昭33.3.13）。〔13-9-イ〕

★留置権は、相手方（原告）の目的物引渡請求権の存在を前提として、「払うまで渡さない」と主張する権利です。訴訟で使われた場合には、「原告は○○円払え、被告は物を渡せ」という引換給付判決が下されます（詳しくは同時履行の抗弁権で学習します）。

□ 留置権者が留置物について必要費を支出した場合において、これによる価格の増加が現存しなくても、所有者にその償還を請求することができる。

〔30-13-オ〕

★「留置権者は、留置物について必要費を支出したときは、所有者にその償還をさせることができる（299Ⅰ）」。有益費については、これによる価格の増加が現存する場合に限り、償還させることができる（299Ⅱ本文）」。必要費については、「価格の増加が現存する場合」に限らず、相手側に請求できるようになっています。

第4章 先取特権

令和7年本試験は ここが狙われる！

これはイメージが持ちづらい権利です。多く出題されるところではないので、なおさらイメージが持ちづらいところです。
一つ一つのところで立ち止まるのではなく、まずは本書を一気に読み切ってしまいましょう。

この権利は、留置権と同じで、一定の債権が発生すれば、勝手に発生する担保権です。

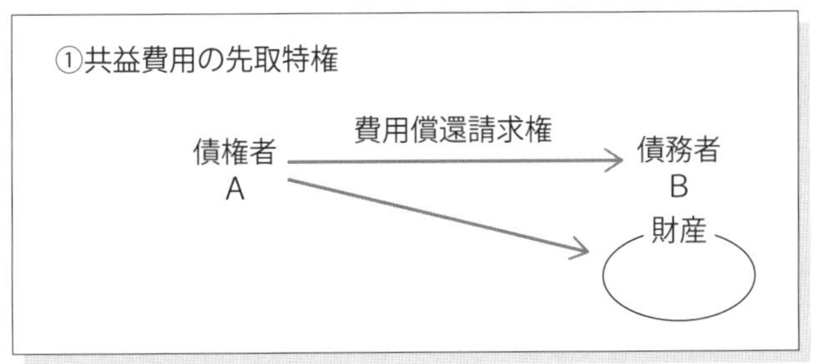

Bの財産がなくなりそうになったので、Aがお金をかけてそれを止めました。お金をかけているので、その分費用償還請求権を持ちます。

すると、**Bのすべての財産に対して、自動的に先取特権という担保権を持ちます**。

この担保権には、今までにない性質があります。

債務者の全財産に向かっているところです。債権が発生すれば、自動的に全財産に担保権が発生するのです。

こういった全財産に向かうパターンがあと3つあります。

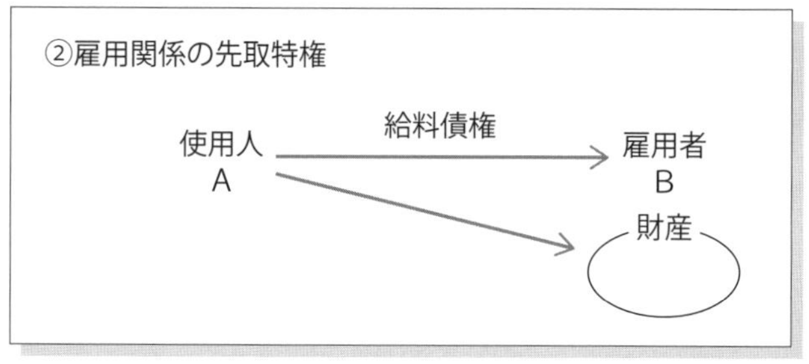

使用人Aが雇用者Bに、給料の債権を持ちました。
すると、AはBの全財産に先取特権という担保権を持ちます。

給料債権だけでなく、退職金債権であっても先取特権が成立する場合があります（給料の一部を退職金として積み立てて、退職する際に払う、いわば給料の後払いの性質を持っている場合です）。

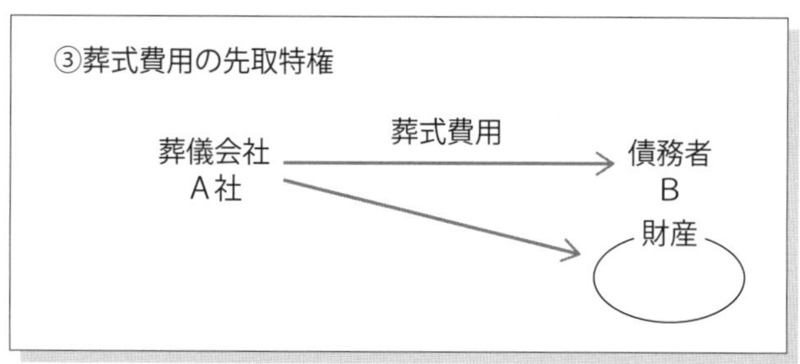

Bが葬儀会社A社に葬式を頼み、葬儀費用の債権が生まれます。
すると自動的にBの全財産に先取特権が向かいます。

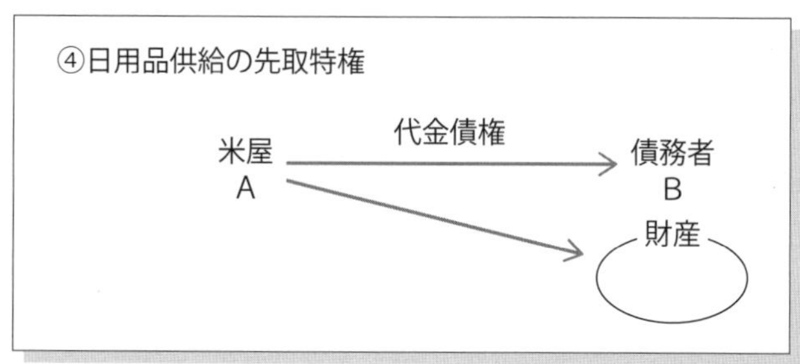

Bがお米屋さんAから米を買い、代金債権が発生します。
すると自動的にBの全財産に担保権が向かいます。

このように、「**一定の債権が生まれた瞬間に担保権が生まれる**」これが、先取特権です。
では何故こんな権利があるかというと、先取特権の1つずつ理由が違います。例えば、最後に見たお米屋さんのケース、これで説明しましょう。

Bが多重債務者で、日々の生活にも困っています。
財産が少額しかなく、お金がありません。このBがお米を買おうと注文したのですが、

「あの人は多重債務者だから、お米を売っても、代金取りっぱぐれるぞ」「注文があったけど、売るのをやめよう」

米屋さんA

米屋さんが、このように考えて売らない可能性もあります。このままでは、Bは、**死んでしまう危険が生じます**。

お米屋さん、売っちゃいなさい。
回収できるように、担保権をあげるから売っちゃいなさい。

Bが生活できるように、お米屋さんに担保権を与えたのです。

今の趣旨から考えると、**Bが法人だったら成立させる必要はありません**ね。
お米を売ってあげないと死んでしまう、自然人だけが対象になります。

◆ 一般先取特権の種類と目的物 ◆

	債権の種類	目的物
一般先取特権	① 共益の費用	債務者の一般財産
	② 雇用関係に基づき生じた債権	雇主の一般財産
	③ 葬式の費用	親族の一般財産
	④ 日用品の供給代金	債務者の一般財産

今まで説明した4つを、表でまとめました。

どんな債権の時に、どこに担保権が向かうかという表になっています（一般財産と書いているのは、総財産というイメージです）。

これが一般先取特権という、すべての財産に向かっているグループです。

他にも先取特権は
ある動産についてだけ発生する先取特権のグループと
ある不動産についてだけ発生する先取特権のグループがあります。

問題を解いて確認しよう

1	法人に日用品を供給した場合において、当該法人の規模が著しく小さいときは、範囲が限定された日用品供給の先取特権が成立する。〔オリジナル〕	×
2	雇用関係の先取特権は、使用人が有する給料債権について存在し、退職金については、雇用関係の先取特権は認められない。〔17-11-イ改題〕	×

ヒトコト解説

1　日用品供給の先取特権は、債務者が自然人の場合に成立します。

2　いわば給料の後払いの性質を持っている場合は成立します。

◆ 動産先取特権の種類と目的物 ◆

	債権の種類	目的物
動産先取特権	① 不動産の賃料等	借家に備え付けられた動産等
	② 旅館宿泊料・飲食料	旅館にある宿泊者の荷物
	③ 旅客又は荷物の運賃等	運送人の手中にある荷物
	④ 動産の保存費用	当該動産
	⑤ 動産の売買代価・利息	当該動産
	⑥ 種苗・肥料・蚕種・桑葉の代価	これにより生じた果実・物
	⑦ 農工業労務者の賃金	労務によって生じた果実・製作物

これは動産先取特権と呼ばれるもので、**特定の動産にしか担保権は向きません**。種類としては7つほどありますが、試験に出るのは①と⑤ぐらいです。

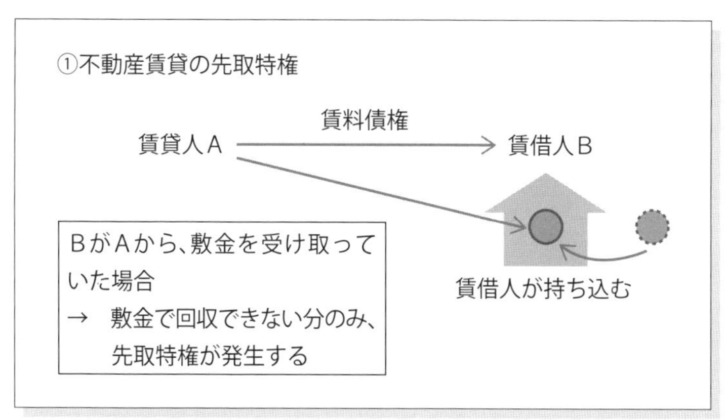

BがAから家を借り、その家に家財道具などを持ち込んでいました。

AからBに賃料債権が発生すると、持ち込んだ家財道具に自動的に担保権が発生します。

これが不動産賃貸の先取特権というものです。

これはBの全財産に向かうわけではありません。家の中に持ち込んだ動産にだけ担保権が向かいます。

ちなみにBがAから、敷金30万を受け取っていて、賃料が40万未払いだった場合には、**先取特権の被担保債権は10万円のみ**になります。

30万は敷金で確実に回収できるので、それを除いたものに限定されるのです。

Point

(1) 原則

先取特権は債務者の財産の上にしか成立しない。

(2) 例外

次の3つの先取特権については、即時取得の規定が準用され、他人の動産の上にも先取特権が成立する（329）。

①不動産賃貸

②旅館宿泊

③運輸

先取特権は、債務者の財産に対して成立する物権で、他人の財産には成立しないのが原則です。

ただ、不動産賃貸の先取特権は、他人の財産に成立する場合があります。

先ほどの事例で、賃借人Bが持ち込んだ動産に対して先取特権が成立するのが原則ですが、Bの知り合いが動産を置き忘れた場合でも

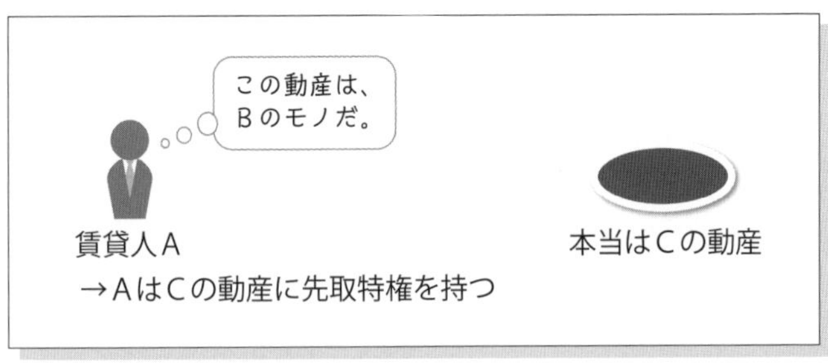

このように、**Bの動産と信じた場合には、Aはこの動産に先取特権を持つ**ことになります（即時取得の規定が準用されたとして、処理されます）。

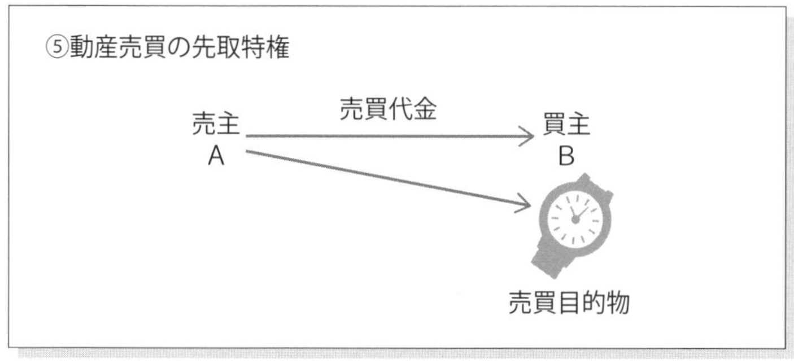

AがBに時計を売り、代金を受け取る前に時計を渡してしまったのです。

売った瞬間に留置権が発生するのですが、この事例では時計を**渡してしまっている以上、売主に占有がないので、留置権は認められません**。

この場合、先取特権で回収します。**売った時計に先取特権が追いかける**のです。

これが動産売買の先取特権というものです。全財産に向かうのではなく、売った時計にだけ向かいます。

1	株式会社Aが賃借している建物の賃料を、3か月分滞納した場合において、賃貸借契約の締結の際に敷金として2か月分の賃料相当額を支払っていたとしても、賃貸人Bは敷金を延滞賃料に充当することなく、3か月分の賃料について、株式会社Aが甲建物に備え付けた動産の上に先取特権が認められる。〔17-11-エ〕	×
2	敷金が授受された建物の賃貸借において、賃貸人は、賃借人に対して有する賃貸借関係から生じた債権のうち敷金額を控除した部分についてのみ不動産賃貸の先取特権を有する。〔29-18-オ〕	○
3	賃借人が賃借不動産に備え付けた動産が賃借人の所有物でない場合には、賃貸人がこれを賃借人の所有物であると過失なく誤信したときであっても、当該動産について、不動産賃貸の先取特権は成立しない。〔16-14-ウ(10-12-エ)〕	×

✕肢のヒトコト解説

1　敷金分を抜いた1か月分のみ先取特権が認められます。

3　即時取得の適用を受け、先取特権が成立します。

これで到達！ 合格ゾーン

☐ 不動産の賃借人がその不動産を転貸している場合には、賃貸人の先取特権は、賃借人がその転貸借契約に基づいて転借人から受けるべき金銭にも及ぶ（314後段）。〔令3-11-エ〕

★AがBに対して不動産を賃貸し、BがCに転貸している場合、AからBへの賃料債権に基づく先取特権は、BがCから受け取ることになる転貸賃料などにも効力が及びます。

覚えましょう

◆ 不動産先取特権の種類と目的物 ◆

	債権の種類	目的物
不動産先取特権	①　不動産自体の保存費用 不動産に関する権利の保存・承認・実行の費用	その不動産
	②　不動産工事の費用	その不動産
	③　売買代金及びその利息	その不動産

今度は、ある不動産にだけ向かう先取特権です。

これは3つともよく出ます。

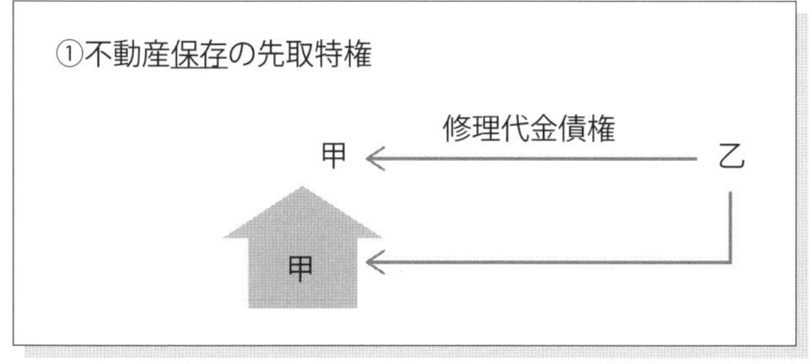

甲の家を乙が修理し、乙から甲に修理代金債権が発生します。

すると、自動的に先取特権が生まれます。直した家に先取特権が刺さるのです。

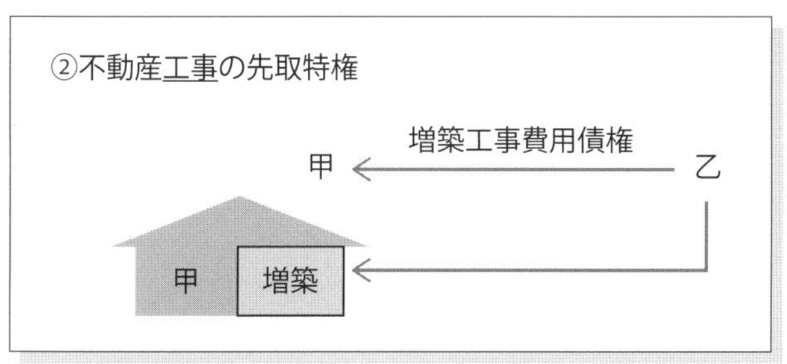

甲の家を乙が工事して、家を増築したため、工事代金債権が発生します。

すると、自動的に工事した家に先取特権が刺さります。

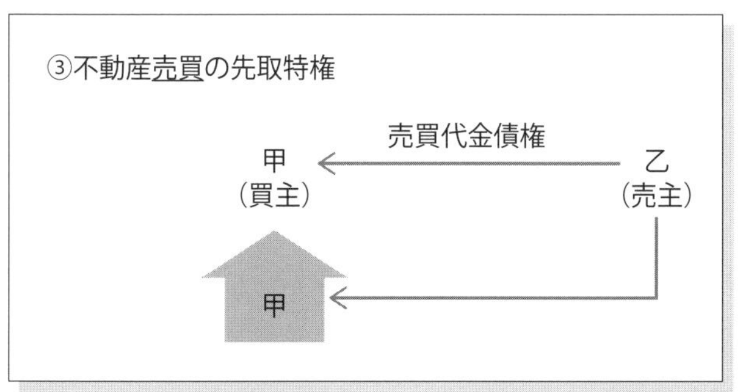

乙が甲に家を売り、家を渡しました。

この場合、留置権は主張できませんが、売った家に先取特権は追いかけます（**売ったものに追いかけるという点では、動産の時と同じ**です）。

◆ 不動産先取特権を登記するときのポイント ◆

	不動産保存 (326・337)	不動産工事 (327・338)	不動産売買 (328・340)
登記時期	保存行為完了後 直ちに	工事開始前	売買契約と同時
登記事項	債権額 (不登83 I ①)	費用の予算額 (不登85)	債権額及び利息 (不登83 I ①)

この3タイプ、それぞれ登記することが義務になっています。
登記をしないと、効力が認められません。

不動産保存の先取特権は**修理したらすぐに登記**しないと効力が認められません。

不動産工事の場合はもっと早く、**工事を始める前に登記**をしないと、効力が認められません。
工事によって**発生する債権は高額になりやすいので、早めに公示しなさい**としています。

ちなみにここで登記できるのは、工事費用ではありません。
工事費用は工事が終わってみないと分からないので、**工事の見積金額**（予算額といいます）を登記することになります。

最後に売買のケースですが、そもそも売買契約による所有権移転登記が必要になりますが、この先取特権の登記は、この**移転登記と一緒に登記**する必要があります。

そして、この**売買の先取特権は、利息まで登記できます**。
先取特権は、基本的に元本しか担保されず、利息が担保されません。その例外が売買の先取特権で、この先取特権は利息まで担保できます。

問題を解いて確認しよう

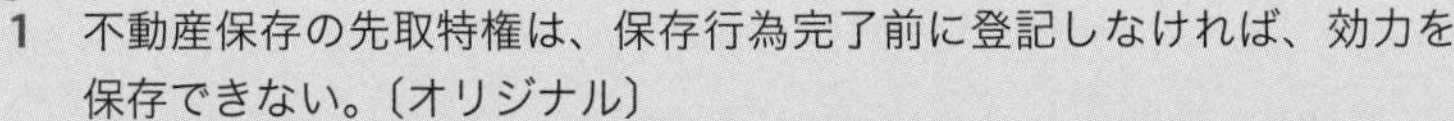

1	不動産保存の先取特権は、保存行為完了前に登記しなければ、効力を保存できない。〔オリジナル〕	×
2	不動産工事の先取特権を保存するには、その工事の開始前にその費用の予算額を登記しなければならないが、その工事が建物の新築工事であるときは、建物自体が存在しないので、建物の建築後直ちに登記すれば足りる。〔16-14-オ（26-11-イ）〕	×
3	不動産売買の先取特権の効力を保存するためには、売買契約と同時に、不動産の代価又はその利息の弁済がされていない旨を登記しなければならない。〔26-11-ア〕	○
4	不動産賃貸の先取特権は、賃借人が第三者から預かって賃借不動産内に保管している動産には及ばない。〔10-12-エ〕	×
5	賃借人が賃借不動産に備え付けた動産が賃借人の所有物でない場合には、賃貸人がこれを賃借人の所有物であると過失なく誤信したときであっても、当該動産について、不動産賃貸の先取特権は成立しない。〔16-14-ウ〕	×

×肢のヒトコト解説

1　保存行為「後」直ちに登記すれば十分です。

2　不動産工事の先取特権は、工事着手「前」に登記が必要です（どのように登記するかは、不動産登記法で学びます）。

4,5　賃貸人が、賃借人の物と信じれば先取特権が成立します。

これで到達！ 合格ゾーン

□ 不動産の工事の先取特権の効力を保存するためには、工事を始める前にその費用の予算額を登記しなければならず、この場合において、工事の費用が予算額を超えるときは、その超過額については存在しない（338Ⅰ）。〔24-11-ア〕

★根抵当権の極度額と同じような扱いになっています。工事費用予算額が1000万で、実際の工事費用が1300万の場合には、300万の部分は無担保債権になります。

□ 不動産の工事の先取特権は、工事によって生じた不動産の価格の増加が現存する場合に限り、その増価額についてのみ存在する（327 Ⅱ）。〔28-11-イ〕

★たとえば、家にペンキなどを塗って価値を上げたとしても、その価値が残っていない場合には、先取特権の効力は認めないのです。

Point

先取特権の性質・効力
①優先弁済的効力
②附従性・随伴性
③不可分性（305・296）
④物上代位性（304）

先取特権の性質を4つ載せています。

ポイントは優先弁済権があるということです。優先弁済権があるということは、価値を支配していますから、価値が化けた場合も押さえる、物上代位性も認められます。

優先弁済権については、ちょっとしたルールがあります。

次の図を見てください。

乙区

1	抵当権	X
2	不動産売買の先取特権	A
3	不動産工事の先取特権	B
4	一般先取特権	C
5	不動産保存の先取特権	Y

例えば、ある不動産に対し、これだけ先取特権や抵当権が付いていたとします。

ここで、どう配当されるのかというと、

一般論では、1番がもらって余りがあれば2番、これで余りがあれば3番、4番…なんですが、先取特権が絡むと、登記の順番では決まらなくなります。

◆ 不動産の競売で配当がもらえる優先順位 ◆

順位	債権・担保権の種類
1	不動産保存の先取特権（337）
2	不動産工事の先取特権（338）
3	不動産売買の先取特権（340） 不動産質権 抵当権 登記した一般先取特権
4	未登記一般先取特権
5	一般債権者

先取特権がある時の配当の順番は上記の通りです。

不動産保存の先取特権が回収して、余りがあれば、不動産工事の先取特権が先にもらいます。それでも余りがあれば、担保権者が登記の順番で配当をもらいます。

修理をした人がまずもらい、次に価値を上げた人がもらう、それでも余りがあれば登記の順番で配当されるということです（**それだけ、修理と価値を上げたことへの保護が強い**のです）。

先ほどの登記簿の事例では、1番目にもらえるのがY、次がB、その後は登記した順番でもらうので、X→A→Cとなります。

表の順位4、5に注目してください。

一般先取特権は登記してなくても、一般債権者に勝てます。

一般先取特権は、どれもこれも金額が低いのです。

金額が低いため、登記していないケースが多いので、登記しなくても、一般債権者には勝てるようにしています。

問題を解いて確認しよう

1	同一の不動産について不動産保存の先取特権と不動産工事の先取特権が互いに競合する場合には、不動産保存の先取特権が優先する。〔26-11-ウ（令3-11-イ）〕	○
2	一般の先取特権を有する者は、債務者が所有する不動産についてその登記をしなくても、その先取特権をもって、その不動産につき登記をした抵当権者に対抗することができる。〔60-8-4（19-9-1、26-11-オ）〕	×
3	一般の先取特権も、不動産について登記することができ、その登記がされたときは、これに後れて登記された不動産売買の先取特権に優先する。〔16-14-イ〕	○
4	不動産保存の先取特権とその不動産の上の抵当権とが競合するときは、その優先関係は、登記の前後による。〔57-9-3（10-12-イ、24-11-イ、26-11-エ）〕	×
5	登記されていない一般の先取特権は、登記されていない抵当権と同一の順位となる。〔28-11-オ〕	×

×肢のヒトコト解説

2 一般先取特権者は、登記しなくても一般債権者には勝てます。ただ、登記した抵当権者には勝てません。

4 修理したことを評価し、不動産保存の先取特権者の勝ちになります。

5 登記されていない抵当権は、抵当権を主張できないため、一般債権者扱いになります。

2周目はここまで押さえよう

売主A ―代金債権→ 買主B（未払い） ―代金債権→ 転得者C（未払い）

Aが不動産をBに売りましたが、Bが代金を払っていません。Aは、売った不動産に不動産売買の先取特権を持ちます。

このBは、Cに不動産を転売しました。ただ、Cが代金を払わないので、Bも売った不動産に不動産売買の先取特権を持っています。

ではAの先取特権と、Bの先取特権、どちらが優先するべきでしょうか。

売主A ――→ 買主B（未払い）

上記のようにBはAに代金を払っていない関係です。ここでBがAに優先するのはおかしいでしょう。

> **331条（不動産の先取特権の順位）**
> 1　同一の不動産について特別の先取特権が互いに競合する場合には、その優先権の順位は、第325条各号に掲げる順序に従う。
> 2　同一の不動産について売買が順次された場合には、売主相互間における不動産売買の先取特権の優先権の順位は、売買の前後による。

上記の条文とおり、売買の「先の」Aが、「後の」Bに優先するようになっています。

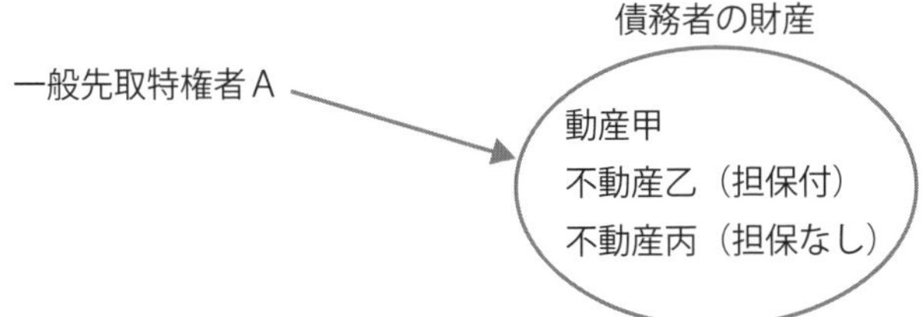

一般先取特権者は、債務者の全財産に担保権をもっています。

ただ、どの物からでも自由に配当を受けられるのではなく、周りの人との調整がいるのです。

次の条文を見てください。

335条（一般の先取特権の効力）
1　一般の先取特権者は、まず不動産以外の財産から弁済を受け、なお不足があるのでなければ、不動産から弁済を受けることができない。
2　一般の先取特権者は、不動産については、まず特別担保の目的とされていないものから弁済を受けなければならない。

不動産は多くの人が狙っている財産です。そのため、それ以外の財産から先に配当を受け、不動産以外の財産で回収できなかった時に不動産から回収できます。

そして、不動産から配当をもらう場合でも、担保がついているものは後回しにされ、まずは担保権がついていない不動産から回収を受けるようにルール化されています。

一般先取特権は、すべての財産に担保権は向かっているけど、周りの人に迷惑をできるだけかけないような順で、配当を受けるように仕組んでいるのです。

1	同一の不動産について売買が順次された場合には、売主相互間における不動産売買の先取特権の優先権の順位は、売買の前後による。〔24-11-オ〕	○
2	一般の先取特権者は、まず不動産以外の財産から弁済を受け、その不足分についてのみ不動産から弁済を受けることができる。〔54-2-5（24-11-ウ）〕	○

333条（先取特権と第三取得者）
先取特権は、債務者がその目的である動産をその第三取得者に引き渡した後は、その動産について行使することができない。

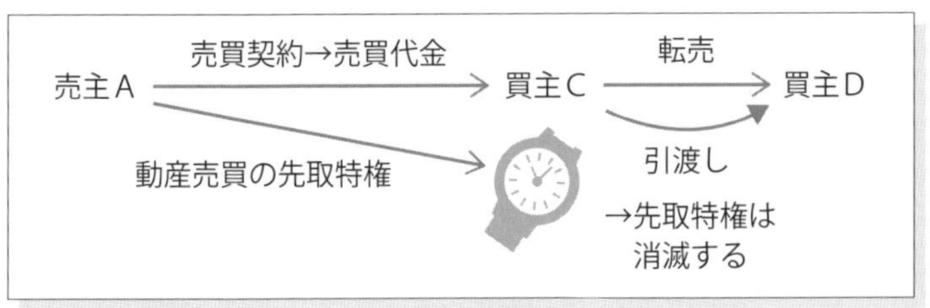

AがCに動産を売り、売買代金債権が発生します。ここで自動的に売った動産に先取特権は追いかけます。

ただ、この**動産に付いている先取特権は見ても分かりません。**

この時計がDに転売されました。ただ、Dにしてみれば先取特権が付いているなんてこと、気付けるわけがありません。Dは負担のない時計を買ったと信じていることもあるでしょう。

そのため、**Dの保護のため先取特権は消滅させることにしました。**

条文を見てください。ポイントが3つあります。

「動産」「第三取得者」「引渡し」

今回のDが所有権を持つ人であれば、先取特権は消えます。もし、今回のDがCから預かったとか、借りたというレベルだと、先取特権は消せません。

そして、所有権を手に入れるだけでは消えません。引渡しを受けて、利害関係が強くならなければ消えないのです。

そしてこの引渡しは、珍しく、**占有改定でもよいとなっています。**

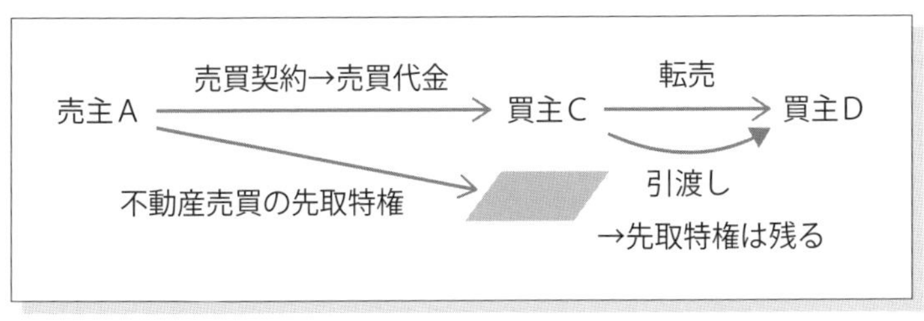

今回は売った不動産に先取特権が発生していますが、不動産ですから、登記ができます。

つまり、買おうとしたDは、**事前に登記簿を見てAの先取特権があることが分かる**のです。

Dにとって不意打ちにならないので、**先取特権は残ります**。

問題を解いて確認しよう

1	動産の売主は、その動産が買主から第三者に転売され、現実の引渡し又は占有改定による引渡しがされたときは、当該動産について、動産売買の先取特権を行使することはできない。〔16-14-エ〕	○
2	動産売買の先取特権の目的物である動産について、買主が第三者に対し質権を設定して引き渡したときは、当該動産の売主は、当該先取特権を行使することができない。〔19-12-オ〕	×

×肢のヒトコト解説

2　第三者は、この物に対して「質権」を有したにすぎません。所有権を持つところまで利害が強くなれば先取特権は消滅しますが、質権を持つぐらいでは先取特権は消滅しないのです。

第5章 非典型担保

令和7年本試験は
ここが狙われる！

民法に条文がない担保権を紹介します。
ここ最近では毎年のように出題されるので、手が抜けないところです（特に、譲渡担保権の出題が多いです）。
ただ、出題される判例は同じものが多いので、過去の出題をしっかり押さえることが重要です。

覚えましょう

譲渡担保
債務不履行が生ずると、権利は確定的に債権者に帰属する担保方法

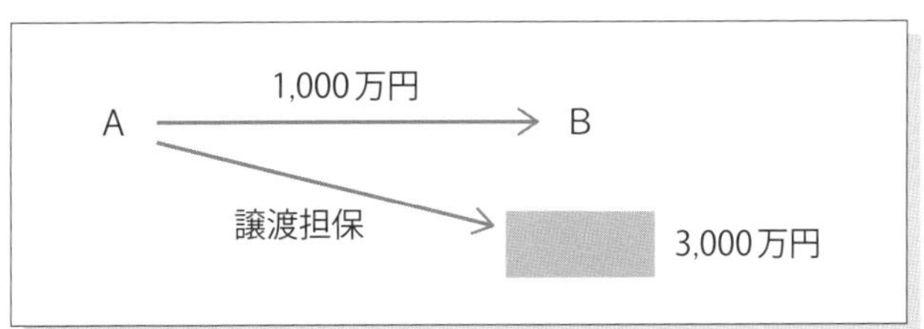

1,000万円貸して3,000万円の物に譲渡担保権を設定しました。この権利は、「払わなかったら、所有権が移転する」という性質があります。

「払わなかったら所有権を取るぞ」そのようなプレッシャーで回収していくのが譲渡担保権です。

Point

目的物の換価手続の簡易化を図ることができ、担保価値を十分評価して担保化することができる

競売手続が要らないという点が特徴的です。

競売というのは結構時間がかかります。そのため、競売にかかる時間を考えて、

貸し出す金額を抑えてしまうことが多いのです。

一方、譲渡担保権は所有権をぶんどって、一定の手続をとれば終わりなので、手続が早く済みます。費用・時間がかからないということで、融資を多くできるのです。

ただ、先の図の状態を見ると、貸したのが1,000万円なのに、3,000万円の物の所有権を取ろうとしています。**これではぼったくり**です。

そのため、判例は、Aが所有権をとったとしても2,000万円分の清算を要求し、**AはBに2,000万円払う義務を負うことにしている**のです。

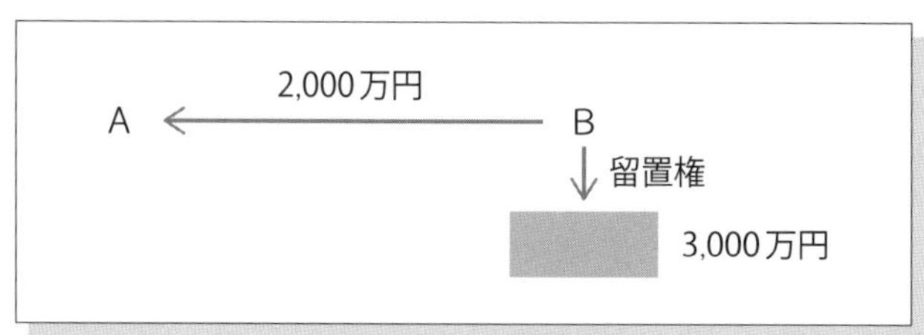

Aから**Bに清算金2,000万円を払う義務が生じます**。**するとこの瞬間、自動的に留置権が発生**します。

つまり借りたBは、「清算金を払わないと、物は渡さないよ」と言えるのです。

弁済期に払わなければ、所有権をぶんどるのが譲渡担保です。

では、その譲渡担保権を設定した時点では、所有権を持っているのは誰でしょう。次の図を使って説明します。

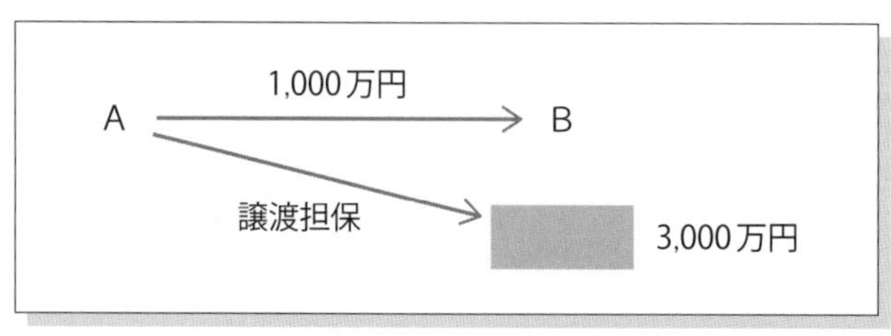

◆譲渡担保権が設定された場合の所有者の流れ◆

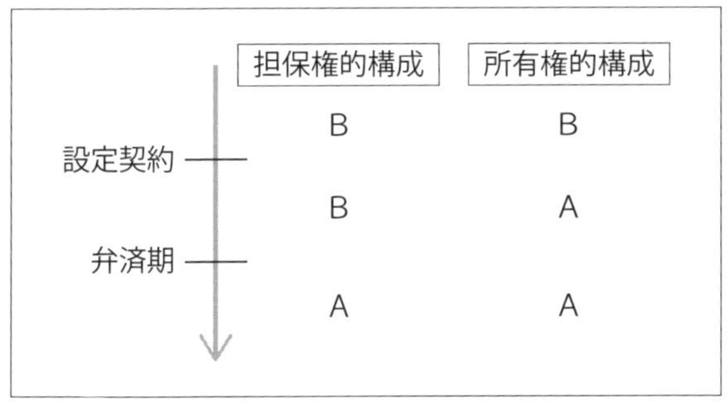

考え方が2つあります。

まず1つの考え方は、譲渡担保権を設定した時点では所有者Bのまま、払わなかったらAに動くという考え方です。**担保権的構成と呼ばれる考え方**です。

もう1つの考え方は、譲渡担保権の設定契約時点で、所有権をもらってしまうという考え方です。

ただし、これは担保のために所有権を取っている、人質目的でしか使えません（Aがこれを売ったり、担保を付けることは許されません）。

その後、弁済期が来て払わなければ、縛りが外れた所有権となり、売ったり担保を付けたりすることができます。これを**所有権的構成といいます**。

判例は事案によって立場を変えていると思われます。例えば下記の判例を見てください。

> 譲渡担保権設定者Bは、譲渡担保の目的である土地の不法占有者に対して明渡請求をすることができる。

これは**担保権的構成だと説明しやすい**と思います。

Bが物権的請求をすることができるというのは、Bが所有権を持つ担保権的構成の方が説明しやすいでしょう。

> Aによる、譲渡担保権に基づく物上代位が認められる。

物上代位ができるというのは、**担保権的構成だと説明しやすい**と思います。Aは所有権を持っていなくて、担保権を持っているから物上代位ができるということです。

譲渡担保権の判例
→ 所有権的構成・担保権的構成のどちらが説明しやすいかを考える

判例は、事案ごとに立場を変えていると思われるので、勉強するこちら側も臨機応変に対応するようにしましょう。

次の判例に行きます。

不動産が譲渡担保の目的とされ、設定者から譲渡担保権者へと所有権移転登記が経由された場合において、被担保債権の弁済等により譲渡担保権が消滅した後に目的不動産が譲渡担保権者から第三者に譲渡されたときは、譲渡担保設定者は、登記がなければ、その所有権を右第三者に対抗することができない。

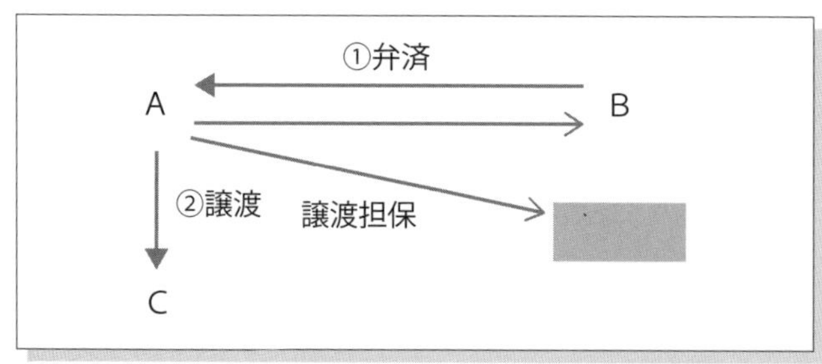

AからBにお金を貸して、Aが譲渡担保を設定する、弁済期にBがAに払っています。

ただ、Bが債務を払ったにもかかわらず、AがCに売ってしまったのです。

このときの登記簿を、見てみましょう。

甲区

1	所有権保存	B
2	所有権移転	A

もともとの所有者Bで、その後、譲渡担保権を設定しています。

登記実務は所有権的構成をとっているので、この設定段階で所有者はAになります（そのため、A名義に移すことになります）。

ここでBが払ったのであれば、所有権が戻ってくるので、3番でB名義と入れるべきでした。ここで登記をしないでいたら、CがAから買ってしまったのです。

これは、**Aを起点とした二重譲渡の状態になるため、先に登記した方が勝ちになります**。

Point

受戻し

弁済期の経過後であっても、債権者が担保権の実行を完了するまでの間は、債務者は、債務の全額を弁済して譲渡担保権を消滅させ、目的不動産の所有権を回復することができる。

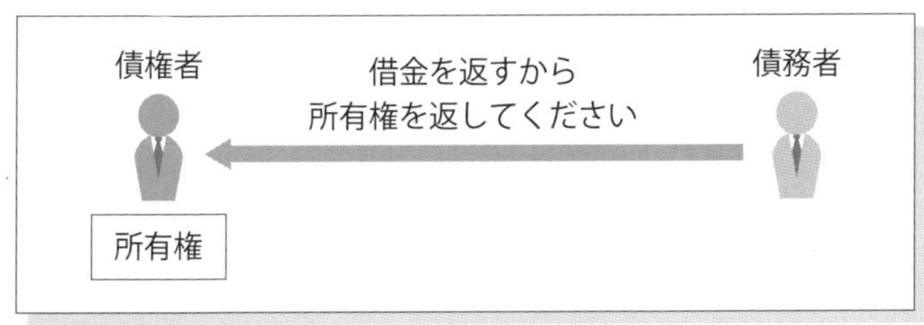

弁済期が過ぎれば、所有権は取られます。ただ、この後でも、「**借金を返すから所有権を返してくれ**」と言えるのです。

ただこの受戻しは、いつまででもできるわけではありません。

担保権の実行を完了するまで、例えば、譲渡担保権者が第三者に売ってしまっていたら、もう受戻すということはできなくなります。**第三者の所有権が侵害されてしまう**からです。

問題を解いて確認しよう

1	譲渡担保権の設定者が目的物である動産を売却した場合、譲渡担保権者はその売却代金に物上代位することはできない。〔21-15-ウ〕	×
2	譲渡担保権の設定者は、譲渡担保権が実行されるまでは、譲渡担保権が設定された目的物を正当な権原なく占有する者に対し、その返還を請求することができる。〔24-15-ア（21-15-イ、30-7-オ、令4-15-ウ）〕	○
3	譲渡担保権の設定者である債務者は、被担保債権の弁済期を経過した後であっても、譲渡担保権者が担保権の実行を完了させるまでの間は、債務の全額を弁済して、目的物を取り戻すことができる。〔21-15-エ（26-15-ウ）〕	○
4	ＢがＡ所有の甲土地に譲渡担保権の設定を受け、ＡからＢへの所有権移転の登記がされた場合において、被担保債権の弁済により、譲渡担保権が消滅した後、Ｂが甲土地を悪意の第三者Ｃに譲渡したときは、Ａは、登記がなくても、当然に、甲土地の所有権をＣに対抗することができる。〔オリジナル〕	×
5	譲渡担保権が実行されて目的物が第三者に譲渡された場合、譲渡担保権の設定者は、清算金の支払を受けるまではこの目的物を留置することができる。〔21-15-ア〕	○
6	譲渡担保権者が被担保債権の弁済期後に譲渡担保の目的となっている不動産を第三者に譲渡した場合には、譲渡担保権を設定した債務者は、当該第三者の主観的態様にかかわらず、債務の全額を弁済して目的不動産を受け戻すことができない。〔26-15-イ〕	○

×肢のヒトコト解説

1　譲渡担保権にも物上代位は認められます（担保権的構成から説明しやすいところです）。

4　ＡとＣは対抗関係に立ちます。そのため、登記がなければ対抗できません。

これで到達！ 合格ゾーン

☐ 借地上の建物が譲渡担保の目的とされた場合、特段の事情がない限り、その効力は、従たる権利として土地賃借権にも及ぶ（最判昭51.9.21）。〔24-15-イ〕

★Cの土地に賃借権を設定し、Bが建物を建てている場合に、BがAから融資を受け、Aに対して譲渡担保権を設定した場合、Aは建物所有権と賃借権について譲渡担保権を持ちます（従たる権利の理屈です）。

☐ 不動産の譲渡担保権者のAが担保権を実行しようとした際に、５年分の遅延損害金が発生していた。この場合において、Aの譲渡担保権によって担保される遅延損害金の範囲は、最後の２年分に限られない（最判昭61.7.15）。

〔30-15-エ〕

★抵当権についての375条は後順位抵当権者の保護の規定であり、不動産譲渡担保の場合は後順位担保権者の生じる余地はないので、被担保債権の範囲を自由に選べます。

☐ 譲渡担保権者は、特段の事情がない限り、譲渡担保権者たる地位に基づいて、第三者異議の訴えにより、目的物に対し譲渡担保設定者の一般債権者がした強制執行の排除を求めることができる（最判昭58.2.24）。〔令2-15-エ〕

★所有権的構成で説明しやすい判例です。Bの物についてAが譲渡担保権を設定した物に対して、Bの他の債権者Cがその物を差し押さえた場合、Aは「自分の所有物に競売するのはやめること」と訴えることができます。

☐ 不動産を目的とする譲渡担保において、被担保債権の弁済期後に譲渡担保権者の債権者が目的不動産を差し押さえ、その旨の登記がされたときは、設定者は、差押登記後に債務の全額を弁済しても、第三者異議の訴えにより強制執行の不許を求めることはできない（最判平18.10.20）。〔26-15-ア、令2-15-オ〕

★例えば、Bの物についてAが譲渡担保権を設定した後に弁済期が到来しました。Aの他の債権者Cがこの物を差し押さえた後に、Bが弁済したとしてもBは受戻しを主張することができません。弁済期経過した後に譲渡した場合は受戻しができない、という判例法理を使ったものと言われています。

2周目はここまで押さえよう

A ―①譲渡担保権→ 動産 ←②譲渡担保権― B

→自分所有にする ×

譲渡担保権の実行としては、

・　競売をかけて配当をもらう　という方法以外にも

・　自分の所有物にする（その代わり清算金を払う（私的実行といいます））という方法もあります。

ただ、上記のようなB（Aに遅れている譲渡担保権者）に私的実行を認めることはできません。順番として遅れているBが、順番が先のAに優先して満足を受けることは許されないからです。

✓ 1	同一の動産について複数の者にそれぞれ譲渡担保が設定されている場合には、後順位の譲渡担保権者は、私的実行をすることができない。〔19-12-イ〕	○
2	Aは、Bの所有する甲動産について譲渡担保権の設定を受け、占有改定の方法によりその引渡しを受けた。その後、Cも、甲動産についてBから譲渡担保権の設定を受け、占有改定の方法によりその引渡しを受けた。この場合において、Cは、甲動産について、Aが譲渡担保権を実行する前に、自ら譲渡担保権を実行することができない。〔24-15-エ〕	○

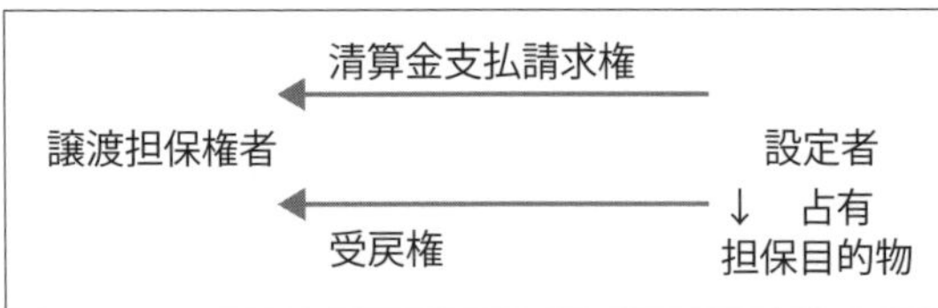

弁済期が到来して、譲渡担保権者が所有権を取得した場合には

・譲渡担保権者が物の値段を評価して、清算金を払う

・設定者が債務を弁済して所有権を返してもらう（受戻し）

の2つの道があります。

（ちなみに、債務者は、清算金の支払を受けるまでは、この目的物を留置することができます。「清算金を払うまでは渡さないぞ」という主張が認められているのです。）

ここで、設定者が受戻しをしないで、清算金を要求できるでしょうか。
つまり、

債務者

自分は借金を返す気はなくなりました。早くお金をよこせ！

上記のような主張を認めていいでしょうか。これは、お金を借りた債務者の言い分としてはおかしいでしょう。

判例は、「譲渡担保権者が清算金の支払又は提供をせず、清算金がない旨の通知もしない間に譲渡担保の目的物の受戻権を放棄しても、譲渡担保権者に清算金の支払を請求することはできない」としました。

1	譲渡担保権の設定者は、被担保債権の弁済期を経過した後においては、譲渡担保の目的物についての受戻権を放棄して、譲渡担保権者に対し、譲渡担保の目的物の評価額から被担保債権額を控除した金額の清算金を請求することができる。〔24-15-ウ〕	×
2	譲渡担保権設定者は、譲渡担保権者が清算金の支払又はその提供をせず、清算金がない旨の通知もしない間であっても、譲渡担保権者に対し受戻権行使の利益を放棄することにより清算金の支払を請求することができる。〔28-15-イ（24-15-ウ、令2-15-ウ、令4-15-オ）〕	×
3	譲渡担保権が実行されて目的物が第三者に譲渡された場合、譲渡担保権の設定者は、清算金の支払を受けるまではこの目的物を留置することができる。〔21-15-ア（22-12-オ、26-15-オ、令4-15-エ）〕	○

これで到達！ 合格ゾーン

□ 債務者が弁済期に債務の弁済をしないときは譲渡担保の目的となっている不動産を債務の弁済に代えて確定的に譲渡担保権者に帰属させる旨の譲渡担保契約が締結された場合において、債務者が弁済期に債務の弁済をしないときは、譲渡担保権者は、目的不動産を換価処分するか又はこれを適正に評価することによって具体化する価額から債権額を差し引いた残額を清算金として当該債務者に支払わなければならない（最判昭46.3.25）。〔26-15-エ〕

★譲渡担保権の実行には、「帰属清算型（譲渡担保権者がもらう）」と「処分清算型（売却して差額を払う）」の２つがあります。どちらであっても、債権額との差額を清算金として払う必要があります。

□ 帰属清算型の譲渡担保においては、債務者が債務の履行を遅滞し、債権者が債務者に対し目的不動産を確定的に自己の所有に帰せしめる旨の意思表示をしても、債権者が債務者に対して清算金の支払（若しくはその提供）をするか、目的不動産の適正評価額が債務の額を上回らない旨の通知をしない限り、債務者は受戻権を有し、債務の全額を弁済して譲渡担保権を消滅させることができる（最判昭62.2.12）。〔令2-15-ア〕

★帰属清算型で、いつまで受戻しができるかを判示した判例です。譲渡担保権者から「自分が所有権をもらいます」という連絡があっただけであれば、設定者は受戻しをすることができますが、譲渡担保権者が「これが清算金です」と提供したり、「清算金はありません」という連絡があると、設定者は受戻しができなくなります。

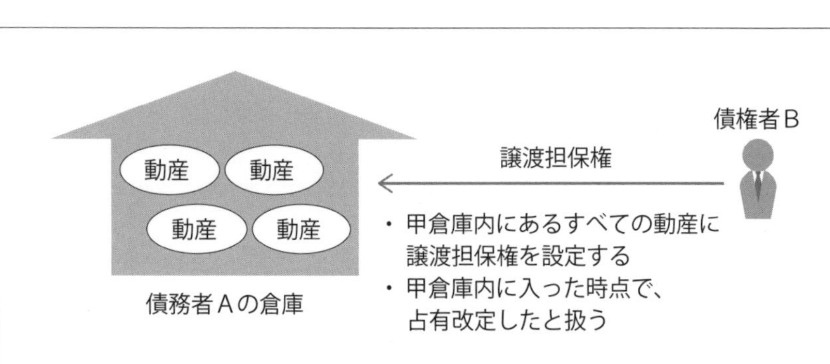

AがBからお金を借り、Aの倉庫内の動産に担保権を設定することにしました。ただ、この動産は、Aが仕入れて搬入し、売るときにはAが搬出していて、常に中身が変動する状況でした。

ここで、Bがこの動産に担保権を設定するときに
・新しい動産が入るたびに設定契約をして
・その動産を搬出するたびに、解除する
のは面倒です。

そこで、「**倉庫内に入った瞬間に譲渡担保権が設定され、その倉庫から出た瞬間に譲渡担保権が外れる**」担保権を、金融業界で作りました。
これが集合物譲渡担保と呼ばれるものです。

Point

論点① そもそも、一物一権主義に反しないのか？
→ 種類、所在場所、量的範囲を指定するなど何らかの方法で目的物の範囲が特定されている限り、集合物という一つの物を目的とする譲渡担保として有効。

まとめて、担保権を設定しようとしているのですが、これが一物一権主義に反するのではないかと裁判になりました。
判例は、特定することを条件に設定を認めています。
どこから、どこまでが譲渡担保の対象で、どこからが違うのかが、わかる状態になっていれば、集合物に対しての設定を認めているのです。

① 譲渡担保設定者の店舗・居宅内に存すべき運搬具、什器、備品、家財一切のうち右設定者所有の物を目的とする譲渡担保契約（最判昭57.10.14）	×
② 甲が、継続的倉庫寄託契約に基づき丙に寄託中の食用乾燥ネギフレーク44トン余りのうち28トンを乙に対する債務の譲渡担保とすること（最判昭54.2.15）	×

③	目的動産の種類及び量的範囲が普通棒鋼、異形棒鋼等一切の在庫商品と、その所在場所が譲渡担保権設定者の倉庫内及び同敷地・ヤード内と指定されているとき（最判昭62.11.10）	○

①のポイントは「設定者所有」という部分です。1つ1つの物に「これは○○さんのものです」なんて名札はついているわけありません。これでは、どこまでが譲渡担保の対象かが分かりません。

②のポイントは「44トン余りのうち28トン」という部分です。実際の倉庫のどの28トンが対象かは分からないでしょう。

（③のように「一切の」となっていれば、すべてが対象だということが分かります）

Point

論点②　対抗要件

→　構成部分の変動する集合動産を目的とする集合物譲渡担保権の設定者がその構成部分である動産の占有を取得したときは譲渡担保権者が占有改定の方法によって占有権を取得する旨の合意があり、譲渡担保権設定者がその構成部分として現に存在する動産の占有を取得した場合には、譲渡担保権者は譲渡担保権につき対抗要件を具備する。

譲渡担保権を設定した場合も、対抗要件が必要です。対抗要件は譲渡の対抗要件が要求されるため、設定する対象物によって、次のようになります。

不動産　→　登記
動産　→　引渡し（占有改定も○）
債権　→　通知・承諾

そして、譲渡担保権の場合は大抵「甲倉庫内に入った時点で、占有改定したと扱う」という特約がされています。

この場合は、**倉庫内に入った瞬間に占有改定され、引渡しが完了**したことになります。

Point

論点③　設定者が処分した場合

→　当該譲渡担保を構成している動産を第三者に売却した場合、当該第三者は、当該動産について、譲渡担保権の拘束を受けることなく、確定的に所有権を取得することができる。

設定者Aがこの動産を搬出して、第三者に売却しました。この場合は、譲渡担保権は自動的に外れたことになるため、第三者は

×　譲渡担保権が付いた動産を取得

○　譲渡担保権が外れた動産を取得

することになります。

Point

論点④　動産売買先取特権との優劣

→　333条が使われる結果、動産譲渡担保権は動産売買先取特権に優先する。

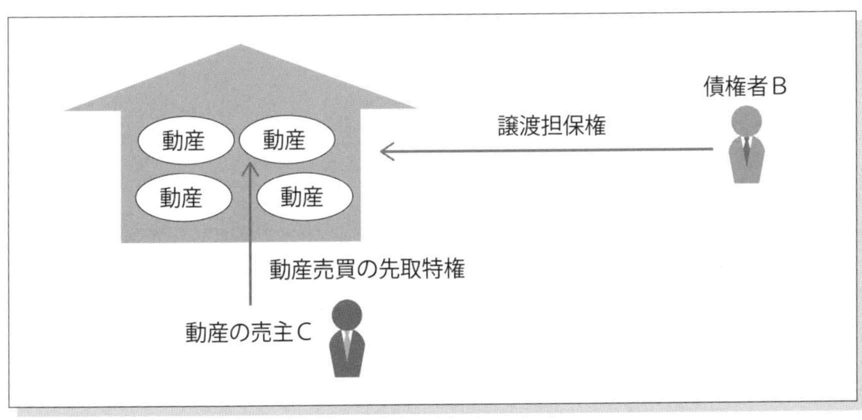

CがAに動産を売却し、倉庫内に搬入しました。

Aが代金を払っていないため、Cは売った動産に対して動産売買の先取特権を持ちます。
一方、動産が倉庫に入ったため、譲渡担保権が設定されます。

つまり、一見すると1つの動産に対して先取特権と譲渡担保権が成立している状態になるのです。
この場合、どちらの担保権が優先するのでしょうか。

判例は、ここで**譲渡担保権の性質を所有権的構成で考えて、譲渡担保権者が優先する**との結論を出しました。

判例の理屈は、以下のとおりです。

> 譲渡担保の法的性質に関する所有権的構成からは、譲渡担保権者は目的物の所有権を取得するから、333条の「第三取得者」にあたる。そして、同上の引渡しには占有改定も含まれるので、譲渡担保の設定によって先取特権の追及力は制限される。

CがAに売ることによって、所有者はAになりますが、ここにCの先取特権が成立します。
そして、先取特権がついた所有権を、譲渡担保によりBが取得します（譲渡担保の性質を所有権的構成にしています）。

ここで、以前、学習した333条が発動されます。

> **333条**
> 先取特権は、債務者がその目的である動産をその第三取得者に引き渡した後は、その動産について行使することができない。

この条文の要件と効果は、下記のとおりです。

要件	①　動産を目的とする先取特権（一般先取特権・動産先取特権）であること ②　第三取得者が現れること ③　引渡しがあること
効果	先取特権消滅

上記の要件を確認すると、以下のとおりです。

① 動産を目的とする先取特権（一般先取特権・動産先取特権）であること
→動産に対する先取特権なので要件を満たしています。

② 第三取得者が現れること
→Ｂは譲渡担保権の設定により、所有権を取得するので、この要件も満たしています。

③ 引渡しがあること
→倉庫内に入った瞬間、占有改定されるので、この要件もクリアします。

以上のように要件を満たすので、**先取特権は消滅します**。その結果、**譲渡担保権が優先する**のです。

問題を解いて確認しよう

1	構成部分が変動する集合動産であっても、その種類、所在場所及び量的範囲を指定するなどの方法によって目的物の範囲が特定される場合には、一個の集合物として譲渡担保の目的とすることができる。〔19-12-ウ（23-15-ア）〕	○
2	構成部分の変動する集合動産を目的として集合物譲渡担保権が設定され、譲渡担保権者が占有改定の方法によって対抗要件を具備したときは、譲渡担保権者は、その後に新たにその集合動産の構成部分となった動産についても、譲渡担保権を第三者に対して主張することができる。〔31-15-エ〕	○
3	集合動産譲渡担保の設定者が、通常の営業の範囲内で譲渡担保の目的を構成する個々の動産を売却した場合には、買主である第三者は、当該動産について確定的に所有権を取得することができる。〔23-15-エ（30-15-イ、令4-15-イ）〕	○
4	動産売買の先取特権が付された動産が占有改定の方法により集合動産譲渡担保の構成部分となった場合において、先取特権の権利者がその動産につき競売の申立てをしたときは、集合動産譲渡担保権者は、その動産について集合動産譲渡担保権を主張することができない。〔23-15-オ〕	×

5	集合動産譲渡担保の設定に際し、担保の目的となる動産の範囲を特定することは不要である。〔23-15-ア〕	×
6	譲渡担保権設定契約において、その目的物を「譲渡担保権設定者の甲店舗内にある商品一切のうち譲渡担保権設定者が所有する物」と定めたときは、譲渡担保権設定者がいずれの商品について所有権を有するかが外形上明確になっていなくても、譲渡担保権の目的物は特定されている。〔31-15-イ〕	×
7	譲渡担保権設定契約において、その目的物を「甲倉庫内に保管された商品乙50トン中20トン」と定めたのみでは、譲渡担保権の目的物が特定されているとはいえない。〔31-15-ウ〕	○

×肢のヒトコト解説

4 動産先取特権と譲渡担保権では、譲渡担保権が優先します。

5 特定は必要です。

6 「いずれの商品について所有権を有するかが外形上明確になっていない」ので、特定はできていると言えません。

これで到達！ 合格ゾーン

□ 集合動産譲渡担保の目的とすることができる動産は、譲渡担保の設定時に現実に存在しているものであることを要しない。〔23-15-ウ〕

★設定当時に存在しない動産でも、設定後に、流入した動産について該譲渡担保権の効力は及びます（最判昭62.11.10）。

□ 構成部分の変動する集合動産を目的として集合物譲渡担保権が設定され、譲渡担保権者が占有改定の方法によって対抗要件を具備したときは、譲渡担保権者は、その後に新たにその集合動産の構成部分となった動産についても、譲渡担保権を第三者に対して主張することができる（最判昭62.11.10）。〔31-15-エ〕

★集合譲渡担保権を設定した場合、その後に構成部分となった動産には、自動的に対抗力が及ぶようになります。

□対抗要件を備えた集合動産譲渡担保権の設定者がその目的物である動産につき通常の営業の範囲を超える売却処分をした場合には、譲渡担保契約に定められた保管場所から搬出されるなどして当該譲渡担保の目的である集合物から離脱したと認められる場合でない限り、当該処分の相手方は目的物の所有権を承継取得することができない（最判平18.7.20）。〔31-15-オ〕

★通常の営業の範囲を超える売却をしても譲渡担保の力は残ります。ただその集合物から外れれた場合、もう譲渡担保が付いていることがわからないため、譲渡担保権が外れることになります。

□構成部分の変動する集合動産を目的とする集合物譲渡担保権の効力は、譲渡担保の目的である集合動産を構成するに至った動産が滅失した場合にその損害をてん補するために譲渡担保権設定者に対して支払われる損害保険金に係る請求権に及ぶ（最決平22.12.2）。〔31-15-ア〕

□譲渡担保権者Bは、集合物譲渡担保権の目的物の滅失に伴って譲渡担保権設定者Aが取得する保険金請求権に対して、Aが譲渡担保の目的物を用いた通常の営業を廃止しているときは、物上代位権を行使することができる（最決平22.12.2）。〔25-12-4〕

★集合譲渡担保の対象物が滅失して発生する保険金には、譲渡担保権の効力が及びます。ただ、それは営業者が補填として当てにしているので、原則として、物上代位して取ることを認めません。物上代位できるのは、営業が廃止している場合に限るとしています（もう営業者が補填として当てにしているといえないためです）。

□構成部分の変動する集合動産を目的とする集合物譲渡担保権者は、第三者異議の訴えによって、動産売買先取特権者が当該集合物の構成部分となった動産についてした競売の不許を求めることができる（最判昭62.11.10）。〔30-15-ウ〕

★３３３条によって先取特権は消滅しているので、競売を止めることを請求できます。

代理受領

債務者が第三債務者に対して有する債権について、債権者が取立てないし受領の委任を受け、債権者は第三債務者から受領した金銭を債務者に対する債権に充足することにより、他の債権者に優先して債権を回収する担保手法

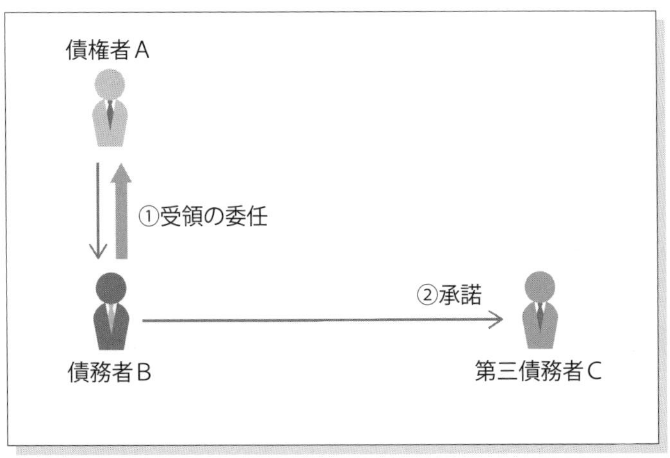

ＢＣの債権を担保に、ＢがＡから融資を受けることにしました。

ここでＢがＡに委任をします。

Ｂ→Ａ「自分の代わりにＢＣ債権を取り立ててください。」

このあと、通常はＣに内容を伝え、Ｃから承諾をもらいます。

ＢＣ債権の弁済期が来ると、ＣはＢに対して弁済するのではなく、Ａに弁済します。

そして、ＡはＢから委任を受けているので受け取れます。

これによって、ＡはＢに対する債権を回収することができるのです。

これが代理受領という担保形式です。

代理受領のポイント
債権譲渡しているわけではないので、債権者はBのまま。

このＡＢの契約は
債権を譲渡するのではなく
代わりに受け取ってほしいという内容です。

そのため、債権者は引き続きＢのままです。**債権者はBのままだけど、Aが受け取れる**という状態にすぎないのです。

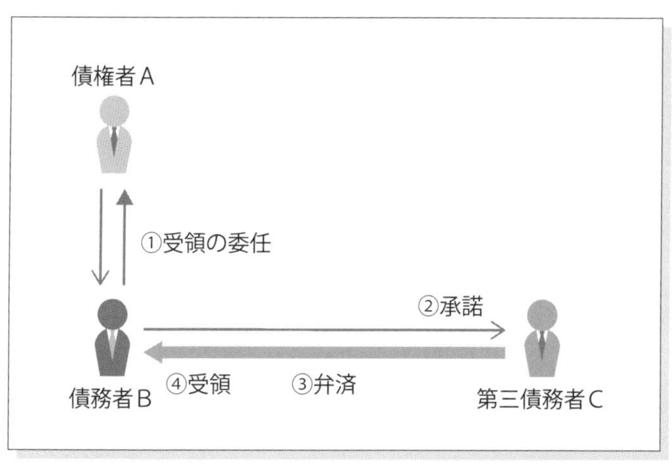

代理受領の成立した後に、ＣがＢに弁済したところ、Ｂが受け取りました。この弁済は有効でしょうか。

債権者はＢなので、この弁済は正当なものです。そのため、ＣのＢに対する弁済によって、ＢＣ債権は消滅します。

ただ、これではＡは困ります。
また、**Cは「Aが代わりに受け取ること」になる代理受領に承諾をしているのに、Bに支払うのは不当**でしょう。

そのため、**弁済は有効で債権は消滅しますが、Aの権利を侵害したCは、Aに対して不法行為責任を負うことになります**。

債務者に対する他の債権者が債務者の第三債務者に対する債権を差押さえた場合、債権者は差押債権者に対抗できない。この点で、質権や譲渡担保に代替するほどの効力はない。

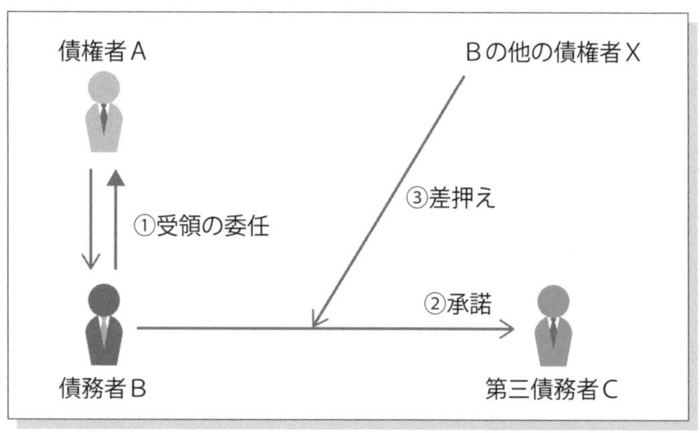

上の図のように、Bの債権者XがＢＣ債権を差し押さえました。

ここで、Aが「自分が先に代理受領の権限をもらっている。よって、自分が優先する」と主張することができるでしょうか。

これは否定されています。

Aはあくまでも受け取る権限をもらっているにすぎず、このＢＣ債権に法的な権利を持っているわけではないからです。

問題を解いて確認しよう

ＡのＣに対する金銭債権について、Ａの債権者であるＢがＡから債権の取立てや弁済受領の委任を受けるという手法について、次の１、２を答えよ。

1　教授：ＡＢ間における代理受領の委任についてＣが承認していた場合に、その委任に反してＡがＣから弁済を受けた場合には、Ｂは、Ｃに対してどのような主張をすることができますか。　○

学生：Ｃが行った代理受領の承認は、代理受領によって得られるＢの利益を承認し、正当な理由なくその利益を侵害しないという趣旨をも当然包含するものと解すべきですから、Ｂは、Ｃに対して、その義務違反を理由に損害賠償請求をすることができます。〔19-13-エ〕

2　教授：それでは、同じ事例で、ＡがＣから弁済を受けたのではなく、Ａの債権者Ｄが当該金銭債権の差押えをした場合には、ＢとＤの関係はどのようになりますか。　○

学生：Ｂは、自己の代理受領の権限をＤに対して対抗することはできません。〔19-13-オ〕

所有権留保

売主が目的物の引渡しを終えつつ、代金が完済されるまで目的物の所有権を留保する制度のこと

目的物の売買契約中に、売主から買主への所有権移転を代金完済まで留保するという特約を付けることによって行われる

車の売買契約で、行われている担保形式です。

前の図の２人が売買契約をするときに特約をします。「**代金完済するまでは、所有権を移転させない**」という所有権が移転する時期の特約をするのです。その売買契約をしたうえで、車を引き渡すと、以下のような状態になります。

車自体は、買主が持つことになりますが、所有権を移転させないので、所有者は売主のままです。

そのため、

このようなオドシをかけながら、代金債権を回収することができます。これが所有権留保という担保形式です。

「払わないと、所有権を渡さない」という感じで押さえておきましょう。

問題を解いて確認しよう

1 教授：ところで、自動車の割賦販売では、所有権留保という方法がしばしば用いられています。ＡＢ間の売買契約の目的動産が自動車であったとして、ＡＢ間で代金が完済されるまで当該自動車の所有権をＡに留保する旨の合意があった場合において、代金の支払を怠っているＢが当該自動車をＣに転売して引き渡したという事例で、Ａは、どのような手段をとることができますか。
学生：Ａは、Ｃが当該自動車を即時取得した場合を除き、売買契約を解除して、所有権に基づきＣに対して当該自動車の引渡しを請求することができます。〔18-15-エ〕 ○

索引

さ行

た行

な行

は行

ま行

や行

ら行

〈執筆者〉

根本 正次（ねもと しょうじ）

2001年司法書士試験合格。2002年から講師として教壇に立ち、20年以上にわたり初学者から上級者まで幅広く受験生を対象とした講義を企画・担当している。講義方針は、「細かい知識よりもイメージ・考え方」を重視すること。熱血的な講義の随所に小噺・寸劇を交えた受講生を楽しませる「楽しい講義」をする講師でもある。過去問の分析・出題予想に長けており、本試験直前期には「出題予想講座」を企画・実施し、数多くの合格者から絶賛されている。

令和７年版 根本正次のリアル実況中継
司法書士 合格ゾーンテキスト
❷ 民法Ⅱ

2019年３月25日　第１版　第１刷発行
2024年６月20日　第６版　第１刷発行

執　筆●根本 正次
編著者●株式会社　東京リーガルマインド
LEC総合研究所　司法書士試験部

発行所●株式会社　東京リーガルマインド
〒164-0001　東京都中野区中野4-11-10
アーバンネット中野ビル
LECコールセンター　0570-064-464
受付時間　平日9：30～20：00/土・祝10：00～19：00/日10：00～18：00
※このナビダイヤルは通話料お客様ご負担となります。
書店様専用受注センター　TEL 048-999-7581 / FAX 048-999-7591
受付時間　平日9：00～17：00/土・日・祝休み
www.lec-jp.com/

本文デザイン●株式会社リリーフ・システムズ
本文イラスト●小牧 良次
印刷・製本●図書印刷株式会社

ISBN978-4-8449-6306-6

根本正次

LEC専任講師

誰にもマネできない記憶に残る講義

司法書士試験は、「正しい努力をすれば」、「必ず」合格ラインに届きます。
そのために必要なのは、「絶対にやりぬく」という意気込みです。
皆さんに用意していただきたいのは、
司法書士試験に一発合格する！という強い気持ち、この1点だけです。
あとは、私が示す正しい努力の方向を邁進するだけで、
合格ラインに届きます。

私の講義ここがPoint!

1 わかりやすいのは当たり前！私の講義は「記憶に残る講義」

❶ 知識の1つ1つについて、しっかりとした理由付けをする。

❷ 一度の説明ではなく、時間の許す限り繰り返し説明する。

❸ 寸劇・コントを交えて衝撃を与える。

2 法律を教えるのは当たり前！時期に応じた学習計画も伝授

❶ 講義の受講の仕方、復習の仕方、順序を説明する。

❷ すでに学習済みの科目について、復習するタイミング、復習する範囲を指示します。

❸ どの教材を、いつまでに、どのレベルまで仕上げるべきなのかを細かく指導する。

3 徹底した過去問重視の指導

❶ 過去の出題実績の高いところを重点に講義をする。

❷ 復習時に解くべき過去問を指摘する。

❸ 講義内で過去問を解いてもらう。

Nemoto

その裏に隠された緻密な分析力！

私のクラスでは、
❶ 法律を全く知らない人に向けて、「わかりやすく」「面白く」「合格できる」講義と
❷ いつ、どういった学習をするべきなのかのスケジュールと
❸ 数多くの一発合格するためのサポートを用意しています。
とにかく目指すは、司法書士試験一発合格です。一緒に頑張っていきましょう！

合格者の声　根本先生おすすめします！

一発合格

長井 愛さん

根本先生の講義はとにかく楽しいです。丁寧に、分かりやすく説明してくださる上に、全力の寸劇が何度も繰り広げられ、そのおかげで頭に残りやすかったです。また先生作成のノートやレジュメも分かりやすくて大好きです！！

一発合格

最年少合格

大島 駿さん

根本先生の良かった点は、講義内容のわかりやすさはもちろん、記憶に残る講義だということです。正直、合格できた１番の理由は根本先生の存在があったからこそだと思います。

一発合格

大石徳子さん

根本講師は、受験生の気持ちを本当に良く理解していて、すごく愛のある先生だと思います。講座の区切り、区切りで、今受験生が言ってもらいたい言葉を掛けてくれます。

一発合格

望月飛鳥さん

初学者の私でも分かりやすく、楽しく授業を受けられました。講義全体を通して、全力で授業をしてくれるので、こちらも頑張ろうという気持ちになります。

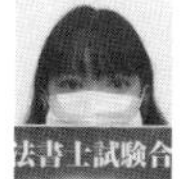

一発合格

H・Tさん

寸劇を交えた講義が楽しくイメージしやすかったです。問題を解いている時も先生の講義を思い出せました。

一発合格

田中佑幸さん

根本先生の『論点のストーリー説明→条文根拠づけ→図表まとめ』の講義構成がわかりやすく記憶に残りやすかったです。

LEC司法書士YouTubeチャンネル **https://www.youtube.com/@LEC-shoshi**

著者 根本講師が担当　司法書士講座のご案内

新15ヵ月合格コース

短期合格のノウハウが詰まったカリキュラム

LECが初めて司法書士試験の学習を始める方に自信をもってお勧めする講座が新15ヵ月合格コースです。司法書士受験指導40年以上の積み重ねたノウハウと、試験傾向の徹底的な分析により、これだけ受講すれば合格できるカリキュラムとなっております。司法書士試験対策は、毎年一発・短期合格を輩出してきたLECにお任せください。

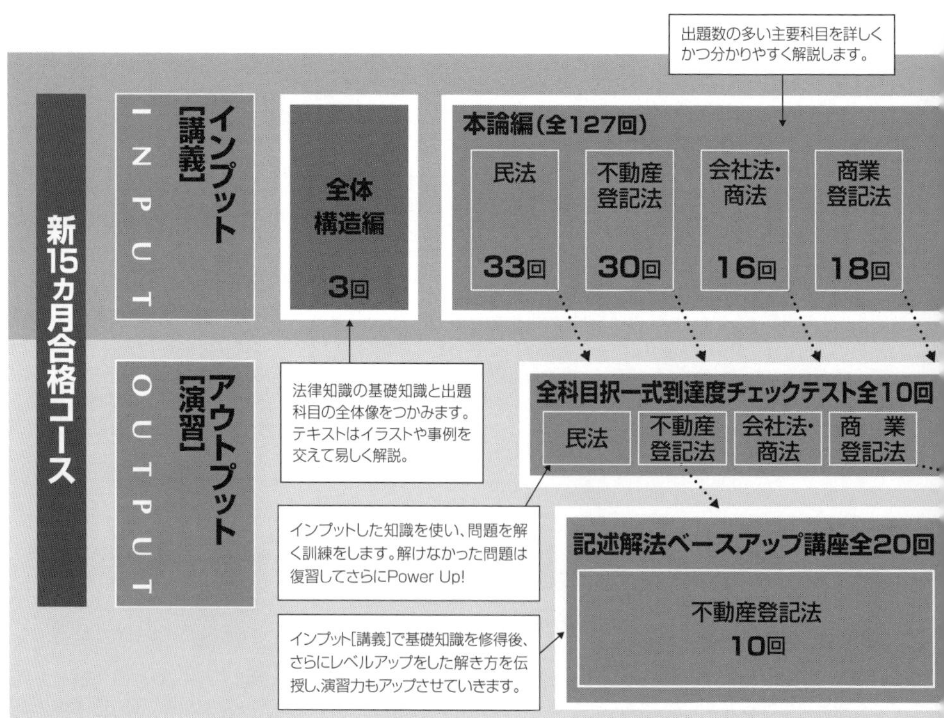

インプットとアウトプットのリンクにより短期合格を可能に！

合格に必要な力は、適切な情報収集（インプット）→知識定着（復習）→実践による知識の確立（アウトプット）という３つの段階を経て身に付くものです。新15ヵ月合格コースではインプット講座に対応したアウトプットを提供し、これにより短期合格が確実なものとなります。

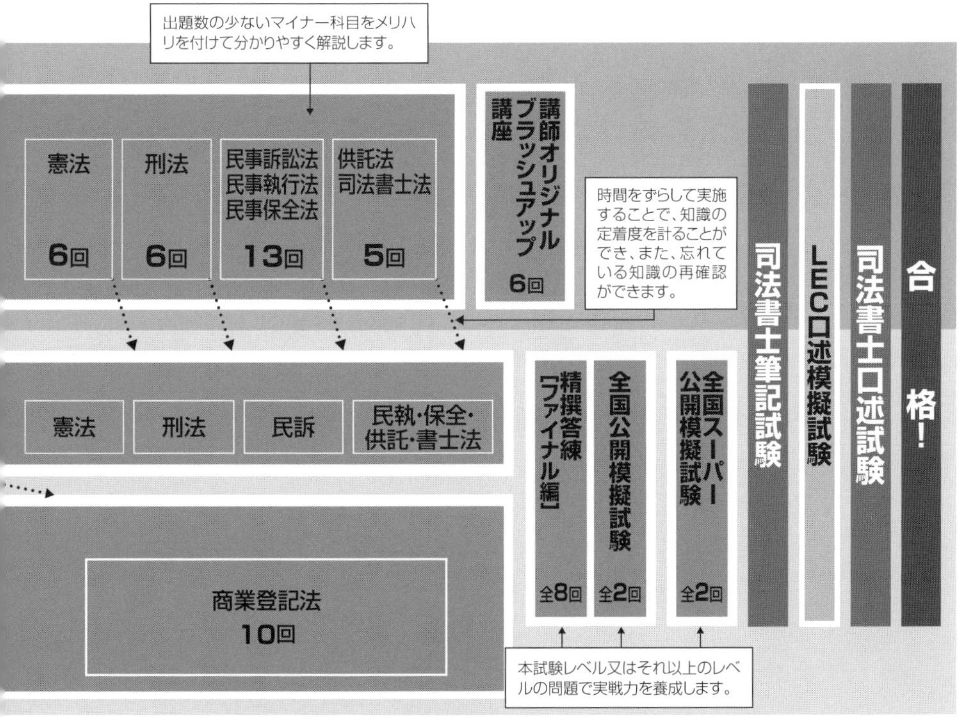

通信専用

初学者向け通信講座

こんな希望をお持ちの方におすすめ
○これから初めて法律を学習していきたい
○通勤・通学、家事の合間のスキマ時間を有効活用したい
○いつでもどこでも手軽に講義を受講したい
○司法書士試験で重要なポイントに絞って学習したい
○独学での学習に限界を感じている

過去問対策

過去問
演習講座
15分
×60ユニット

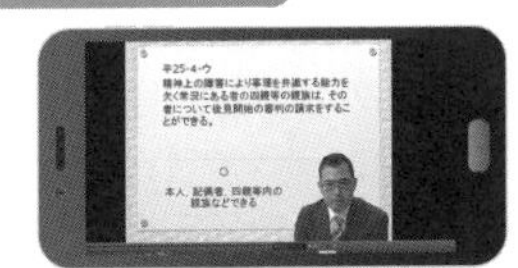

択一式対策

一問一答
オンライン
問題集

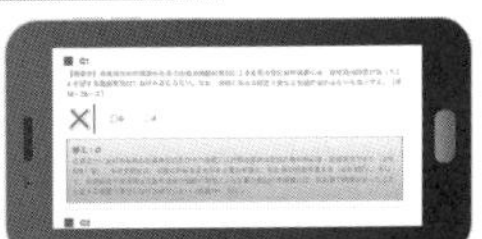

全国スーパー公開模擬試験
全２回

※本カリキュラムは、2023年８月１日現在のものであり、講座の内容・回数等が変更になる場合があります。予めご了承ください。

LEC 司法書士書籍ラインナップ

わかりやすい「インプット学習本」から、解説に定評のある「アウトプット学習本」まで豊富なラインナップ！！ご自身の学習進度にあわせて書籍を使い分けていくことで、効率的な学習効果を発揮することができます。

詳しくはこちら
⇒www.lec-jp.com/shoshi/book/

INPUT 合格ゾーンシリーズ

根本正次のリアル実況中継
合格ゾーンテキスト

全11巻

執筆：根本正次LEC専任講師

難関資格・司法書士試験にはじめて挑む方が、無理なく勉強を進め合格力を身につけられるよう、知識定着に欠かせない〈イメージ→理解→解ける→覚える〉の流れを、最短プロセスで辿れるよう工夫したテキスト

司法書士試験 六法

監修：根本正次LEC専任講師
　　　佐々木ひろみLEC専任講師

本試験の問題文と同じ横書きで、読みやすい2段組みのレイアウトを採用
試験合格に不可欠な39法令を厳選して収録

※2024年7月上旬発刊予定。

OUTPUT 合格ゾーンシリーズ

合格ゾーン過去問題集

択一式：全10巻
記述式：全2巻

直近の本試験問題を含む過去の司法書士試験問題を体系別に収録した、LEC定番の過去問題集

合格ゾーン過去問題集

単年度版

本試験の傾向と対策を年度別に徹底解説。受験者動向を分析した各種データも掲載

合格ゾーンポケット判 択一過去問肢集

全8巻

厳選された過去問の肢を体系別に分類。持ち運びに便利なB6判過去問肢集

合格ゾーン 当たる！直前予想模試

問題・答案用紙ともに取り外しができるLECの予想模試をついに書籍化
LEC門外不出の問題ストックから、予想問題を厳選

※本内容は2024年５月1日現在のものであり、変更になる場合があります。予めご了承ください。

LEC Webサイト ▷▷ www.lec-jp.com/

情報盛りだくさん！

資格を選ぶときも，
講座を選ぶときも，
最新情報でサポートします！

最新情報

各試験の試験日程や法改正情報，対策講座，模擬試験の最新情報を日々更新しています。

資料請求

講座案内など無料でお届けいたします。

受講・受験相談

メールでのご質問を随時受付けております。

よくある質問

LECのシステムから，資格試験についてまで，よくある質問をまとめました。疑問を今すぐ解決したいなら，まずチェック！

書籍・問題集（LEC書籍部）

LECが出版している書籍・問題集・レジュメをこちらで紹介しています。

充実の動画コンテンツ！

ガイダンスや講演会動画，
講義の無料試聴まで
Webで今すぐCheck！

動画視聴OK

パンフレットやWebサイトを見てもわかりづらいところを動画で説明。いつでもすぐに問題解決！

Web無料試聴

講座の第1回目を動画で無料試聴！気になる講義内容をすぐに確認できます。

スマートフォン・タブレットから簡単アクセス！ ▷▷

自慢のメールマガジン配信中！（登録無料）

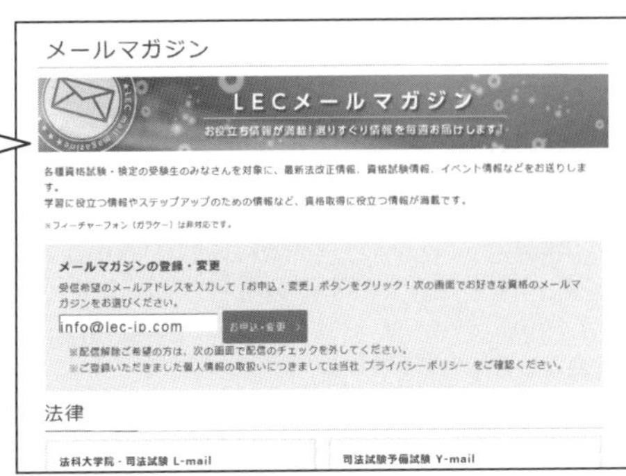

LEC講師陣が毎週配信！　最新情報やワンポイントアドバイス，改正ポイントなど合格に必要な知識をメールにて毎週配信。

www.lec-jp.com/mailmaga/

LECオンラインショップ

充実のラインナップ！　LECの書籍・問題集や講座などのご注文がいつでも可能です。また、割引クーポンや各種お支払い方法をご用意しております。

online.lec-jp.com/

LEC電子書籍シリーズ

LECの書籍が電子書籍に！　お使いのスマートフォンやタブレットで，いつでもどこでも学習できます。

※動作環境・機能につきましては，各電子書籍ストアにてご確認ください。

www.lec-jp.com/ebook/

LEC書籍・問題集・レジュメの紹介サイト **LEC書籍部** www.lec-jp.com/system/book/

- LECが出版している書籍・問題集・レジュメをご紹介
- 当サイトから書籍などの直接購入が可能(*)
- 書籍の内容を確認できる「チラ読み」サービス
- 発行後に判明した誤字等の訂正情報を公開

*商品をご購入いただく際は，事前に会員登録（無料）が必要です。
*購入金額の合計・発送する地域によって，別途送料がかかる場合がございます。

※資格試験によっては実施していないサービスがありますので，ご了承ください。

LEC全国学校案内

＊講座のお問合せ，受講相談は最寄りのLEC各校へ

LEC本校

北海道・東北

札　幌本校　☎011(210)5002
〒060-0004 北海道札幌市中央区北4条西5-1　アスティ45ビル

仙　台本校　☎022(380)7001
〒980-0022 宮城県仙台市青葉区五橋1-1-10　第二河北ビル

関東

渋谷駅前本校　☎03(3464)5001
〒150-0043 東京都渋谷区道玄坂2-6-17　渋東シネタワー

池　袋本校　☎03(3984)5001
〒171-0022 東京都豊島区南池袋1-25-11　第15野萩ビル

水道橋本校　☎03(3265)5001
〒101-0061 東京都千代田区神田三崎町2-2-15　Daiwa三崎町ビル

新宿エルタワー本校　☎03(5325)6001
〒163-1518 東京都新宿区西新宿1-6-1　新宿エルタワー

早稲田本校　☎03(5155)5501
〒162-0045 東京都新宿区馬場下町62　三朝庵ビル

中　野本校　☎03(5913)6005
〒164-0001 東京都中野区中野4-11-10　アーバンネット中野ビル

立　川本校　☎042(524)5001
〒190-0012 東京都立川市曙町1-14-13　立川MKビル

町　田本校　☎042(709)0581
〒194-0013 東京都町田市原町田4-5-8　MIキューブ町田イースト

横　浜本校　☎045(311)5001
〒220-0004 神奈川県横浜市西区北幸2-4-3　北幸GM21ビル

千　葉本校　☎043(222)5009
〒260-0015 千葉県千葉市中央区富士見2-3-1　塚本大千葉ビル

大　宮本校　☎048(740)5501
〒330-0802 埼玉県さいたま市大宮区宮町1-24　大宮GSビル

東海

名古屋駅前本校　☎052(586)5001
〒450-0002 愛知県名古屋市中村区名駅4-6-23　第三堀内ビル

静　岡本校　☎054(255)5001
〒420-0857 静岡県静岡市葵区御幸町3-21　ペガサート

北陸

富　山本校　☎076(443)5810
〒930-0002 富山県富山市新富町2-4-25　カーニープレイス富山

関西

梅田駅前本校　☎06(6374)5001
〒530-0013 大阪府大阪市北区茶屋町1-27　ABC-MART梅田ビル

難波駅前本校　☎06(6646)6911
〒556−0017 大阪府大阪市浪速区湊町1-4-1
大阪シティエアターミナルビル

京都駅前本校　☎075(353)9531
〒600-8216 京都府京都市下京区東洞院通七条下ル2丁目
東塩小路町680-2　木村食品ビル

四条烏丸本校　☎075(353)2531
〒600-8413　京都府京都市下京区烏丸通仏光寺下ル
大政所町680-1　第八長谷ビル

神　戸本校　☎078(325)0511
〒650-0021 兵庫県神戸市中央区三宮町1-1-2　三宮セントラルビル

中国・四国

岡　山本校　☎086(227)5001
〒700-0901 岡山県岡山市北区本町10-22　本町ビル

広　島本校　☎082(511)7001
〒730-0011 広島県広島市中区基町11-13　合人社広島紙屋町アネクス

山　口本校　☎083(921)8911
〒753-0814 山口県山口市吉敷下東 3-4-7　リアライズⅢ

高　松本校　☎087(851)3411
〒760-0023 香川県高松市寿町2-4-20　高松センタービル

松　山本校　☎089(961)1333
〒790-0003 愛媛県松山市三番町7-13-13　ミツネビルディング

九州・沖縄

福　岡本校　☎092(715)5001
〒810-0001 福岡県福岡市中央区天神4-4-11　天神ショッパーズ
福岡

那　覇本校　☎098(867)5001
〒902-0067 沖縄県那覇市安里2-9-10　丸姫産業第2ビル

EYE関西

EYE 大阪本校　☎06(7222)3655
〒530-0013　大阪府大阪市北区茶屋町1-27　ABC-MART梅田ビル

EYE 京都本校　☎075(353)2531
〒600-8413　京都府京都市下京区烏丸通仏光寺下ル
大政所町680-1　第八長谷ビル

LEC提携校

＊提携校はLECとは別の経営母体が運営をしております。
＊提携校は実施講座およびサービスにおいてLECと異なる部分がございます。

北海道・東北

八戸中央校【提携校】 ☎0178(47)5011
〒031-0035　青森県八戸市寺横町13　第1朋友ビル　新教育センター内

弘前校【提携校】 ☎0172(55)8831
〒036-8093　青森県弘前市城東中央1-5-2
まなびの森　弘前城東予備校内

秋田校【提携校】 ☎018(863)9341
〒010-0964　秋田県秋田市八橋鯲沼町1-60
株式会社アキタシステムマネジメント内

関東

水戸校【提携校】 ☎029(297)6611
〒310-0912　茨城県水戸市見川2-3092-3

所沢校【提携校】 ☎050(6865)6996
〒359-0037　埼玉県所沢市くすのき台3-18-4　所沢K・Sビル
合同会社LPエデュケーション内

東京駅八重洲口校【提携校】 ☎03(3527)9304
〒103-0027　東京都中央区日本橋3-7-7　日本橋アーバンビル
グランデスク内

日本橋校【提携校】 ☎03(6661)1188
〒103-0025　東京都中央区日本橋茅場町2-5-6　日本橋大江戸ビル
株式会社大江戸コンサルタント内

東海

沼津校【提携校】 ☎055(928)4621
〒410-0048　静岡県沼津市新宿町3-15　萩原ビル
M-netパソコンスクール沼津校内

北陸

新潟校【提携校】 ☎025(240)7781
〒950-0901　新潟県新潟市中央区弁天3-2-20　弁天501ビル
株式会社大江戸コンサルタント内

金沢校【提携校】 ☎076(237)3925
〒920-8217　石川県金沢市近岡町845-1　株式会社アイ・アイ・ピー金沢内

福井南校【提携校】 ☎0776(35)8230
〒918-8114　福井県福井市羽水2-701　株式会社ヒューマン・デザイン内

関西

和歌山駅前校【提携校】 ☎073(402)2888
〒640-8342　和歌山県和歌山市友田町2-145
KEG教育センタービル　株式会社KEGキャリア・アカデミー内

中国・四国

松江殿町校【提携校】 ☎0852(31)1661
〒690-0887　島根県松江市殿町517　アルファステイツ殿町
山路イングリッシュスクール内

岩国駅前校【提携校】 ☎0827(23)7424
〒740-0018　山口県岩国市麻里布町1-3-3　岡村ビル　英光学院内

新居浜駅前校【提携校】 ☎0897(32)5356
〒792-0812　愛媛県新居浜市坂井町2-3-8　パルティフジ新居浜駅前店内

九州・沖縄

佐世保駅前校【提携校】 ☎0956(22)8623
〒857-0862　長崎県佐世保市白南風町5-15　智翔館内

日野校【提携校】 ☎0956(48)2239
〒858-0925　長崎県佐世保市椎木町336-1　智翔館日野校内

長崎駅前校【提携校】 ☎095(895)5917
〒850-0057 長崎県長崎市大黒町10-10　KoKoRoビル
minatoコワーキングスペース内

高原校【提携校】 ☎098(989)8009
〒904-2163　沖縄県沖縄市大里2-24-1
有限会社スキップヒューマンワーク内

※上記は2024年5月1日現在のものです。

書籍の訂正情報について

このたびは，弊社発行書籍をご購入いただき，誠にありがとうございます。
万が一誤りの箇所がございましたら，以下の方法にてご確認ください。

1 訂正情報の確認方法

書籍発行後に判明した訂正情報を順次掲載しております。
下記Webサイトよりご確認ください。

www.lec-jp.com/system/correct/

2 ご連絡方法

上記Webサイトに訂正情報の掲載がない場合は，下記Webサイトの入力フォームよりご連絡ください。

lec.jp/system/soudan/web.html

フォームのご入力にあたりましては，「Web教材・サービスのご利用について」の最下部の「ご質問内容」に下記事項をご記載ください。

- 対象書籍名（○○年版，第○版の記載がある書籍は併せてご記載ください）
- ご指摘箇所（具体的にページ数と内容の記載をお願いいたします）

ご連絡期限は，次の改訂版の発行日までとさせていただきます。
また，改訂版を発行しない書籍は，販売終了日までとさせていただきます。

※上記「2ご連絡方法」のフォームをご利用になれない場合は，①書籍名，②発行年月日，③ご指摘箇所，を記載の上，郵送にて下記送付先にご送付ください。確認した上で，内容理解の妨げとなる誤りについては，訂正情報として掲載させていただきます。なお，郵送でご連絡いただいた場合は個別に返信しておりません。

送付先：〒164-0001 東京都中野区中野4-11-10 アーバンネット中野ビル
株式会社東京リーガルマインド 出版部 訂正情報係

- 誤りの箇所のご連絡以外の書籍の内容に関する質問は受け付けておりません。
  また，書籍の内容に関する解説，受験指導等は一切行っておりませんので，あらかじめご了承ください。
- お電話でのお問合せは受け付けておりません。

講座・資料のお問合せ・お申込み

LECコールセンター 携帯OK 0570-064-464

受付時間：平日9:30～20:00/土・祝10:00～19:00/日10:00～18:00

※このナビダイヤルの通話料はお客様のご負担となります。
※このナビダイヤルは講座のお申込みや資料のご請求に関するお問合せ専用ですので，書籍の正誤に関するご質問をいただいた場合，上記「2ご連絡方法」のフォームをご案内させていただきます。